트럼프발
경제위기가
시작됐다

KB067115

트럼프발

위험한 미래에서
어떻게 살아남을
것인가

경제위기가
시작됐다

정인호 지음

메이트북스

메이트북스 우리는 책이 독자를 위한 것임을 잊지 않는다.
우리는 독자의 꿈을 사랑하고,
그 꿈이 실현될 수 있는 도구를 세상에 내놓는다.

트럼프발 경제위기가 시작됐다

초판 1쇄 발행 2018년 10월 15일 | **지은이** 정인호
펴낸곳 (주)원앤원콘텐츠그룹 | **펴낸이** 강현규 · 정영훈
책임편집 이수민 | **편집** 최미임 · 안미성 · 이가진 · 김슬미
디자인 최정아 | **마케팅** 한성호 · 김윤성 · 김나연 | **홍보** 이선미 · 정채훈
등록번호 제301-2006-001호 | **등록일자** 2013년 5월 24일
주소 06132 서울시 강남구 논현로 507 성지하이츠빌 3차 1307호 | **전화** (02)2234-7117
팩스 (02)2234-1086 | **이메일** khg0109@hanmail.net
값 17,000원 | ISBN 979-11-6002-173-8 03320

메이트북스는 (주)원앤원콘텐츠그룹의 경제 · 경영 · 자기계발 · 실용 브랜드입니다.

잘못 만들어진 책은 구입하신 서점에서 교환해 드립니다.
이 책을 무단 복사 · 복제 · 전재하는 것은 저작권법에 저촉됩니다.

이 도서의 국립중앙도서관 출판시도서목록(CIP)은 e-CIP홈페이지(http://www.nl.go.kr/ecip)에서
이용하실 수 있습니다.(CIP제어번호 : CIP2018030805)

어차피 뭔가를 생각할 바에는 크게 생각하라

· 도널드 트럼프(45대 미국 대통령) ·

트럼프발 경제위기를
어떻게 벗어날 것인가?

오늘날 우리는 어디쯤 와있는 것일까? 긴 역사의 흐름에서 어느 구간에 도달했으며, 우리의 앞에 기다리는 것은 무엇일까? 느리고 평화롭게 흐르는 평지일까, 아니면 격류와 폭포가 번갈아 나타나는 비탈일까? 바쁘게 반복되는 일상에서 불현듯 이런 생각이 들었다.

어느 날에 TV나 스마트폰을 통해 뉴스를 들여다보면 틀림없이 특유의 허풍스러운 표정을 한 트럼프의 사진을 볼 수 있다. 가끔은 그 옆에 인민복을 입은 김정은이 입술을 꼭 다문 모습도 대조를 이루어 나타난다. 북핵을 둘러싼 협상은 지루하게 공을 주고받는 테니스경기처럼 끝없이 이어진다. 또 한편으로는 미국이 근래에 보기 드문 호경기를 만끽하고 있다는 기사도 볼 수 있다. 트럼프는 엄지손가락을 치켜들고, 그것이 바로 '위대한 미국의 부활'이라는 정책의 결과라고 자랑하고 있다.

트럼프는 백만장자로서, 근래 미국에서 출현했던 대통령들과 다른 풍모를 가지고 있다. 언행은 더욱 볼만해, 가리는 것도 없고 돌려 말하는 것도 없다. 사이다처럼 시원하지만, 이랬다 저랬다 해서 갈피를 잡을 수 없다. 도대체 그는 무엇을 하려고 하는 것인가? 그리고 그가 추진하는 정책은 우리를 어디로 밀고 가는 것일까?

트럼프를 이해하려면 가까이, 너무 자주 그에 대한 뉴스에 몰입해서는 안 된다. 그는 비와 바람을 몰고 오는 사람으로, 가까운 곳에서 그를 계속 지켜보다 보면 그가 일으키는 풍파와 현란한 수사에 깜빡 넘어가 무슨 일이 벌어지고 있는지 까맣게 잊어버리기 쉽다. 오히려 조금 떨어져 바라봐야 그의 진정한 모습이 더 잘 보인다.

자본주의의 역사를 일련의 연극으로 비유하자면, 트럼프는 자신이 출현하도록 쓰여 있는 장에서 문을 열고 나타난 것이다. 바로 신자유주의가 한계에 봉착하자 국가주의가 다시 나타나고, 미국이 모든 힘을 끌어모아 중국이라는 도전자를 굴복시키려는 스토리가 나오는 장이다. 그 앞으로는 대공황이 벌어지는 장, 전쟁으로 그것이 수습되는 장, 그 후에 자본주의가 번영을 맞는 장이 연달아 출현한다.

긴장했던 마음이 편안해지고 낙관적인 미래를 그리려는 찰나,

경기가 침체되고 긴 불황이 찾아오는 장이 나타난다. 1973년 1차 오일쇼크가 벌어지고, 미국이 스태그플레이션(stagflation)으로 시달리던 어두운 시절의 이야기다. 불편한 마음을 추스르고 다음 장을 열면 미국이 신자유주의로 그것을 극복하는 멋진 장면이 나와 탄성을 지르게 한다. 그러나 바로 다음 장을 열자 신자유주의의 화려한 불꽃이 '글로벌 금융위기'라는 폭음을 내며 터지고, 갑자기 하늘이 어두컴컴해진다. 그리고 벤 버냉키라는 낯선 사나이가 나타나 분수와 같이 달러를 뿜어내는, 환상적인 그림도 나온다. 바로 트럼프가 나오기 직전의 장이다.

돈을 벌어 부자가 되고자 하는 인간의 욕망은 자본주의를 만들어냈다. 자본주의는 엄청난 에너지를 불러일으켜 역사상 보기 드문 일련의 혁신을 탄생시켰다. 증기기관, 철도, 자동차, 전기가 생기고, 수많은 제품이 공장에서 쏟아져 나오기 시작했다.

자본주의는 인류의 생활수준을 과거와는 비교할 수도 없을 만큼 끌어올렸고, 역사를 자본주의 이전과 이후로 구분해야 할 만큼 세상을 바꾸어놓았다. 그러나 자본주의에는 무질서라는 치명적인 단점이 존재한다. 너도나도 많은 돈을 벌기 위해 설비를 증설하면서 한 지점으로 달려가면 경기는 후끈하게 달아오르고, 참을 수 없을 만큼 뜨거워지다가 결국은 한꺼번에 폭발해버린다. 기업과 은행의 시신이 잔해처럼 널브러지고, 그 후유증은 제법 오래간다.

금융은 그 흐름에 기름을 끼얹어 폭발력을 월등하게 키운다. 그리고 사상 최대로 폭발한 것이 1929년의 대공황이었던 것이다.

자본주의에는 또 하나의 취약점이 있다. 높은 수익률을 갈망해 끊임없이 자본을 투자하고 생산성을 높이려고 하지만, 그럴수록 수익률은 저하한다. 인건비를 줄이려고 노동을 자본으로 대체하지만 그것은 오히려 구매력을 위축시켜 수요를 줄인다. 더구나 추가되는 자본으로부터 얻는 이윤은 낮아지기만 한다.

생산성을 올려야 한다고 끊임없이 부르짖지만, 생산성의 증가는 따분할 만큼 느리다. 신자유주의 정책은 이 문제를 해결하기 위해 고민 끝에 찾아낸 방책이며, 수익률을 낮추는 모든 규제와 장벽을 제거한다. 전 세계를 하나의 국가처럼 조직해 가장 싼 곳에서 생산해 가장 비싼 곳에서 판매한다. 이것이 바로 세계화다. 세계 각국의 금융자산에 투자함으로써, 실물로부터는 기대할 수 없는 높은 수익을 얻는다. 이것이 바로 금융화다.

세계화와 금융화를 특징으로 하는 신자유주의가 멋지게 성공하는 듯이 보였다. 그리하여 미국은 1981년 신자유주의의 전도사인 레이건이 대통령에 취임한 이후 다시 고도성장과 높은 수익률 달성에 성공한다.

그러나 신자유주의는 극히 일부의 부유층에게만 이익을 집중시켰다. 전 세계의 노동자가 경쟁하는 구도가 되면서 평범한 제조업의 임금은 추락했고, 이에 미국의 중하층들은 일자리를 잃고 불만에 가득 찼다. 이윤에 대한 끝없는 욕망은 결국 부동산을 기초로 하는 복잡하지만 아주 위험한 파생금융상품의 거품을 일으켰는데, 이것이 터지면서 2008년 금융위기가 시작된다.

미국이 비상수단으로 들고나온 양적완화로 폭풍 같던 위기는 잠잠하게 가라앉았지만, 그 뒤에 찾아온 것은 조용하고 긴 불황이었다. 미국 중하층을 더 화나게 만든 것은 양적완화가 다시 한 번 자산시장의 거품을 불러일으켜 부유층에게만 이득을 몰아주었다는 것이다. 책임져야 할 대형 금융기관들은 오히려 인수합병과 구제금융을 통해 더욱 살이 쪘다. 미국의 정치인들은 오로지 입으로만 서비스하고, 정책에 손을 댈 기색조차 보이지 않았다. 그리고 미국의 기득권층과 중하층 계층 간의 그 틈새를 트럼프가 발견한 것이다.

트럼프는 미국 대중들을 선동해 대통령으로 당선됨으로써 미국의 지배계층을 혼비백산하게 만들었다. 신자유주의로 크게 부유해진 이들에게는 청천벽력 같은 소식이 아닐 수 없었다. 그러나 다행스러운 점은 소외된 미국 대중들을 격동시켜 분노를 표출하게 한 대상이 지배계층이 아니라 외국이라는 것이다. 그 점에서는 동맹국과 적대국을 가리지 않는다.

2016년 미국 대선을 보면 마치 사회주의자처럼 보이는 버니 샌더스와 파시스트처럼 보이는 트럼프가 도드라진다. 신자유주의의 맥을 잇는 힐러리는 그 그림자에 가려져 잘 보이지 않았다. 마치 1930년대 초반 사회주의와 파시즘이 각축을 벌이던 독일의 모습이 재현되는 듯이 보였다.

물론 트럼프는 히틀러 같은 파시스트가 아니며, 미국은 배상금에 시달리는 패전국 독일이 아니다. 그러나 대중들에 대한 선동, 그리고 분노의 대상과 모든 원인의 제공자를 나라 밖에서 찾는 것은 동일하다. 국가 이익을 위해서 다른 나라를 압박하고, 군사력을 키워 그들을 굴복시키려는 모습도 비슷하다. 오늘날 우리는 어디선가 본 듯한 역사의 한 장면과 다시 마주친 것이다.

트럼프의 정책은 신자유주의를 되돌리고, 미국에게 유리한 틀로 세계 경제질서를 다시 짜려는 시도다. 대중들을 선동해야 동력을 얻을 수 있으므로, 자유무역과 자유이민 등 미국 대중들이 증오하는 대상들을 공격한다. 그것을 빌미로 다른 나라들을 압박해, 이전에 만들어진 WTO와 FTA의 질서를 뒤집어놓는다. 특히 중국이 대상이다. 중국은 제4차 산업혁명이라고 불리는 새로운 기술로 미국을 제칠 기회를 노리기 때문이다.

중국이 미국에 쉽게 굴복할 리 만무하니, 미국은 중국을 고립시키는 새로운 무역시스템을 구축할 것이다. 지금 개별 국가를 상대로 각개격파식으로 벌어지는 무역전쟁은 미국에게 유리하도록 교역질서를 개편하는 작업이다. 그리고 궁극적으로 TPP(Trans-Pacific Partnership, 환태평양 경제동반자 협정)라는 새로운 질서 안에 미국에 굴복한 국가들을 편입시키고, 미국에 저항하는 국가들은 그 밖으로 밀어낼 것이다. 때문에 한국은 결국 TPP에 들어갈수 밖에 없을 것이다.

이러한 변화가 한국에게 유리할 리가 없다. 미국에게 더 많은 것을 내어주어야 하고, 미국에 더 적게 수출해야 하며, 최대 시장이던 중국에서도 점차 밀려날 것이 뻔하다. 이미 우리 주력산업은 정체기에 들어서있으며, 우리의 수출시장이던 중국은 오히려 경쟁자로 변모하고 있다. 정책과 시장이 모두 우리에게 불리하게 돌아가고 있는 판국이다.

트럼프의 정책은 금리와 환율을 극도로 불안하게 만든다. 어차피 금리는 올라가는 추세인데, 그의 방식은 재정적자를 확대시키고 국채금리를 올려 그 추세를 가속화시킬 우려가 있다. 미국은 억지로 틀어막으려고 하겠지만 잘될지는 두고 볼 일이다.

더구나 미국금리의 인상은 강달러로 연결되고, 이는 전 세계로 흘러들어간 막대한 달러를 미국으로 불러들일 것이다. 그러면 신흥국의 자산가격은 붕괴하고, 외환위기에 시달리게 된다. 브라질과 터키, 아르헨티나 등 일부 국가에서는 이미 겪고 있는 일이다. 이미 몇 번이나 반복해서 본 영화의 장면들이기도 하다. 그때와 다른 것이 있다면, 풀려나간 달러의 규모가 제로금리와 양적완화로 인해 어마어마하다는 것이다.

한국은 그 정도가 아니지만, 수출에 대한 의존도가 매우 높은 데다가 자본시장의 개방도 세계에서 손꼽을 만하다. 즉 금리와 환율의 변화에 극도로 민감한 국가라는 뜻이다. 더구나 저금리 시대에 탑을 쌓은 가계 부채와 부동산 거품은 하루가 멀다 하고 흔들린다. 마치 옆으로 휠 정도로 쌓아 올린 레고의 탑을 연상시킨다. 바람이 한번 훅 불면 와르르 무너지며 사방으로 파편이 튈 것만 같다.

이것은 우리만 겪는 운명은 아니다. 또한 우리가 피할 수 있는 상황도 아니다. 세계 자본주의는 길고 긴 불황에 접어들고 있으며, 그 한복판에 있는 미국은 고래같이 큰 몸집을 뒤집으며 위기를 모면하려 하고 있다. 거대한 물결이 사방으로 흩어지고, 그 한 자락이 우리에게도 밀려오고 있다.

'설마' 하는 안이한 생각으로 눈앞의 현실에 고개를 돌리면 안 된다. 선동하는 목소리에 현혹되어 우왕좌왕하거나, 욕심에 눈이 어두워 다가오는 파도에 정면충돌해서도 안 된다. 마음을 진정시키며 벌어지고 있는 일들을 냉정하게 지켜보고, 앞으로 벌어질 일들을 정확하게 계산해야 한다.

그렇다면 이때 국가는 무엇을 하고, 각 개인은 무엇을 해야 하나? 어떻게 위기를 벗어날 것이며, 어떻게 나와 가족들을 지킬 것인가? 이 책은 그러한 점에 대해서 생각을 나누고자 한다.

2부

트럼프로 이어진 경제위기의 역사

3부 ────────────────────────────────── ★
위기의 한복판에 선 한국경제의 미래

『트럼프발 경제위기가 시작됐다』 저자 심층 인터뷰

'저자 심층 인터뷰'는 이 책의 심층적 이해를 돕기 위해 편집자가 질문하고 저자가 답하는 형식으로 구성한 것입니다.

Q. 독자들에게 전하고 싶은 핵심 메시지가 무엇인지 말씀해주세요.

A. 이 책은 독자들에게 '트럼프 현상'을 객관적으로 보여주기 위해 쓰게 되었습니다. 트럼프의 출현 배경을 역사적인 맥락에서 서술하고, 그의 정책이 세계와 한국경제에 어떤 영향을 줄 것인가에 대한 생각을 정리해 보았습니다. 2008년 미국에서 시작된 금융위기가 끝났다고 생각하는 사람들이 많은데, 그렇지 않습니다. 금융위기는 현재도 진행중이라는 것과 트럼프도 그 과정에서 출현한 사람이라는 것을 말하고 싶습니다. 금융위기는 낮은 수익률을 극복하기 위해 도입한 신자유주의로 인해서 발생한 것입니다. 금융위기를 일으킨 장본인은 금융자본인데, 그들은 오히려 더욱

부유해지고 반대로 근로자 대중들은 크게 타격을 입었습니다. 그런데도 상황이 개선될 기미가 전혀 보이지 않았습니다. 트럼프는 대중들의 불만에 불을 붙임으로써 대통령이 되었고, 분노의 대상을 외국으로 돌리고 있습니다. 이러한 맥락을 알아야 현재의 상황을 정확하게 파악할 수 있습니다. 그리고 현재, 변화의 흐름에서 가장 위태로운 것이 한국처럼 개방되고 대외의존도가 높은 나라라는 사실을 알리고 싶습니다.

Q. 시중에 트럼프과 관련된 책들이 많이 나와 있는데요, 다른 책에 비해 이 책이 가지는 차별화된 장점은 무엇인가요?

A. 트럼프에 대한 대부분의 책은 대체로 그에 대해 매우 비판적입니다. 그가 얼마나 황당한 사람이며, 말도 안 되는 정책을 펴고 있고, 얼마 지나지 않아서 쫓겨난다거나, 아니면 세계경제를 망칠 것이라는 논조가 많습니다. 모두 결론부터 짓고 시작하고 있습니다. 그러나 앞서 말한 견해들은 신자유주의로 인해 수혜를 받은 미국 기득권층의 시각을 반영하는 것입니다. 기득권층의 시각으로 트럼프를 바라보면 현재 진행되는 상황에 대해 아무 것도 이해할 수 없습니다. 모두 미치광이 놀음으로 비쳐지기 때문입니다. 국내에서도 그러한 견해로 트럼프를 바라본 책들이 많습니다. 이 책은 역사적인 관점에서, 또한 객관적으로 그를 바라보려고 합니다. 자본주의 역사의 흐름을 따라가면 트

럼프의 출현이 필연적이며, 또한 트럼프의 정책은 불가피한 결정이라는 것을 알 수 있습니다. 다른 책이 나무에 근접해서 바라보는 것이라면, 이 책은 높은 곳에서 숲을 바라보는 방식을 취했다고 말할 수 있습니다.

Q. 트럼프 취임 이전에 득세했었던 신자유주의가 미국과 세계, 그리고 한국에게 끼친 영향은 무엇인가요?

A. 미국의 신자유주의는 세계화와 금융화를 양대 축으로 합니다. 세계화는 세계에서 인건비가 가장 싼 곳에서 상품을 생산해 가장 비싼 곳에서 파는 방식으로 전 세계 국가의 산업을 재조직하는 것입니다. 한미 FTA도 그 연장선입니다. 이 원리에 따르면 장점을 가진 산업 외에는 쇠퇴하고, 쇠퇴한 업종의 일자리는 사라지게 됩니다. 한국의 경우 자동차와 반도체, 휴대폰 사업이 크게 성장하고, 농업과 서비스업이 약화되고 있습니다. 전 세계 노동자들과 경쟁해야 하기 때문에 임금도 낮아지게 됩니다. 한국은 매우 개방된 나라이므로 세계화의 영향이 가장 클 수밖에 없습니다. 금융화는 미국의 자본이 전 세계 금융자산시장에 투자해 높은 수익을 거두는 방식입니다. 높은 수익을 거두기 위해서 자산거품을 유도하게 됩니다. 그러나 일정 수위에 도달하면 자본이 철수하므로 금융위기가 발생합니다. 주기적으로 발생하는 금융위기의 주요인이 신자유주의라고 말할 수 있습니다.

Q. 현재 트럼프 정부를 구축하고 있는 세력과 인물 중에서 각별히 주목해야 할 이들은 누구인가요?

A. 트럼프의 정부는 국가주의자, 유대인, 공화당 주류세력, 이렇게 3개의 축으로 구성되어 있습니다. 첫째, 국가주의자는 새롭게 부상한 세력으로, 미국 대중을 선동해 트럼프를 대통령에 당선시킨 공을 세웠습니다. 스티브 배넌이 가장 중요한 사람이지만 그는 추방되었고, 현재는 피터 나바로 등의 실무적인 관료들만 남아 있습니다. 그러나 그들의 정책은 계승되고 있습니다. 둘째, 유대인은 트럼프 정부에서 가장 중심적인 세력입니다. 국가주의가 지나치게 흘러가지 않고 기득권층과 연대할 수 있도록 관리하는 역할을 맡습니다. 트럼프의 사위인 재러드 쿠슈너가 대표적입니다. 그 밖에 안보보좌관 존 볼턴, 재무장관 스티브 므누신 등 상당수가 요직에 포진되어 있어, 가장 큰 세력입니다. 마지막으로 공화당 주류세력들은 트럼프가 마음에 들지 않지만, 어쩔 수 없이 그를 받아들이고 있습니다. 마이크 펜스 부통령, 제임스 매티스 국방장관이 여기에 속합니다.

Q. 트럼프 체제하에서 변화된 미국정책이 있다면 대표적으로 어떤 것들이 있을까요?

A. 트럼프 이전의 미국 정책은 한마디로 신자유주의입니다. 자유무역을 표방하며, 전 세계로부터 상품을 수입합니다.

또한 멕시코 등 인접국가로부터의 이민을 눈감아주어 싼 노동력의 유입을 촉진합니다. 물론 자본의 이동은 완전 자유화되어 있어 전 세계 금융자산에 대한 투자를 통해 거액의 이익을 거둡니다. 그런데 트럼프는 신자유주의를 되돌려놓으려고 합니다. 무역전쟁을 일으켜 다른 나라에게 관세를 부과하거나, 아니면 미국에 대한 투자를 늘리라고 압박합니다. 특히 중국에 대한 압박은 더 심한데, 이전의 미국정부는 중국을 군사적으로 압박했을지언정 경제적으로는 시비 걸지 않았습니다. 또한 트럼프 정부는 멕시코로부터의 불법이민을 차단해 미국 노동자들의 임금수준을 올리려고 합니다. 이처럼 미국에 제조업 일자리를 늘리고, 미국 노동자의 임금수준을 끌어올리려고 한다는 점이 가장 큰 차이점입니다. 안보정책에 있어서는 이전과 큰 차이가 없지만, 동맹국에게 군비부담을 늘리도록 압력을 넣는다는 점이 다릅니다. 그 때문에 동맹의 균열을 우려하는 목소리가 미국에서도 나오고 있습니다.

Q. 트럼프의 각종 정책들로 인해 세계경제가 맞이할 새로운 변화는 무엇인가요?

A. 전 세계적으로 짜인 현재의 분업구조와 자유무역이 무너질 가능성이 높습니다. 국가 간 교역량이 줄어들고, 우리나라처럼 수출에 의존하는 나라들이 가장 많은 타격을 받을 것입니다. 미국은 무역전쟁을 통해서 교역규칙을 유리

하게 고치고, 이를 새로운 무역조약인 TPP에 반영시킬 것입니다. 그리고 중국 등 적성국가들을 그 밖으로 몰아낼 것입니다. 이에 따라 세계무역은 TPP와 비TPP라는 2개의 서클로 나누어질 가능성이 큽니다. 트럼프가 자극하고 있는 반이민은 EU를 구성하는 유럽 국가들로 하여금 이민은 물론 EU의 경제통합에도 저항하도록 유도할 수 있습니다. 이러한 변화는 새로운 질서가 자리 잡을 때까지 상당한 혼란을 불가피하게 할 것입니다. 이로 인한 실물경제의 부진은 자산시장의 붕괴와 맞물려 세계경제의 성장을 더욱 느리게 할 것입니다.

Q. 수출의 의존도가 높고, 자본시장도 개방되어 있는 한국경제는 어떤 방향으로 나아가게 될까요? 또 어떻게 대응해야 할까요?

A. 한국의 수출이 타격을 받는 것은 불가피합니다. 주력산업이 줄줄이 미국 무역전쟁의 대상이 되고 있습니다. 그러나 주력산업은 이미 성숙기에 들어서고 있으며, 중국과의 경쟁으로 구조조정이 불가피합니다. 이럴 때일수록 사회적 안전판을 보강해 충격을 줄여야 합니다. 재정을 긴축시키고, 해고를 늘리고, 부실기업을 마구 청산하는 방식은 사회적 충격이 엄청날 것입니다. 오히려 사회적 안전판이 마련되어야 제4차 산업혁명의 주축인 IT 산업을 중심으로 보다 부가가치가 높은 산업으로 신속하게 이동할 수 있을 것입니다. 높은 기술수준이 요구되고 개발기간이

긴 산업에 대해서 장기 투자할 수 있도록 국가가 강력한
리더십을 가져야 할 것입니다. 그동안 한국은 산업정책이
실종되었습니다. 자본시장의 충격도 불가피한데, 특히 미
국의 금리인상이나 자산시장붕괴로 인해 우리 경제가 타
격을 받는 시나리오가 가장 우려됩니다. 우리가 통제할 수
없기 때문입니다. 우리는 부동산거품을 조심스럽게 빼면
서 완만하게 금리를 올려야 하는 과업을 안고 있는데, 이
것이 한국 정부의 최대 숙제입니다.

Q. 트럼프가 가져올 불황과 위기 속에서 개인이 대응하기 위한 노력에
   는 어떤 것들이 있을까요?

A. 트럼프는 다가올 불황과 위기를 가속화시키거나, 그 폭을
   크게 키울 우려가 있습니다. 그러나 어차피 한번은 맞아야
   할 매이기도 합니다. 위기가 곧 닥칠 것이 분명하다면 당
   연히 보수적으로 움직여야 하겠지요. 2008년 이후 부채가
   너무 많아졌고, 그로 인해 주식과 채권, 그리고 부동산의
   가격이 너무 올라갔습니다. 그에 반해 미국 금리는 올라가
   고 있으며 달러 유동성은 줄어드는 추세입니다. 당연히 안
   전을 최우선으로 하고, 공격적인 투자는 줄여야 하겠지요.
   우리나라는 가계 부채와 부동산이 가장 큰 문제인데, 결국
   은 정리가 불가피할 것이며 장기적으로 일본의 모습으로
   갈 것이라고 추정됩니다. 일본의 부동산투자는 단기적인
   시세차익을 노리기보다는 장기적인 수익흐름을 추구하는

형태이므로 일본을 참고하면 미래를 판단하는 데 도움이
되지 않을까 생각합니다.

Q. 트럼프가 가져올 경제의 흐름을 알고 싶지만 막막해하는 독자들에
게 한 말씀 부탁드립니다.

A. 현재, 정보가 너무 많은 것이 흠입니다. 또한 잘못된 정보
를 확산시키는 미디어와 인터넷의 문제도 있습니다. 그런
것에 넘어가면 안 됩니다. 전문가라는 사람들이 쏟아내는
말을 너무 믿으면 안 됩니다. 모든 일은 상식으로 이해할
수 있습니다. 돈이 너무 많이 풀리고 부채가 너무 많이 늘
어나면, 무너지는 것은 당연한 일입니다. 역사를 보면 똑
같은 일이 수없이 반복된다는 것을 알 수 있습니다. 지나
치게 욕심을 가지거나 과도하게 공포에 흔들리지 않고,
눈앞에 벌어지는 일들을 상식으로 이해하라고 독자들에
게 말하고 싶습니다. 신문은 가장 좋은 정보원입니다. 신
문을 차분히 읽으면 도움이 될 것이라고 생각합니다. 그
러나 그 논조를 무조건 따라가지 말고, 누가 왜 이런 기사
를 쓰는지, 그것이 누구의 이익이 되는지 등을 곰곰이 생
각하면 가장 사실에 부합하는 내용들을 찾을 수 있을 것
입니다.

1부

트럼프의
출현 배경과
정책을 말한다

INRTO

　　1980년대부터 시작된 신자유주의는 임금이 낮은 중국으로부터 상품을 수입하고, 멕시코로부터 불법이민자를 유인해 미국의 노동 계층을 궁지에 몰았다. 그리고 트럼프는 그들을 선동해 대통령에 당선되었다. 그는 신자유주의의 두 바퀴인 '자유무역'과 '자유이민'에 철퇴를 내려 대중들의 환호를 받고, 이어 미국을 수탈한다는 명분으로 전 세계를 대상으로 보복 관세를 때린다. 또한 군사비를 증대해 군사력으로 이러한 경제전쟁을 지원하려고 한다. 물론 그 중심에는 미국의 패권 자리를 노리는 중국이 있다. 트럼프는 무역전쟁을 통해 미국에게 유리한 무역시스템을 만들고 중국을 거기서 배제해 고사시키려고 한다.

　　트럼프의 정책은 신자유주의에 만족하던 기득권층의 강한 저항을 받았다. 따라서 그는 감세 등을 통해 기업의 이익을 크게 올려주었다. 기업이 고배당을 하거나 자사주 매입 · 소각을 통해 주가를 올리도록 함으로써 기득권층의 불만을 무마하기 위해서다.

그의 정부에는 3가지 이질적인 세력이 격돌하고 있다. 첫째는 배넌을 위시한 국가주의자들로, 그를 당선시킨 국가주의 이념을 만든 사람들이다. 배넌은 쫓겨났지만, 그의 이념은 무역전쟁과 반이민을 통해 실현되고 있다. 둘째는 유대인으로, 본질적으로 신자유주의자들이지만 트럼프를 이용해 이스라엘을 보호하는 정책을 강화하고, 잠재적 경쟁국인 중국을 때리기 위해 그의 정부에 동참하고 있다. 셋째는 공화당의 전통적 세력으로, 트럼프가 마음에 들지 않지만 그의 감세와 금융규제 완화가 그들의 노선과 부합하기 때문에 마지못해 따라가고 있다.

1장

트럼프가
미국 대중을
구하기 위해
나타나다

2016년 미국 대선에서 전혀 예상치 못한 후보가 돌풍을 일으키며 대통령에 당선되었다. 바로 도널드 트럼프다. 사람들은 어리둥절하며 대체 어떻게 이런 일이 일어났는가를 놓고 수군거렸다. 그러나 역사의 전후 맥락을 보면 그의 출현이 필연적임을 알 수 있다. 그동안 미국이 추구했던 신자유주의는 미국 대중을 철저히 소외시키면서 부유층만 이득을 보는 체제였기 때문이다. 분노한 대중은 트럼프의 선동에 열렬히 호응하며 그를 대통령의 자리로 밀어 올렸다.

★ 2016년 대선에서의 트럼프 돌풍

2016년 미국 대선 초반만 해도 민주당의 대선후보는 힐러리 (Hillary Clinton)가 되는 것이 당연지사였다. 공화당은 약간 불확실했는데 '젭 부시(Jeb Bush)가 아버지와 형을 이어 대선후보가 되느냐' 정도가 관심거리였다.

그러나 점점 시간이 지나면서 사람들은 아연실색할 수밖에 없었다. 전혀 생각하지 못했던 후보에 의해서 유력한 후보들이 픽픽 나가떨어지는 것 아닌가? 설마설마하는 사이에 그는 공화당 대선후보가 되었다. 그는 바로 도널드 트럼프(Donald Trump)다. 공화당 지도부는 트럼프를 낙마시키려고 노심초사했으나 마땅한 방법이 없었다. 트럼프는 노도와도 같은 기세를 타고 돌진해, 마침내 힐러리를 꺾고 미국 대통령으로 당선된다.

주류 언론들과 미국의 지배 엘리트들은 믿기지 않는다는 눈으로 트럼프를 쳐다보았다. 그러나 곧 정신을 차린 다음, 트럼프를 나무에서 떨어뜨리기 위해 흔들어댔다. 집요하게 '러시아 스캔들'을 물고 늘어졌으며, 거칠고 오락가락하는 듯한 그의 스타일을 놓고 미치광이로 몰아갔다. 트럼프는 미국 지배계급의 이단아였기 때문이다.

대선 동안의 언론보도를 보면 트럼프는 경쟁자에게 많이 뒤져 있으며, 대선에서도 힐러리에게 큰 차이로 패할 것이 틀림없다는 의견이 압도적이었다. 그러나 간간이 그것이 아니라는 소리도 조심스럽게 나오곤 했다. 대선 유세장에 가서 직접 보면, 방송에서 보는 것과 실제의 모습이 판이하게 다르다는 것을 알 수 있었기 때문이다.

★ 왜 트럼프인가? 누가 당선시켰는가?

이렇게 미국 주류 엘리트들이 갖은 수단을 다해서 떨어뜨리려고 했던 트럼프를 누가 당선시켰는가? 그것은 이미 밝혀진 것처럼, 미국의 백인 중하층 노동자 계급이었다. 그들은 그동안 미국 주류 엘리트들이 밀었던 신자유주의 정책으로 혜택을 입기는커녕 손해만 잔뜩 입고, 불만에 가득 찬 사람들이다.

그러면 신자유주의란 무엇인가? 케인즈(John Maynard Keynes)가 득세하기 이전의 미국과 유럽은 '자유주의'가 풍미했다. 자유주의란 정부는 치안과 국방 정도만 책임지고 나머지는 기업이 자유롭게 알아서 하도록 내버려두는 것이다. '기업이 부를 축적할 수 있도록 정부는 치안을 통해서 내부의 적을, 국방을 통해서 외부의 적을 막아주기만 하면 된다. 나머지는 다 기업이 알아서 할 것이다. 기업의 자유를 보장하라.' 이것이 바로 자유주의다.

그러나 대공황의 된서리가 내리자 기업은 너무나 무력했다. 기업이 도미노처럼 연달아 도산하고, 상품은 팔리지 않아 창고에서 먼지를 뽀얗게 뒤집어쓰고 있었다. 기업에게 국가의 도움이 간절히 필요했다.

그러자 마침내 '국가가 경제에 관여하는 것이 옳다'는 케인즈주의(keynesism)가 등장한다. 마치 케인즈가 세상을 구하는 것 같았다. 케인즈는 수요가 부족하면 국가가 재정을 풀어 수요를 만들면 된다는 유효수요의 이론(theory of effective demand)을 만들어냈다. 국가가 진두지휘하자 자본주의에 필연적으로 따라다니던 무질서가 가라앉았다. 널뛰듯이 오르내리면서 기업을 괴롭히던 거시경제의 변수들이 차분히 궤도를 따라 돌았다. 마침내 자본주의는 해법을 찾은 것처럼 보였다.

그런데 1970년경부터 이상한 징후가 나타나기 시작했다. 인플레이션과 불황이 동시에 찾아오는 스태그플레이션(stagflation)이 나타난 것이다. 케인즈의 처방대로 확대적인 재정·통화정책을 사용했지만, 정작 돌아오는 것은 인플레이션이었을 뿐 경기는 회복되지 않았다. 그러자 옛날의 목소리가 들리기 시작했다. '정부는 쓸데없는 짓을 하고 있는 것이다. 봐라, 시장에 그냥 맡겨놓았으면 잘되었을 텐데, 정부가 관여하는 바람에 상황이 더 나빠지지 않았느냐?'

프리드만(Milton Friedman)이 대표적이었다. 루카스(Robert Lucas) 같은 학자는 '정부가 확장적인 정책을 사용해봐야 사람들이 미리 알고 적응하기 때문에 아무 소용이 없다'는 유명한 '루카스 비판(lucas critique)'을 내놓기도 했다. 자유주의가 다시 돌아온 것이다. 그러나 전처럼 정부가 완전히 경제에서 손을 놓는 것은 반대하기 때문에 이전의 자유주의와는 구분된다. 그래서 신자유주의라고 불린다.

신자유주의는 정부의 지나친 간섭을 반대하는데, 특히 과도한 규제를 반대한다. 요즘도 심심치 않게 들리는 '규제완화'의 목소리는 바로 신자유주의자가 내는 것이다. 그런데 신자유주의자가 주장하는 규제완화의 대상은 자국뿐만 아니라 다른 나라에도 적용된다. '다른 나라도 미국과 똑같이 규제를 완화하고, 외국기업이 자유롭게 사업을 할 수 있도록 하라.' 그래서 세계화는 신자유주의의 특징 중 하나가 되었다.

무한경쟁을 막기 위해 세워놓은 진입장벽이 무너지고, 정부의 진입규제가 풀리고, 민영화가 뒤를 이었다. 특히 금융산업에 대한 규제가 주목할 만했다. 금융기관은 대공황으로 대형사고를 친 죄과로 손목을 꽁꽁 묶였다. '묶인 밧줄을 풀어주어 그들이 세계 곳곳에 유동성이라는 피를 뿌리도록 하라. 그러면 온 세상이 그 신선한 피를 공급받고 활기차게 성장할 것이다. 그리고 그 대가로 그들에게 약간의 고수익을 보장하라.' 금융화는 신자유주의의 또 다른 특징이 되었다.

세계화를 통해서 전 세계를 하나의 분업체계로 만든 다음, 가장 비용이 싼 곳에서 생산하고 미국에서 수입해 소비한다. WTO(세계무역기구)와 FTA(자유무역협정)를 통해 상품과 자본의 국가간 이동을 자유화한다. 이민과 노동의 이동을 조장해 임금도 낮춘다. 금융화는 증권에 투자하고 증권의 가치를 올림으로써 생산된 가치 중 보다 많은 몫을 가져오는 것이다. 제조업으로 무언가를 생산하기보다는, 금융화를 통해 이미 생산된 가치에서 더 많은 몫을 가져오는 게임에 열중한다. 그 몫은 미국뿐 아니라 전 세계로부터 가져온다.

1981년 레이건(Ronald Wilson Reagan) 대통령이 들고나온 신자유주의 기치 아래 미국은 제조업의 근거지를 외국으로 옮겼다.[1] 대표적인 나라가 멕시코와 중국이다. 가깝고 임금이 싼 멕시코로 생산기지를 옮기고, 거대한 저임금 노동력이 깔려 있는 중국에서 싸게 상품을 만들어 수입한다. 이렇게 되면 그럴듯한 직장에서 꽤 괜찮은 임금을 받던 백인 노동자들이 낭패를 당한다. 외국 제조업체와의 가격경쟁과 멕시코에서 흘러 들어오는 불법이민자 때문에 임금이 깎인다. 하나둘씩 공장 문이 닫히면서 남은 것은 월마트나 맥도날드의 계산원 같은 저임금 직업뿐이다. 백인 노동자들의 수입이 확 줄어든 것은 말할 것도 없고, 미래의 전망도 없으며, 얼굴을 들고 다닐 수 없을 만큼 자존심이 상했다.

다른 한편에서는 미국 기업과 자산계급이 금융화를 통해 전 세계에서 수익을 얻었다. 미국은 물론이고 전 세계 주식·채권·부동산시장에 투자해 상당한 시세차익을 얻었다. 더구나 달러는 기축통화이기 때문에 짭짤한 환차익까지 누릴 수 있었다. 물론 이는 고도로 발전된 IT의 뒷받침이 있었기 때문에 가능한 일이었다. 전 세계 인터넷과 통신망을 기반으로 천문학적인 자본이 순식간에 이동했으며, 미국의 투자자들은 하룻밤 사이에도 거대한 수익을 거두어들였다.

공화당이든 민주당이든, 의회의 그 누구도 소외된 백인 노동자 계층의 불만에 귀를 기울이지 않았다. 그들은 입만 열면 자유와 인권 등 그럴듯한 말을 했지만 립서비스일 뿐이었다. 2008년 금융위기는 미국 국민 대부분에게 엄청난 피해를 끼쳤지만, 이 사건을 일으킨 장본인인 금융자본은 벌을 받기는커녕 오히려 세금을 통해 마련한 공적 자금을 받으며 무사히 위기를 벗어났다. 리먼 브라더스 같이 쇠락해가는 회사의 경영자도 거액의 퇴직금을 챙겼다. 양적완화에 힘입어 부동산가격이 회복되고 주가가 끝없이 올랐지만, 그 이득은 오로지 부유층이 가져갔다.

'월 스트리트를 점령하라' 운동이 잠시 휘몰아쳤지만, 찻잔 속의 태풍처럼 이윽고 조용히 가라앉았다. 이를 지켜본 중하층 백인 노동자들은 뼈저리게 자신이 소외되었다는 것을 느꼈다. 그리고 그들은 미국의 기성 정치권에 완전히 등을 돌린다.

힐러리가 신자유주의의 화신과도 같은 인물이라면, 트럼프는 그 반대편에 선 사람이다. 트럼프는 자신을 대통령으로 뽑아주면, 해외로 나간 미국의 기업들을 불러들이고 높은 보호무역장벽을 쳐서 일자리를 돌려주겠다고 약속했다. "멕시코 불법이민자들을 추방하고, 다시는 들어오지 못하게 높다란 장벽을 치겠다"고도 말했다.

또한 많은 사람이 불만을 토로한 오바마케어(obama care)를 폐지하겠다고 했다. 미국에서는 보험사·병원·제약사의 카르텔이 공고하기 때문에 그들로부터 양보를 얻을 수 없다. 오바마케어는 미국 중산층 백인의 보험료를 올려 저소득층에게 보험을 제공한 법안이다.

달라진 것은 없는데 돈만 더 내는 것을 좋아할 사람이 어디에 있겠는가? 듣기는 좋지만 실속은 없는 이야기만 하는 힐러리보다, 이렇게 사람들이 간지러워하는 곳을 알아서 긁어주는 트럼프에게 미국인들의 마음이 간 것은 당연하다.

　미국은 한때 강력한 나라였으나 쇠퇴하고 있다. 이러한 미국의 병을 대표적으로 상징하는 것이 마약·총기·비만이다. 현재 미국은 마약성 진통제인 오피오이드 생산량의 80%를 소비하는 마약 대국이다. 미국에서 약물남용으로 인해 사망한 사람이 2016년에만 2만 명이었다. 미국인의 30%가 총기를 소지하고, 총기의 구매는 너무나 쉽다. 그 결과, 총기난사로 인한 대량 학살극이 그치지 않는다. 미국인의 40%는 비만이다. 햄버거와 통조림 같은 인스턴트 식품이 주범이다. 비만인 사람들은 당뇨와 심장병 등 성인병을 앓게 된다.

　마약·총기·비만으로 죽어가는 사람이 늘어가지만, 미국 정부는 '눈에 뻔히 보이는 해결책'을 취하지 못하고 있다. 기업과 정치가 결부되어 있기 때문이다. 기업은 기부금 등의 명목으로 막대한 정치 자금을 제공해 정치인을 매수하고, 언론과 광고를 통해서 사람들을 현혹시킨다. 이 구조 때문에 정치인들은 스스로 이 문제를 해결할 수 없다. 트럼프가 '위대한 미국의 부활'을 아무리 떠들어도, 그렇게 할 수 없음을 트럼프 스스로는 알고 있을 것이다.

★ 공화당은 제조업,
민주당은 금융업 엘리트를 대변한다

미국은 공화당과 민주당의 양당정치가 오랫동안 자리잡았다. 공화당은 보수적이며, 기독교적이고, 백인중심적인 정당으로 유명하다. 민주당은 진보적이며, 세속적이고, 소수민족의 이익을 대변하는 정당으로 인식하고 있다.

그러나 이들의 지지기반이 무엇이든, 정당들을 이끄는 핵심세력은 분명히 소수이며, 그 소수가 미국을 끌고 가는 그룹이다. 공화당으로 말하자면 앵글로색슨을 중심으로 하는 산업자본가이며, 민주당의 경우에는 유대인을 선두로 하는 금융자본가가 그에 속한다.[2] 둘 다 미국의 대기업을 대표한다는 점에서는 다를 것이 없다.

언론의 경우, 〈폭스〉 같은 보수채널이 공화당을 지지하고, 〈CNN〉〈뉴욕타임스〉〈워싱턴포스트〉 같은 진보채널은 민주당을 지지한다. 그러나 이들 매체는 공통적으로 유대인이 지배하고 있어, 유대인의 이익에 상충되는 의견을 들을 수 없다. 그래서 공화당 중 티파티나 대안우파 같은 계열은 신문과 방송이 아닌 인터넷에 기반한 새로운 매체를 자신의 홍보 도구로 활용한다. 〈브라이트바트〉[3]가 바로 그것이다.

제조업과 석유산업은 공화당을 지지한다. 현대의 미국을 만들어낸 산업자본가들은 철강·자동차 같은 묵직하면서도 근간이 되는 산업에 집중해왔다. 그들은 19세기 미국의 철도망을 구축하는 과정에서 철도와 철강산업을 발전시켰으며, 20세기에 들어와서는 자동차·전자산업의 성장을 주도해왔다. '산업의 피'라고 할 수 있는 석유산업 역시 산업자본가늘의 공이 컸다. 현대적인 대기업의 탄생은 그들의 업적이다.

이에 반해 민주당은 유대인이 주도권을 잡고 있는 금융·IT·영화·언론이 받치고 있다. 유대인은 본래 핵심적이며 정신적인 산업에 집중해왔다. 금융은 사람의 심장처럼 돈을 경제 전체에 순환시켜주는 역할을 한다. IT는 사람의 뇌와 신경처럼 컴퓨터와 통신의 결합을 통해서 정보를 경제 전체에 순환시키는 임무를 담당한다. 영화와 언론은 끊임없이 이미지와 이데올로기를 만들어 사람들의 정신을 지배한다.

공화당과 민주당의 프레임은 다르지만 '미국 자본주의'라는 목표물을 공동으로 지지하면서 교대로 집권해왔다. 일종의 세력균형이라고 할 수 있다. 그래서 그들의 정책은 세부적으로는 다르지만 큰 맥락은 같다고 할 수 있다. 그것은 바로 '자본주의의 번영'이다. 1945년부터 이어지는 '자본주의 영광의 30년'에서는 공화당 계열이 주도하는 실물적 축적이 이루어져 왔다. 물론 그 와중에는 트루먼(Harry Truman), 케네디(John Kennedy), 존슨(Lyndon Johnson) 같은 민주당 대통령의 집권기간도 있었지만, 1929년 대공황으로 금융자본을 꽁꽁 묶어놓았기 때문에 정책에서는 큰 차이가 없었다. 또한 실물적 축적으로도 상당한 수익률을 올릴 수 있기도 했다.

1973년 1차 오일쇼크를 계기로 미국경제가 불황에 빠지면서 금융자본이 살아난다. 금융규제가 하나둘 풀리면서 이들의 목소리가 커지기 시작했고, 주로 M&A 등 기업 지분에 대한 투자와 증권에 대한 투자로 이익을 거둔다. 특히 1979년 볼커(Paul Volcker)의 등장, 그리고 1981년 레이건의 대통령 취임에 주목해야 한다. 볼커가 금융화의 문을 본격적으로 열어젖혔고, 레이건이 '세계화'라는 배를 출범시켰기 때문이다. 이후는 민주당이 주도하는 '금융적 축적'이 주도하는 시대라고 분류할 수 있다. 특히 클린턴(Bill Clinton)이 중요하다.

클린턴은 루빈(Robert Rubin) 재무장관, 그린스펀(Alan Greenspan) 연준의장, 서머스(Lawrence Summers) 재무차관의 삼각편대를 편성해 금융화를 본격적으로 추진했다. '글래스·스티걸법'을 해체한 '금융서비스현대화법'을 통과시킨 사람도 클린턴이다. 때마침 나타난 IT혁명에 힘입어 미국경제는 회복된다. 그러나 다분히 금융 거품에 의존한 성장이었다. 2001년 IT·주식 버블에 이어 2008년 부동산·파생금융상품 버블이 꺼지면서 미국경제는 대공황을 방불케 하는 대침체를 맞는다.

세계화와 금융화를 통해서 미국의 금융자본과 IT자본은 크게 성장했다. 그러나 반대로 미국의 제조업은 크게 타격을 받았다. 물론 멕시코 등 저임금국가에 생산기지를 이전하고, 멕시코에서 저임금근로자를 유입시키고, 중국으로부터 저가 상품을 수입해 물가를 낮춤으로써 임금 수준을 억누르는 데 효과적이었다. 즉 세계화는 임금과 생산 비용을 낮춤으로써 제조업에도 이득이 있었던 것이다.

그러나 오늘날 IT를 제외하면 미국 제조업에서 경쟁력을 가진 분야는 군수산업과 우주·항공, 의약품 정도다. 그 결과 미국에서 지역적으로 양극화가 일어났다. 동부와 서부의 해안지역 사람들은 이득을 보았고, 중부의 광활한 내륙지역 사람들은 손해를 보았다. 뉴욕을 중심으로 하는 동부 해안지역이 금융자본의 성지이며, 실리콘밸리를 중심으로 하는 서부 해안지역은 IT자본의 본산이다. 그리고 내륙지방은 제조업의 기지다.

오늘날 미국의 대선투표 지형을 보면 양쪽 해안지역은 민주당의 파란색으로, 가운데 내륙지역은 공화당의 빨간색으로 칠해져 있다. 그들간의 이해 간격은 너무나 벌어져 있어 타협을 어렵게 한다. 예전에는 그럭저럭 잘 돌아가던 미국의 의회 정치가 오늘날 삐걱거리며 전례 없이 당파적으로 된 것도 다 양극화 때문이다.

★ 신자유주의로부터 버림받은 대중

　이러한 양당의 노선 차이에도 불구하고, 신자유주의에 대해서는 공통적으로 지지하고 있다. 앞서 말했듯이 신자유주의는 세계화와 금융화를 가장 큰 특징으로 한다. 세계화를 통해서 가장 비용이 싼 곳에서 생산하고, 이민을 통해 가장 임금이 낮은 노동자를 수입한다. 그와 함께 금융화를 통해 생산된 가치 중에서 보다 많은 몫을 가져오는 데 집중한다.

　결과적으로 미국에서 나타난 것은 제조업 일자리의 감소, 임금의 하락과 더불어 주가 등 금융자산의 가격 상승이었다. 이것이 양극화를 가져온 것은 두말할 나위가 없다. 특히 눈에 띄는 것이 자유무역이다.

　'자유무역이냐, 보호무역이냐'라는 논쟁은 오랜 역사를 가지고 있다. 산업혁명과 함께 부쩍 커버린 자본가 계급은 식량가격을 낮춰 노동자의 임금을 누를 필요가 있었다. 외국과의 무역경쟁을 하고 있었기 때문에 원가를 낮춰야 했던 것이다. 반대로 지주인 토지귀족들은 주 수입이 곡물이므로, 국가가 보호관세 장벽을 높여 외국산 농산물과의 경쟁을 막아주기를 바랐다.

1815년 '곡물법'이 제정되어 이 싸움은 토지귀족에게 유리하게 시작되었다. 그러나 그 바람에 식량가격이 올라가고, 노동자의 파업이 빈발했다. 결국 의회를 장악한 자본가계급은 1846년 곡물법을 폐지한다. 자본가계급의 위대한 승리였다. 이와 함께 봉건주의는 확실하게 막을 내리고, 자본주의가 무대에 등장한다. 그리고 자유무역의 시대가 개막되었다.

그러나 오늘날 자유무역은 미국에서 민주당 금융자본가와 공화당 산업자본가 모두에게 유리하다. 금융자본가로 말할 것 같으면, 그들은 다른 나라에 대한 증권투자 등으로 이익을 거두므로,[4] 자유무역에 수반되는 자본시장 개방이 중요하다. 그 대신 미국 내의 제조업에는 관심이 없다. 산업자본가는 생산시설을 외국으로 옮기거나, 부품 등을 전 세계에서 생산하는 방식으로 원가를 낮춘다.

이처럼 자유무역은 둘 다에게 유리하다. 그러면 당연히 미국의 노동자계급은 실업과 임금하락으로 고통받고 불만이 커질 수밖에 없는데, 노동자들을 달래려면 식량(푸드 스탬프 등)·의료(건강보험) 등 사회보장뿐만 아니라 필수적인 생활물자의 가격도 낮아져야 한다. 자유무역은 생활물자를 값싼 수입품으로 대체함으로써 생활비를 낮춰주기도 한다.

상품(FTA를 통한 자유무역)·자본(자본시장개방을 통한 증권투자와 기업의 해외진출)·노동(이민과 노동자이주)의 자유화는 결국 자본가

계급에게 매우 바람직한 것이다. 이익의 기회를 최대화하고, 대신 비용을 극소화한다.

오늘날에는 옛날 산업혁명 당시의 토지귀족처럼 보호무역을 주장하는 지배계급이 없다. 그러니 노동자계급 전체가 자유무역과 함께 날아오는 풍랑을 고스란히 맞고 있을 수밖에 없다. 더구나 경제는 갈수록 서비스화되고, 이에 따라 노조의 조직률도 계속 떨어져가기 때문에 효과적으로 저항하지도 못한다.

그러나 미국 내에서도 이런 방식이 근시안적이며, 결국 중국에게 패권이 넘어갈 것이라고 비판하는 사람들이 있다. 중국이 제조업을 키우고, 경제력과 기술력을 강화하고 있기 때문이다. 그래서 중국을 모든 악의 근원으로 몰아 붙이고, 노동자들을 선동해 중국을 공격하고 있다. 트럼프도 그런 사람 중의 하나다.

2장

트럼프 정부의 멤버

트럼프 내각은 3개의 이질적인 세력으로 구성되어 있다. 첫째는 그를 대통령의 자리로 이끈 국가주의자다. 둘째는 미국 정치와 경제를 좌지우지하는 유대인들로, 이들은 세계주의를 미는 세력이다. 셋째는 공화당의 전통적인 부자들로, 감세와 자유시장이라는 자본주의 이념의 수호자들이다. 이들은 서로 견제하며 절묘한 균형을 이루고 있다. 트럼프는 이 모든 요소를 혼합해, 지극히 타협적이고 실용적인 정부를 꾸리고 있다.

★ 트럼프 정부의 삼각 축

트럼프는 막상 미국 대통령으로 당선되자 새로운 지도부를 만드는 데 어려움을 겪었다. 그가 미국의 백인 중하층 계층을 선동하는 데다가, 기득권 계층의 이익에 반하는 정책을 내걸었기 때문이다.

트럼프가 속한 공화당 주류는 트럼프의 정책에 대경실색하며, 심지어 대선후보로 선출된 뒤에도 트럼프를 낙마시킬 궁리까지 했다. 기득권 계층 사람들은 신자유주의 체제로 크게 이득을 얻어 충분히 만족하고 있었는데, 이들에게 트럼프의 등장은 날벼락 같은 것이었다. 그리하여 트럼프에 대한 기득권 계층의 공격과 사보타주가 이어졌다.

그러나 미국 정부의 요직을 차지한다는 것은 누구나 선망하는 일이므로 트럼프의 지도부를 구성할 사람은 충분했다. 그를 대통령의 자리에 올려놓은 협력자들은 당연히 포함되었다. 또한 그가 마음대로 국정을 좌지우지하지 못하도록 견제하기 위해서 다양한 정파에서도 요직에 사람을 심었다.

이런 이유 때문에 트럼프의 정부를 보면 크게 3가지 세력이 각축을 벌이고 있다. 첫째로 트럼프의 이념과 정책을 만들어준 국가주의자, 둘째로 기존 신자유주의 정책을 고수하려는 유대인과 금융자본세력, 셋째로 기존 공화당 주류다. 그 밖에 기존 공화당 주류에 속하기는 하지만, 군인들이 상당히 많이 포진되어 있는 것도 특징적이다. '힘을 통한 미국의 부흥'을 지향하는 트럼프다운 선택이다.

★ 국가주의자 : 파시스트?

민족주의는 '민족이 가장 중요하다'는 사상이다. 민족의 발전과 번영을 위해 우리 모두는 노력해야 하며 때로는 자신을 희생해야 한다. 안중근이나 이순신 같은 사람은 국가의 영웅이 아니라 민족의 영웅이다. 김구 선생은 민족이란 혈연의 공동체로서 영원한 것이라고 말했다. 이것이 우리에게 익숙한 생각이다.

그러나 미국처럼 수많은 민족이 사는 국가에서 이런 개념이 성립할 수 있을까? 세계 각지에서 너무나 다양한 민족들이 미국에 흘러들어와 같이 살며, 심지어는 서로 결혼해 피를 섞고 시간이 지나면서 점차 비슷해진다. 영어를 쓰고, 비슷한 사고방식과 문화를 가지며, 맥도날드 식당에서 똑같은 햄버거를 먹는다. 그러나 여전히 이질적이며 분리되어 있는 민족들이 존재한다. 미국에는 민족주의가 존재하지 않는다. 그러나 민족들 사이에서도 애국심은 존재하며 그것은 국가주의로 구체화된다. 학교에서는 미국의 역사와 미국의 자유와 평등, 그리고 민주주의라는 가치를 가르친다.

미국은 민주주의의 가치를 체현한 위대한 나라이며, 그 나라의 구성원들은 미국의 발전과 번영을 위해 기꺼이 한 몸을 바쳐야 한다. 대신 국가는 구성원들에게 마땅히 보호와 복지를 제공해야 하며, 국민의 이익을 가장 중요한 가치의 척도로 삼아야 한다. 그러나 신자유주의는 국가주의를 오랫동안 잠식해왔다.

국가주의자는 신자유주의에 반대하며 신자유주의를 타도하려는 세력이다. 신자유주의는 국제주의를 깔고 있으므로, 국가주의와 공존하기 어렵다.

국가주의자들에게 신자유주의는 오로지 기득권 계층에게만 유리한 방식이다. 국가주의자들에 따르면, 기득권 계층이 의회·행정부·정보기관·언론·학계라는 제도적 장치를 통해서 국가를 장악하고 대부분의 미국 국민에게 불리한 방향으로 국가를 이끌고 있다고 생각한다. *금융화와 세계화를 양 축으로 하는 신자유주의는 일부에게만 유리하고, 대부분에게는 불리하며, 미국의 장기적 체력도 약하게 만든다고 생각한다.* 특히 중국이 유력한 패권 경쟁자로 부상함에도 불구하고, 기득권층의 이익을 위해서 중국과 타협함으로써 미래의 몰락을 촉진하고 있다고 비판한다.

국가주의는 미국을 국가다운 국가로 만들어야 하며, 기득권층만이 아닌 미국인 전체의 이익을 위해 개조해야 한다고 생각한다. 바로 이들이 트럼프를 미국 대통령의 자리에 올려놓은 일등공신이다. 대중들을 선동한다는 점, 그리고 '위대한 국가'의 부흥을 기치로 내세운다는 점, 모든 문제의 원인을 외국으로 돌리고 그들을 공격 대상으로 삼는다는 점에서 히틀러의 국가사회주의와 비슷하다.

스티브 배넌(Steve Bannon)은 그러한 이념과 그에 맞는 선거 전략을 창조한 사람으로 국가주의 진영의 세력을 대표한다고 볼 수 있다. 현재 배넌은 물러났으나, 그의 반세계화 정책은 피터 나바로(Peter Navarro)와 로버트 라이트하우저(Robert Lighthizer)에 의해서 실행되고 있다.

국가주의자

첫 번째로 꼽을 수 있는 것은 **스티브 배넌** 같은 사람이다. 그는 〈브라이트바트〉라는 인터넷신문을 통해서 대중들을 선동했으며, 트럼프에게 대선 정책을 만들어줘 대통령의 자리에 올려놓았다. 그는 극우라기보다는 파시스트에 가깝다. 극우는 공화당의 우파인 티파티[5] 같이 극단적인 자유주의를 주장하는 사람들이다. 그러나 배넌은 오히려 국가의 강력한 관여를 요구한다.

배넌은 자유경쟁하에서 개인의 노력으로 성공을 성취한다는 미국식 이념에 냉소한다. 국가가 강력한 리더십을 발휘해 사회를 통제해야 하며, 하층 계급의 이익을 보호해주어야 한다고 주장한다. 지금의 미국은 오로지 부유층을 위해서만 돌아간다고 생각한다. 특히 FTA 같은 무역자유화, EU 같은 경제통합은 실제로 자본가 계급에게만 유리한 정책이라고 주장한다. 그에 따르면 자본은 국제적이며, 국내적이지 않다. 따라서 국가의 이익과 자본의 이익은 때때로 상충한다. 배넌이 백악관에서 쫓겨난 뒤 유럽으로 건너가 경제통합조직인 EU에 반대하는 연설을 하며 대중들을 선동하는 것도 이와 같은 맥락이다.[6]

배넌은 자신을 위시한 소수의 지도자가 대중을 이끌고 기득권 세력들을 타도해야 한다고 생각한다. 기득권층이 장악하고 있는 제도적 장치들에서 그들을 쫓아내야 하며, 기득권의 이념과 정책을 뒤엎어야 한다고 생각한다. 또한 카톨릭에 사상적 뿌리를 두고 있는 사람이기 때문에 이슬람을 미워한다. 미국이 하나의 국가로서 그 본색인 기독교 백인사회로 돌아가야 한다고 생각하기 때문이다.

배넌이 백인 중하층 계급의 구미에 맞는 이념과 슬로건을 개발함으로써 트럼프의 당선에 큰 공을 세웠음에도 불구하고, 조기 낙마에서 드러나듯이 미국 정부 내에서의 세력은 미약하다. 다만 그의 정책 중 보호무역주의와 반이민정책은 트럼프에 의해서 착실히 계승되고 있다. 그는 백악관을 나온 다음 오히려 목소리를 높여 대중들을 선동하고 있다. 배넌과 배넌이 대변하는 세력은 트럼프에게 큰 압박이 될 것이다. 바로 그들이 트럼프를 백악관에 보낸 사람들이기 때문이다. 트럼프는 자신의 지지자들과 주류 엘리트 계층 사이에서 줄타기를 해야 하는 입장에 서있다.

배넌과는 다소 결이 다르지만 **피터 나바로** 백악관 무역정책국장, **로버트 라이트하이저** 무역대표부(USTR) 대표 같은 사람도 국가주의자라고 볼 수 있다.

나바로는 신자유주의를 추진함으로써 중국에게 제조업으로 굴기할 수 있는 기회를 준 것은 큰 실수라고 주장한다. 그는『웅크린 호랑이(Crouching Tiger)』(2015)라는 책을 집필해 중국의 음모(이 '음모'는 나바로의 주장이다)를 폭로했다. 그리고 그 책이 마음에 든 트럼프가 민주당원인 그를 불러들였다. 미국의 경제학자가 대부분 자유무역을 주장하는 사람인 것에 반해, 나바로는 특이하게도 보호무역을 지지한다. 다만 이념적으로 극우라기보다는 실용적인 국가주의자에 가깝다. 배넌이 이념적인 기반을 제공한다면, 나바로는 경제 정책에 대한 이론을 제공한다.

라이트하우저는 통상전문변호사로서 워싱턴 로비업계의 슈퍼스타였다. 1985년부터 그가 파트너로 일한 로펌 '스캐든, 알프스, 슬레이트, 미거 앤드 플롬(Skadden, Arps, Slate, Meagher & Flom)'은 미국 전국과 해외 11개국에 지사를 두고 대형 기업의 세법 개정, 무역 소송을 담당한다. 1981년 미국 상원 재무위원회 수석 보좌관으로 일했고, 1983년 레이건 정부에서 무역대표부 부대표에 임명되었다. 그는 저속한 표현도 주저하지 않는 거친 스타일로 상대를 몰아붙여 흔드는 것으로 유명하다. 그는 트럼프와 딱 맞는 협상스타일을 가지고 있다.

★ 영원한 세계주의자 : 유대인

트럼프 정부에는 꽤 많은 유대인이 있다. 640만 명에 달하는 미국 내 유대인은 대체로 민주당을 지지하지만, 반드시 그런 것은 아니다.

예를 들어 아들 부시의 행정부를 구성하던 네오콘(Neoconservatives, 신보수주의자)은 압도적 다수가 유대인이다. 그들은 중간 실무자로 포진해 부시 대통령(George Walker Bush), 파월(Colin Powell)과 라이스(Condoleezza Rice) 국무장관 휘하에서 강력한 하부구조를 구성했으며, 이 시기 미국의 대외정책을 좌지우지했다.[7] 이후 클린턴의 정부에도 상당한 유대인 세력이 포진해있었던 것을 감안하면 '다수파의 민주당계 유대인 vs. 소수파의 공화당계 유대인'이라는 구도가 성립되는 것으로 보인다.[8]

사실 유대인이 트럼프를 강하게 반대했다면 트럼프가 대통령에 당선될 수는 없었을 것이다. 미국의 대표적인 유대인 로비단체인 '미국·이스라엘 공공정책협의회(American Israel Public Affairs Committee; AIPAC)'는 양당의 주요 대선후보를 불러 면접을 보는 것으로 유명하다. 트럼프도 2016년 3월 대선 초기에 이 단체의 연례총회에 참석했다. 트럼프는 자신의 딸인 이방카(Ivanka Trump)가 유대인과 결혼해 유대인이 되었으며, 유대인 아이의 어머니라는 점을 들어 자신을 지지해달라고 호소했다.

트럼프는 유대인에 대해 어떤 감정과 생각을 가지고 있을까? 이제까지 보여준 행태로는 그다지 반감을 가지고 있지는 않은 듯하다.

우선 트럼프의 맏딸인 이방카의 남편 쿠슈너(Jared Kushner)가 유대인이다. 그는 독실한 유대교도이며, 이방카도 유대교로 개종했다. 그러나 그로 인해 가족간의 갈등이 있었다는 이야기는 아직까지 들리지 않는다.

트럼프는 대통령 선거를 앞두고 유대인이 장악한 월가와 주류 언론을 비난하기는 했지만 이스라엘과 유대인을 비난하지는 않았다. 그리고 특별히 유대인의 대부인 키신저(Henry Kissinger)를 만나 고견을 요청하기도 했다. 트럼프가 유대인의 이익을 해칠 사람이 아니라는 것을 확실히 보여준 셈이다.

미국에서 유대인을 배척하고 오랫동안 승승장구하기는 어렵다. 트럼프는 당선되자마자 최초로 이스라엘 대사와 면담을 가졌다. 일본의 아베가 재빨리 달려왔으나 그는 두 번째였다. 또한 예루살렘을 이스라엘의 수도로 인정하기도 했다.

TIP
유대인

맥마스터(Herbert Raymond McMaster)의 뒤를 이어 안보보좌관으로 취임한 **존 볼턴(John Bolton)**은 '군대를 통해서 상대를 제압해야 한다'는 생각을 가진 사람이다. 그는 예일에서 학위를 받은 법률가 출신으로, 아들 부시 정권에서 국무차관과 UN대사를 지냈다. 네오콘의 싱크탱크인 미국기업연구소(AEI)의 부소장을 역임했고, 유대국가안보연구소(The Jewish Institute for National Security of America; JINSA)의 이사를 지냈다.

유대인인 볼턴은 이스라엘과 매우 가깝다. 이에 비해 중국·이란·북한에 대해서는 매우 적대적이며 강경하다. 대만을 독립국가로 인정해 유엔의 회원국으로 가입시켜야 한다고 주장한 적도 있다. 네오콘을 대표하는 사람 중 하나로서, 미국의 적극적인 이익 추구와 공격적 군사전략을 주장했다. 실제로 2001년 아프가니스탄과 2003년 이라크를 침공하는 데 앞장섰다.

북한에 대해서도 강경파다.[9] 2007년 출간된 자서전 『항복은 선택이 아니다(Surrender is Not an Option)』(2007)에서 "북한은 절대로 핵무기를 자발적으로 포기하지 않을 것"이라고 썼으며, 2017년 12월 "한국에 대한 리스크로 인해 대북 군사력 사용을 아무도 원하지 않지만, 그 리스크는 북한의 핵무기 보유가 미국에게 주는 리스크에 비해서는 작다"고 주장했다. 2018년 2월 〈미국의 소리(VOA)〉 방송과의 인터뷰에서 "북한이 미국 본토를 타격할 수 있는 핵무기를 갖추기 전에 북한을 공격해야 한다"고 말하기도 했다. 또한 2018년 2월 〈월 스트리트 저널(WSJ)〉 기고문을 통해 "북한에 대한 선제 폭격은 법적으로나 도덕적으로 정당하다"고 주장했다. 이어 2018년 3월 〈자유아시아방송〉과의 인터뷰에서는 "북한이 핵을 폐기하는 대가로 미국이 경제 지원을 제공할 필요도 없고, 평화조약을 체결할 필요도 없다"고 최강성 발언을 했다. "북·미 정상회담이 성사된다면 리비아가 핵무기를 미국에게 넘기는 것과 같은 협상을 해야 한다"라고 말하기도 했다.[10] 따라서 군사적 공격에 대해서 신중했던 맥마스터에 비해 강경할 것이 틀림없다.

볼턴은 이란에 대해서도 협상하지 말고, 반체제 세력을 적극 지원해 정권을 붕괴시켜야 한다고 말했다. 그는 2015년 〈뉴욕타임스〉 기고문에서 "이라크 원자로(1981)와 시리아 원자로(2007)에 대한 이스라엘의 공습과 같은 선제공격만이 이란의 핵 보유를 막을 수 있는 길"이라고 주장했다.

볼편은 트럼프의 대선후보 시절 외교안보정책의 자문역할을 맡았다. 트럼프의 진영에는 상당한 수의 유대인들이 참여하고 있는데, 네오콘의 싱크탱크인 민주주의수호재단(Foundation for Defense of Democracies; FDD)도 그 중심기관이다. 연구소의 이사장인 마크 두보위츠(Mark Dubowitz) 이사장은 네타냐후 이스라엘 총리와 친밀하다.[11] 볼턴은 이란과의 전쟁을 주장했고,

이란과 북한은 서로 협력하고 있기 때문에 이 둘의 문제는 하나의 실타래에 묶인 두 가닥의 끈과 같이 같은 선상에서 해결해야 한다고 조언했다.[12]

트럼프 측근 중에서는 맏딸인 이방카의 남편 **재러드 쿠슈너**가 돋보인다. 그는 이스라엘 대사와의 면담은 물론이고 아베 일본총리와의 회담에도 배석했다. 별다른 직위도 없는 그가 이런 대우를 받고 있다면 얼마나 신임을 받고 있다는 뜻일까? 쿠슈너는 유대인 네트워크와 긴밀하게 연결되어 있을 가능성이 높다. 그는 크리스티(Chris Christie) 뉴저지 주지사의 이름을 인수위원장 명단에서 지우고, 크리스트의 세력을 인수위에서 몰아내는 실력을 발휘했다. 그 이유는 크리스티가 검사였을 때, 쿠슈너의 아버지이자 부동산개발업자인 찰스 쿠슈너(Charles Kushner)를 뇌물 제공의 죄목으로 감옥에 보낸 적이 있기 때문이다. 크리스티가 대선 초반부터 트럼프를 지지한 점을 생각할 때, 쿠슈너가 얼마나 강한 영향력을 행사하는지 알 수 있다.

쿠슈너는 아마도 트럼프가 지나치게 보호무역과 국가주의를 밀고 나감으로써 유대인의 이익을 저해하지 못하도록 견제하는 역할을 맡을 것이다. 쿠슈너는 이스라엘을 포함한 중동정책을 담당하고 있는데, 트럼프가 반유대주의로 빠지고 않고 유대인의 충직한 친구로 남도록 하는 것이 그의 임무일 것으로 보인다. 그는 나이 90세가 넘은 키신저로부터도 조언을 받고 있는 것으로 알려졌다.

재무장관인 **스티븐 므누신**(Steven Mnuchin)도 유대인이다. 그는 트럼프 대선캠프에서 재무파트의 총책임자였다. 돈을 끌어오고 관리하는 중책을 맡아 대선기간 중 10억 달러의 기부금을 모집했다. 매우 집요한 사람으로 유명하다. 므누신은 골드만삭스 출신으로, 그의 아버지도 평생 골드만삭스에서 일한 '골사맨'이다. 골드만삭스에서는 CIO(최고정보책임자)를 맡았다. 현재 골드만삭스가 활발하게 IT기업으로 변신하고 있음을 감안하면 중책을 맡았던 것이다. 그는 2002년 골드만삭스를 떠나 '조지 소로스 펀드'에 참여하고 2004년 '듄 캐피털'을 만들었다. 부업으로 영화 〈엑스맨〉과 〈아바타〉 제작에도 투자해 큰돈을 벌었다. 금융위기가 진행되던 2009년 미국 최대 주택대출은행 인디맥을 16억 달러에 인수하고, 이름을 윈웨스트뱅크로 바꾼 후 2015년 34억 달러에 팔았다.

골드만삭스 출신으로 국가경제위원회(National Economic Council)[13] 의 장이었던 **게리 콘**(Gary Cohn)은 동유럽 출신의 유대인이다. 그는 미국철강 (US Steel)에서 시작해 1990년 골드만삭스에 입사, 사장 자리까지 올라갔다. 그 자리에 계속 있었다면 은퇴하는 로이드 블랭크파인(Lloyd Blankfein)의 뒤를 이어 회장이 될 것이 확실하다는 이야기도 돌았었다. 국가경제위원회 의장은 우리나라로 비유하면 청와대 경제수석 같은 자리다. 참모역할이지만 대통령과 지척지간인 관계로 그 힘이 대단하다. 한때 연준 의장은 따놓은 당상이라는 소문이 있었지만, 트럼프의 관세정책에 반대하다가 사표를 던지고 말았다.

콘의 뒤를 이어 국가경제위원장 자리를 맡은 **래리 커들로**(Larry Kudlow)도 유대인이다. 그는 1987년 베어스턴스에서 경력을 시작했고, 레이건 시대 공급주의 경제학자로 유명한 래퍼의 '래퍼 앤 어소시에이트(A. B. Laffer & Associates)'에서도 자문을 맡았다. 그 바람에 감세를 골자로 하는 공급주의 경제학자로도 명성을 날린다. 그 이후에는 주로 방송계에서 경제전문가로 활동했다. 뉴욕연방은행에서 경제분석가로 일하기도 했고, 연준의 공개시장조작 파트에서도 근무했다. 레이건 시대, 예산국(Office of Management and Budget) 부국장과 프레디맥의 자문역으로도 일한 바 있다. 그는 감세와 주가부양을 지지하며, 금융자산의 가치를 유지할 수 있는 강달러를 선호한다. 그 때문에 자유무역주의자라고 봐야 하지만 트럼프가 워낙 밀어붙이니 공개적으로 보호무역정책에 반대하지는 않는다. 그는 아마도 콘이 떠남으로써 비어버린 미국 세계주의자의 대변인을 맡으며, 트럼프 정책이 너무 극단으로 나가지 않도록 견제하는 역할을 담당할 것이다.

스티븐 밀러(Stephen Miller)는 법무장관으로 지명된 제프 세션스(Jeff Sessions) 앨라배마 상원의원의 공보국장 출신이자, 인수위 국내정책 국장을 맡았다. 트럼프의 연설문 초안을 맡기도 했다. 현재는 백악관 선임정책 고문이라는 애매한 자리를 맡고 있지만, 트럼프와 긴밀한 관계라고 소문이 나있다. 주한 대사로 내정되었던 빅터 차(Victor Cha)를 몰아낸 사람이 밀러라는 소문도 있다. 그는 자신을 실용적인 유대인이라고 선전한다.

루이스 아이젠버그(Lewis Eisenberg) 공화당 전국위원회 금융위원장은 그래나이트 캐피털 인터내셔날 대표다. 그는 공화당 내 유대인연합 소속인데, 이탈리아 대사로 임명되었다. **마이클 글래스너**(Michael Glassner)는 AIPAC의 서부지역 정치담당 국장으로 트럼프 캠프에서도 전국정치담당 국장으로 일한 바 있다. 그는 트럼프 재선캠페인 사무총장을 맡고 있다. **보리스 엡슈타인**(Boris Epshteyn)은 공화당 소속 정치전략가로, 주로 트럼프를 대변해 TV토론회에 100회 이상 출연했다. 그는 대통령 인수위 홍보국장으로 임명되었으나 중요한 보직을 맡지 못하고 곧 물러났다. **제이슨 그린블랫**(Jason Greenblatt)은 부동산전문변호사로 트럼프와 19년가 함께 일했으며 정통 유대교도다. 그는 백악관 국제협상 대표로 있으면서 트럼프의 외교 교섭을 물밑에서 지휘한다. 미국이 예루살렘을 이스라엘의 수도로 공인하는데 큰 역할을 했다고 한다. **데이비드 프리드먼**(David Friedman)은 트럼프의 자문변호사로 오래 일했으며, 캠프에서도 중동문제 보좌관을 지냈다. 그는 현재 주 이스라엘 미국 대사를 지내고 있다.

유대인들은 본질적으로 세계주의자이며, 신자유주의자다. 그들은 떠돌아다니는 역사를 겪어왔으며, 가는 곳마다 국가주의에 시달려왔다. 그렇기 때문에 국가주의라는 말을 굉장히 불편하게 생각한다. 콘이 트럼프의 보호무역정책에 반감을 표시한 것도 그 때문이다.

그러나 유대인 내에도 다양한 분파가 존재하며, 이러한 추세가 불가피하다고 판단하는 사람들도 있을 것이다. 예를 들어 무시할 수 없는 경쟁자로 부상하는 중국을 견제하기 위해서 보호무역은 좋은 수단일 수 있다. 또한 지금과 같은 상황에서 이제까지와 같은 방식으로 신자유주의를 밀어붙이는 것은 위험하다고 판단했을 수도 있다. 더구나 트럼프는 법인세를 대폭 깎아 기업과 부자들에게 좋은 일도 했다. 트럼프는 또한 오바마보다 훨씬 더 이스라엘과 가깝게 지내려고 한다. 이란에 대해서도 매우 강경하다. 이러한 점들은 그가 유대인들에게 함께할 수 있는 대통령이라는 판단을 할 수 있게 한다.

유대인은 아니지만 상무장관을 맡은 **윌버 로스**(Wilbur Ross)도 금융자본가이므로, 이러한 계통에 포함시킬 수 있다. 유대인 금융자본의 본산인 로스차일드 금융그룹 출신[14]이라는 점도 그런 추정에 힘을 실어준다. 그는 대선캠프에서 경제쪽 공약을 작성했다. 예일대를 졸업하고 1976년부터 2000년까지 24년간 뉴욕에서 로스차일드 금융그룹에서 근무했다. 파산

구조조정 부문에서 주로 일했다고 한다. 회사에 다닐 때 경영위기에 봉착한 트럼프 소유 카지노가 파산하지 않도록 도와줌으로써 은인이 되었다.

그는 1997년 한국의 외환 위기에서 한국과 국제 채권단의 협상에서 자문과 중재역을 맡았다. 그가 이끄는 로스차일드 펀드는 한라그룹을 인수한 뒤 한라시멘트, 만도기계, 한라중공업, 한라엔지니어링 등으로 쪼개 팔아 큰 이익을 남겼다. 외환위기 극복의 공로로 김대중 정부의 표창까지 받았지만 약속한 외자 10억 달러의 절반도 안 되는 돈만 유치하고 나머지는 한국 정부의 구조조정 기금으로 충당해 구설수에 올랐다. 김대중 정부 말기 '진승현 게이트'에 연루되었던 리젠트그룹의 지분을 인수했고, IMT-2000 사업, 기아특수강 매각에도 관여했다. 휴지조각 수준으로 떨어진 산업은행 채권을 사서 비싸게 팔아 큰 이익을 보기도 했다.

그는 2000년 이후에는 자기 회사를 차려 구조조정으로 돈을 벌었다. 망한 회사를 사서, 직원을 감원하고 불필요한 사업부문을 매각해 값을 올린 다음 판다. 오늘날 사모펀드가 하는 영역이다. 2002~2004년 미국에서 파산한 5개 철강업체를 인수합병해 미국 최대 철강업체인 인터내셔날스틸그룹(International Steel Group; ISG)을 만들어, 2005년 인도 미탈그룹에 매각했다. 그는 돈 문제에서는 일체의 인정을 배제하는 사람으로 소문났다. 그는 현재 트럼프의 보호무역주의 정책을 조율하지만, 스스로를 합리적 자유무역주의자라고 소개한다.

★ 주류 엘리트 : 미국의 전통부자들

트럼프는 공화당 주류와도 타협한다. 그의 정책 중 보호무역과 반이민을 제외하면 기존 공화당 주류의 정책과 판박이다. 감세를 통해서 부유층의 세금 부담을 줄여주었고, 미국 기업의 순이익을 높여주었다. 해외에서 자금을 가지고 돌아오는 미국기업에게는 낮은 세금을 매겼는데, 이 돈은 자사주 매입자금으로 사용되어 그 기업의 주가를 올렸다. 따라서 트럼프의 정책은 미국 부유층의 입맛에도 부합했다.

트럼프와 '공화당의 1인자'라고 불리는 연방하원의장 폴 라이언(Paul Ryan)은 사이가 좋지 않다고 알려졌다. 그러나 이러한 맥락의 정책에는 다른 목소리가 나오지 않는다. 지원자를 찾기는 어렵지 않았다.

사실 따지고 보면 *트럼프가 대선 기간 동안 내건 정책들 대부분이 그동안 공화당이 주장하던 것과 다르지 않다.* 감세, 사회복지 축소, 환경규제 완화를 통한 제조업 활성화, 그리고 국방비 증액을 통한 군사력 강화 등등이다.

공화당 주류 정치인

마이크 펜스(Mike Pence) 부통령은 인디애나 주지사 출신으로 독실한 기독교인으로도 유명하다. 부인을 처음 만난 곳도 교회이고, 부인도 독실한 기독교인이다. 그녀는 펜스가 청혼할 것을 예상했다고 한다. 미리 금 십자가 목걸이에 'YES'라고 새겨놓고, 그가 청혼하자 대답 대신 그것을 꺼냈다. 공화당의 이념에 충실한 사람이며, 공화당의 강경파인 티파티의 일원이다. 이렇다 할 정적도 없고, 겸손하며, 소신이 강하고, 공화당 내 위상이 높다. 트럼프가 공화당 주류와 타협하기 위해 데려온 사람이다.

마이크 폼페이오(Mike Pompeo) 국무장관은 이탈리아계다. 그는 웨스트포인트 육군사관학교를 수석으로 졸업해 대위까지 승진한 다음, 하버드법학대학원을 졸업해 변호사로도 활동했다. 티파티의 지원을 받아 공화당 하원의원을 6년 역임했으며 하원에서 에너지, 통상, 그리고 정보 분야의 위원회에서 활동했다. 힐러리와 관련된 청문회에서 그녀를 무섭게 몰아친 것으로 유명하다. 러시아 게이트에서 애매한 자세를 취하며 트럼프를 골탕먹이던 코미(James Comey) CIA 국장이 경질되면서 그 자리를 맡았다. 그는 매일 아침 트럼프에게 정보를 보고하면서 신임을 얻었다고 한다.

북한의 핵 문제, 중국의 통상 문제와 관련해 강경파라는 소문이 났다. 렉스 틸러슨이 국무장관에서 해임되면서 폼페이오가 후임으로 임명된다. 북한과의 핵 협상을 주도함으로써 유명해졌는데, 그가 볼턴과 아주 다른 온건파라고 볼 수 있는지는 의문이다. 볼턴은 북한과의 핵 협상에서 CVID(complete, verifiable, irreversible dismantlement)를 주장하며 몰아붙였으나, 그렇다고 협상 자체를 반대한 것은 아니다. 폼페이오가 북한과의 협상에서 유연한 자세를 보였다고 해서, 그가 북한을 용인하겠다고 판단하는 것은 섣부르다. 그는 과거 강경파로 소문이 났었기 때문이다. 그들은 단지 방법론에서만 차이를 보인다고 보는 것이 옳을 것이다.

법무장관으로 임명된 **제프 세션스**는 앨라배마 출신으로 뼛속까지 공화당원이다. 법대를 졸업하고 변호사로 활동하다가 레이건 정부 시절에 앨라배마 주 검사로 임명되었다. 그의 재임시절 KKK 멤버에 의해 한 흑인이 살해되는 사건이 벌어졌는데, 그는 이 사건을 기소하지 않아서 논란이 일었다. 앨라배마 주 검찰총장을 지내다가 1997년부터 앨라배마 주를 대표하는 연방 상원의원이 되는데, 일관되게 정통 공화당원다운 정책을 밀고 나갔다. 동성애자를 옹호하는 단체에 지원금을 끊고, 게이 성향의 대법관이 임명되자 깊은 유감을 표시했다. 마리화나의 합법화 반대에 앞장섰으며, 낙태 반대에도 강경한 입장을 견지했다. 기후변화에 대해 의문을 표시했으며, 환경규제에 반대했다. 스스로를 법과 질서의 옹호자로 여기며, 미국 사회를 어지럽히는 폭력과 온갖 사악한 생각에 단호히 대처해야 한다고 믿는 사람이다. 공화당에서 따돌림 당하던 트럼프를 가장 먼저 지지한 공화당 상원의원으로, 공화당과 트럼프를 연결해주는 다리 역할을 맡았다.

렉스 틸러슨(Rex Tillerson) 전임 국무장관은 대학 졸업 후 엑슨모빌에 취업해 41년을 근무한 엑슨모빌맨이다. 텍사스에서 태어나 텍사스대학(오스틴)에서 토목공학과를 졸업했으며, 엑슨 예멘사장을 거쳐 엑슨 부사장, 사장을 거쳐 CEO에 오른 입지전적 인물이다. 그는 기업인으로서 외교 경험이 없으나, 사업의 특성상 중동의 유명인사들도 많이 알고, 특히 러시아 석유사업을 하는 과정에서 푸틴(Vladimir Putin)과 친밀한 관계를 맺었다. 그 때문에 그는 러시아가 대선에 개입해 트럼프를 지원하는 연결통로였다는 공격을 받았다. 조지 부시 정부에서 국무장관을 지낸 라이스의 추천으로 입각했다고 한다. 그러나 틸러슨은 의외로 직책에 적응하지 못해 구설수에 오른다. 뜸을 들이며 미적지근한 데다 매사에 분명하게 말하지 않는 스타일로, 화끈한 성격의 트럼프와는 처음부터 궁합이 잘 맞지 않았다. 그 바람에 그가 맡은 국무부도 중요한 외교정책에서 빗겨나 있었다. 아프간 처리 문제를 놓고 트럼프와 논쟁한 다음, 트럼프를 '멍청이'라고 했다는 사실이 알려지면서 트럼프에게 미움을 산다. 또한 국무부에서도 소수측근에만 의존하는 행태를 보여 직원들의 신망을 잃었다. 그는 북핵을 처리하기 위한 북미정상회담을 앞두고 경질된다.

라인스 프리버스(Reince Priebus)는 최초의 비서실장이었는데, 공화당 주류와 타협하기 위해 영입한 사람이다. 그는 위스컨신 출신으로 마이애미 법학대학원을 졸업해 변호사 자격을 땄다. 법무법인에 다니다가 2007년 공화당 위스컨신주 위원장이 되었고, 2011년에는 공화당 전국위원회 회장으로 당선되어, 공화당의 얼굴마담이 되었다. 그의 당선에는 티파티의 지원이 크게 있었다고 한다. 2015년 12월 트럼프 후보의 무슬림 이민반대정책을 공개적으로 비판하면서 각을 세웠다. 그러나 예상과 달리 트럼프가 돌풍을 일으키며 유력한 후보로 부상하자, 그는 자신의 팀을 이끌고 트럼프의 선거본부에 합류한다. 당시 트럼프는 선거조직이 취약한 데다가 공화당 주류와 타협할 필요가 있어 그를 받아들였다. 아마도 공화당 주류에서는 프리버스에게 트럼프가 너무 과도하게 그의 입장을 밀어붙이지 않도록 중재하는 역할을 맡겼을 것이다. 그는 국가주의자인 배넌과 세계주의자인 쿠슈너 사이에서 마음 고생을 하다가 밀려났다. 대통령 비서실장으로 있으면서도 트럼프의 신임을 얻지 못했으며, 휘하의 공보국장인 스카라무치(Anthony Scaramucci)와의 떠들썩한 다툼을 빌미로 밀려났다.

공화당 주류와 같은 맥락에 속하지만, *트럼프의 정부에는 유난히 군인이 많은 것도 주목할 만하다.* 그는 대선후보 시절 '미국을 다시 위대하게(Make America Great Again)'라는 구호를 내걸었다. 듣기는 애국적으로 보이지만, 실제로는 다른 나라의 팔을 비틀어 미국에게 바치는 조공을 늘리겠다는 정책이다. 미국의 제조업 일자리를 늘리기 위해서는 다른 나라들이 미국에 공장을 세우도록 하고, 미국으로의 수출을 줄이며, 대신 미국으로부터 수입을 늘려야 한다는 것이다. 그런 식으로 백인 중하층 계층에게 일자리를 만들어주겠다는 것이 목적이다.

물론 다른 나라들이 반발할 것이 틀림없다. 특히 중국이 타깃이다. 중국은 현재 착착 군비를 증강하고, 군대를 현대화하고 있다. 아직 격차가 벌어져있는 이때, 중국을 강하게 압박해 미국의 요구에 굴복시키도록 하려는 것이다.

그렇게 하려면 국방비 증액이 필요하고, 그것을 주도하는 데는 군인이 적격이다. 국방장관 매티스, 비서실장 켈리, 그리고 물러났지만 국가안전보장회의(National Safety Council; NSC) 의장 맥마스터 등이 그들을 대표한다. 이것은 트럼프가 힘을 통해서 세계의 다른 나라들을 굴복시키고 그의 뜻을 관철하겠다는 의지를 나타낸 것이다. 미국은 군에 대한 문민통치의 전통을 가진 나라로, 역대 국방장관은 대부분 민간인들이 역임해왔다. 그 부분에서 조용하지만 놓치면 안 되는 변화가 생긴 것이다.

제임스 매티스(James Mattis) 국방장관은 '미친 개'라는 별명을 가지고 있다. 그는 2004년 5월, 이라크의 마을에서 결혼식장에 모인 하객 400명을 사살하도록 명령한 적이 있다. 적군의 은신처로 의심된다는 정보를 보고받고, 30초만에 그런 결정을 내린 것이다. 아프간 전쟁과 이라크 전쟁에서 맹활약했고, NATO 사령관직도 역임했다. 자신이 해병대 출신이라는 것을 자랑스럽게 생각하며, '해병대는 패배를 모른다'는 말을 입에 달고 산다. 트럼프의 신임이 깊다고 알려지고 있다.

존 켈리(John Kelly) 비서실장도 해병대에 자원 입대한 사람이며, 2003년 이라크 전쟁 중에 현지에서 장군으로 승진한 것으로 유명하다. 그는 신문기자와의 인터뷰에서 자기 부하들을 가리키면서 "이 사람들은 해병대요. 과달카날과 이오지마를 잡았는데, 바그다드는 아무것도 아니지!"라고 말했다. 또한 남미를 담당하는 남부사령관을 지냈다. 트럼프 취임 후에는 국토안전부 장관을 맡았는데, 불법이민자를 추방하는 데 앞장섰다. 그는 프리버스 초대 비서실장이 낙마하면서 비서실장이 되었다. 비서실 내에서 권력 다툼이 치열하고 이로 인해 계속 말썽이 일어나자, 일종의 군기반장으로 임명된 것이다. 그의 지시로 쿠슈너의 비밀정보열람에 대한 등급이 낮아지면서 '과연 세다'라는 소리를 들었다. 그러나 한편에서는 그 때문에 트럼프가 미워한다느니, 또는 반대파에게 찍혔다는 소리가 들리기도 한다.

허버트 맥마스터(Herbert McMaster) 전 국가안보보좌관은 웨스트포인트 육군사관학교 출신으로 1991년 걸프전에 대위의 신분으로 참전했다. 9대의 탱크를 가지고 이라크 공화국수비대 소속 탱크 80대를 격파해 무공훈장을 받았다. 그는 역사학 박사 학위를 가진 학자 장군으로도 유명한데, 베트남전쟁에 대해서 깊이 연구했다고 한다. 그래서 보통의 무장과는 달리 정치적인 면도 고려하는 종합적인 사고를 한다고 알려져 있다. 그러나 자신의 주관이 강해서 상관들과의 충돌이 잦고, 그 때문인지 장군심사에도 연속으로 낙마했다. 2014년 겨우 중장이 되었으나, 교육사령부 부사령관이라는 한직으로 갈 정도로 관운은 좋지 않다. 2017년 2월, 러시아와의 내통 혐의로 사임한 플린(Mike Flynn)의 뒤를 이어 국가안보보좌관에 임명되었다. 국가안보보좌관은 우리나라로 치면 안보실장과 비슷한 자리로, 과거 키신저와 브레진스키(Zbigniew Brzezinski) 같은 쟁쟁한 사람들이 맡던 자리다. 그러나 그의 따발총 같은 브리핑 스타일 때문에 트럼프가 좋아하지 않는다는 소문도 들렸다. 여러 측면을 균형 있게 고려해야 한다는 그의 주장은 일견 합리적이지만, 의사결정자가 듣기에는 도움이 되지 않는다고 생각할 수도 있다.

★ 경쟁하는
세 세력

이렇게 트럼프의 정부는 상당히 잡다한 세력으로 구성되어 있다. 공화당 주류가 그를 지지하지 않나 보니, 나머지 세력에서 영입을 해야 했고, 결과적으로 어쩔 수 없었을 것이다. 서로 간에 워낙 이질적이다 보니 끊임없이 충돌해왔지만 서서히 정리가 되어가는 양상이다.

먼저 배넌 같은 극우주의자들은 배제되었다. 그는 파시스트로 볼 수 있을 정도로 국가주의적 이념을 보여왔는데, 이는 공화당 주류는 물론이고 유대인들과도 절대로 화합할 수 없다. 특히 쿠슈너와 날카롭게 대립했다고 하는데, 결국 유대인들에 의해서 밀려났다고 보는 것이 맞을 것이다. 그러나 배넌의 이념과 정책은 여전히 계승되고 있다. 그것이 바로 트럼프를 권좌에 밀어 올린 힘이기 때문이다. 피터 나바로 백악관 무역·제조업정책국장, 로버트 라이트하우저 무역대표가 배넌의 정책을 실행하고 있으며, 윌버 로스 상무장관도 뒷받침하고 있다.

공화당 주류에서도 충성도가 떨어지는 사람은 쫓겨났다. 사실

어쩔 수 없이 트럼프를 받아들이기는 했지만 공화당 주류는 결코 그를 좋아하지 않는다. 비서실장이던 프리버스는 공화당 주류로서, 공화당과 비주류인 트럼프를 연결하는 가교 역할을 맡았다. 그러나 2017년 7월 사임함으로써 단명하고 말았다. 그는 비서실장 시절, 트럼프로 접근하는 통로를 완전히 틀어쥐려고 한다는 비판을 받으며 물의를 일으키기도 했다. 그러나 정작 트럼프를 노리는 '러시아 게이트'에서 몸을 던져 일하지 않는다는 소문이 파다했다. 틸러슨 국무장관과 맥마스터 안보보좌관도 트럼프의 정책에 제동을 걸다가 마찬가지로 쫓겨났다.

유대인은 여전히 트럼프를 지탱하는 한 축이다. 힐러리를 지지하던 유대인 주류보다는 약하지만, 현 정세에서 그가 어쩔 수 없는 대안이라고 생각하는 유대인 그룹이 분명히 존재한다. 네오콘 그룹의 수장 월포위츠(Paul Wolfowitz)는 그를 탐탁지 않게 생각했지만, 그의 후배인 볼턴은 대선 초기부터 그를 지지했다.

트럼프는 이스라엘의 수도를 예루살렘으로 인정하는 것으로 유대인들과 한편임을 분명히 선언했다. 그의 정책이 근본적으로 유대인이 지향하는 신자유주의와 맞지 않는다는 것은 분명하다. 그러나 트럼프는 유대인에게 등을 돌리면 정권을 유지할 수 없다는 것을 분명히 알고 있으며, 결코 그들의 핵심 이익을 건드리지는 않을 것이다. 예를 들어 '도드·프랭크법(Dodd-Frank Wall Street Reform and Consumer Protection Act)'을 폐지하겠다고 선포해, 유대

인이 장악하고 있는 월가의 숙원을 풀어주려는 것도 같은 맥락이라고 볼 수 있다.[15]

이와 함께 나바로와 같이 온건하며 실무적인 국가주의자, 그리고 마이크 폼페이오 같이 트럼프에게 줄을 선 주류 엘리트는 여전히 트럼프의 정부에서 자리를 지키고 있다. 군인들도 마찬가지로 강력한 미국의 힘을 보여주기 위해서 불가피한 사람들이다. 비록 전임 국가안보보좌관 마이크 플린이 낙마했지만, 이는 트럼프의 당선자 시절 러시아 대사와 접촉한 사실을 정부 내부인이 언론에 유출시킴으로써 일어난 일로 그가 스스로 내친 것은 아니다.

결국 트럼프의 정부는 미국 중하층 백인계급을 지지기반으로 하는 국가주의적 이념을 가지고 있지만, 매우 타협적이며 실용적인 정권이라는 것을 알 수 있다. 보호무역과 반이민을 제외하면 기존 지배계층의 요구를 기꺼이 들어주려고 한다. 그는 사람들의 마음을 잘 읽고, 그들의 마음에 드는 말을 하며, 매우 단순해 기억하기 좋으면서도 선동적인 구호를 사용한다. 또한 기존 정치인 주류와는 결이 다르지만, 감세와 환경규제 완화 등 기업에게 도움이 되는 정책을 구사하기도 한다.

처음에 트럼프를 히틀러 같은 파시스트라고 경계하는 시각도 있었다. 국가주의, 인종주의, 이민자에 대한 반대, 외국에 대한 혐오 등 때문이었다. 히틀러의 공격 목표가 유대인과 공산주의 소련이었다면, 트럼프의 목표는 이슬람 테러리즘과 중국이다. 그러나 미국에서 오랫동안 뿌리박은 의회주의와 자유주의는 국가기관 전복을 통한 권력의 장악 같은 시도를 쉽게 허용하지 않을 것이다. 그러한 유형에 속해 있던 배넌은 이미 백악관을 떠났다. 트럼프가 자신의 트레이드 마크인 국가주의적 정책을 포기하지는 않겠지만, 기득권층과 정면 대결하는 무모한 짓은 하지 않을 것이다.

미국의 학계·정계·기업·언론을 막론하고 주류층은 여전히 트럼프에게 적대적이다. '러시아 게이트'를 집요하게 물고 늘어지는 것은 물론이고, '순전히 감으로 움직인다, 충동적이다, 성적으로 문란하다' 등 부정적인 이미지를 씌우면서 공격한다. 주류 언론들은 그가 국정운영에서 크게 혼선을 빚고 있고, 그의 정부가 결국 실패할 것이며, 그의 정책이 미국에게 손해를 가져올 것이라고 선전공세를 펼치고 있다.

그러나 트럼프는 비즈니스 세계에서 성공한 사업가이며, 수많은 방해공작을 뚫고 대통령에 당선된 사람이다. 미국 주류는 그가 재선되는 것을 막으려고 힘과 지혜를 다할 것이다. 트럼프가 이러한 공격에도 불구하고 재선에 성공할 수 있을지를 예측하는 것은 흥미롭다.

3장

트럼프의 정책 :
위대한 미국의
부흥

트럼프의 정책을 한마디로 정리하면 '위대한 미국의 부흥'이다. 그 꿈을
실현하기 위해 신자유주의를 되돌려야 하는데, 이는 기득권층의 반발을
불러오므로 대중을 선동하는 것은 불가피하다. 그래서 대중들에게 타격
을 주는 자유무역과 이민을 집중적으로 공격한다. 그와 동시에 감세와 금
융규제 완화를 제시하며 미국 기득권층과 타협을 시도한다. 트럼프는 이
렇게 미국의 잡다한 세력과 손을 잡고, 외국으로부터의 조공을 늘리려고
한다.

★ 미국인들이 환호하는 '위대한 미국을 다시!'

미국의 경우이기는 하지만 트럼프의 정책을 둘러보는 것은 유익하다. 그는 미국의 대통령이며, 미국은 오늘날 세계를 끌고 가는 조타수이기 때문이다. 미국의 일거수일투족은 바로 전 세계에 영향을 미친다. 그리고 미국은 커다란 정책적 선회를 하고 있다.

트럼프의 정책은 '미국 우선주의'다. 대선 레이스 내내 트럼프가 들고 나온 '위대한 미국을 다시'라는 목표를 달성하는 수단으로 제시한 것이다. 오바마는 '우리는 변화를 믿을 수 있습니다'라는 슬로건으로 당선되었는데, 이것보다 전달 메시지가 분명하다. 변화라는 말은 내용이 애매하지만, '위대한 미국을 다시'는 미국이 약해지고 병들었다고 생각하는 미국인들의 심금을 울린다.

'미국 우선주의'는 모든 정책에서 미국인들이 잘 먹고 잘 사는 것이 우선이라는 뜻으로, 듣는 사람이 솔깃할 만하다. 이것은 아들 부시의 네오콘이 내세우는 '미국 일방주의'를 연상시키는 면도 있다. 부시의 생각은 (보안관인) 미국의 힘으로 (이라크 같은) 악당들을 해치우고 (서부의 확장판인) 세계의 평화를 가져오자는 것으로, 그 과정에서 (전리품이자 보상으로) 석유를 얻는 것이다. 트럼프의 미국 우선주의도 미국이 가진 힘을 휘둘러, 미국인의 이익을 챙기자는 면에서 '힘에 의한 목적 달성'이라는 공통점을 가진다.

다만 (이라크, 시리아, 아프간 같은) 쓸데없는 전쟁에 개입해 힘 빼지 말고, 미국에게 영양가 있는 경제의 측면에 주력하되, 상대 (특히 중국이)가 말을 듣지 않으면 힘으로 제압한다는 점에서 차이가 있다. 부시의 적이 석유를 끼고 저항하는 이라크와 (알카에다, IS, 탈레반 같은) 광적인 이슬람 세력이라고 하면, 트럼프의 적은 거대하게 부상하는 중국이다.

★ 위대한 미국을 어떻게 다시 건설할 것인가?

그렇다면 미국인들이 박수를 치고 환호하는 목표인 '위대한 미국을 다시'를 어떻게 실현할 것인가? 이것이 트럼프에게 주어진 역사적 과업이다. 그는 대중을 선동해 대통령에 당선되었지만, 기득권층보다는 외국인들을 타깃으로 삼았다. 트럼프는 "기존의 대통령들이 멍청하게 일을 처리하는 바람에 미국이 이런 상황에 몰렸다"는 정도로 기득권층을 애매하게 비판한다. 대신 "외국인들이 미국을 이용하는 바람에 미국의 근로 대중이 고난을 겪는다"는 식으로 여론을 몰아간다.

따라서 *그가 국가주의적 방식을 동원하는 것은 불가피하다. 대중들의 감정을 고조시키고, 에너지를 분출시키며, 그들의 박수를 받아야 하기 때문이다.* 그의 방식이 파시즘(fascism, '대동단결'이라는 뜻이다) 및 나치즘(National Socialism, 국가사회주의)과 비슷해 보이는 것도 이런 이유에서다.

그 출발은 신자유주의가 부과한 정책들을 하나씩 되돌리는 것이다. 그러나 미국 지배층의 이익을 현저하게 훼손하면 안 된다. 그러면서도 외국에 대한 수탈을 높여야 하며, 그러기 위해서는 무력이 더욱 강해져야 한다. 이 3가지 제약조건이 주는 공간에서 움직여야 한다.

신자유주의의 요체는 자본·노동 같은 생산요소, 그리고 상품을 자유롭게 이동시켜 이익을 극대화하는 것이다. 현재 자본의 이동이야 완전히 자유화되어 있고, 되돌릴 수도 없다. 단기적인 국가 간 자본 유출입에 대해서 세금을 매긴다는 토빈세는 글로벌 금융위기의 초입에 한참 논의되다가 슬며시 사라졌다.

오늘날 미국·유럽·일본 같은 선진 자본주의 국가에서는 남아도는 자본을 세계 곳곳에 수출해 거대한 이익을 거두고 있다. 해외에 공장을 짓고 장기간 이익을 얻는 식의 직접투자보다는 자산시장에 단기 차익을 노리고 투자하는 금액이 월등히 많다. 이 부분을 건드리는 것은 지배계층의 핵심 이익을 근본적으로 해치는 행위이므로 용납될 수 없다. 또한 미국의 대중 중에는 펀드 등을 통해서 해외자산에 투자하고 있는 사람들도 적지 않으므로, 자본이동을 제약하는 것은 대중이 크게 바라는 바도 아니다.

그러나 노동과 상품의 이동은 이와 다르다. 미국 대중의 일자리와 관계가 있기 때문이다. 미국에서 상품을 만들어야 미국인들에게 일자리가 생기며, 싼 임금을 받고도 기꺼이 일하려고 하는 이민노동자들이 적어져야 임금이 올라가기 때문이다. 따라서 트럼프 정책의 핵심은 보호무역과 반이민이 될 수밖에 없다. 관세를 올리고, 수입쿼터를 부과하며, 미국이 수출할 수 있는 IT와 농산물, 그리고 서비스분야에서 상대국 시장을 더욱 개방시키기 위해 무역전쟁은 불가피하다. 미국에게 유리하도록 교역 틀을 다시 짜야 하는 것이다.

최근 트럼프가 WTO를 비난하는 것도 같은 맥락이다. 이것은 마침 경쟁국으로 부상하려는 중국을 때리기에도 좋은 주제다. 중국이 불법적인 행동으로 미국에게 막대한 무역수지 적자를 입히고, 미국 노동자들에게 큰 피해를 끼쳤으므로 책임을 져야 한다고 말하는 것은 대중에게도 잘 먹히고, 국제사회에 명분도 좋다. 무역전쟁을 이용해 중국의 산업에 타격을 가하고, 금융시장을 개방시키며, 구글·페이스북 같이 여론에 영향을 미칠 수 있는 미국 IT회사가 진출할 수 있도록 하면 정치적으로 흔들기도 좋다. 무역전쟁은 미국의 이익과 잘 부합한다.

이와 함께 외국으로부터의 이민을 줄이는 것도 필요하다. 물론 고학력의 이민자보다는 저학력의 저임금 노동자가 대상이다. 그 중에서도 미국 노동자에게 가장 큰 타격을 주는 이민자는 멕시칸 등 남미에서 온 불법이민자들이다. 이들은 불법이므로 손쉬운 타깃이다. 또한 미국에게 도전하는 이슬람 세력을 공격하기 위한 명분으로, 적대적 이슬람 국가들의 국민들도 과녁에 넣고 있다. 이민의 축소는 미국의 기득권층에게는 바람직하지 않지만, 어느 정도 불가피하다. 가장 분명하게 대중의 눈에 보여지는 부분이기 때문이다.

이와 같은 조치는 지배계층에게 상당한 불편을 준다. 그들은 신자유주의의 세계화와 금융화로 큰 이득을 얻었기 때문이다. 따라서 그들을 회유하기 위해 세금을 깎아 주는 것이 필요하다. 이것은 기업의 순이익을 올려주며, 따라서 기업이 자사주 매입과 소각을 통해 주가를 올리거나 배당을 높이는 데 도움이 된다.

인프라 투자는 미국인 모두가 공감하는 당면 과제다. 그동안 미국은 기업과 금융의 이익 추구에 분주해, 공적인 인프라 투자를 소홀히 했다. 낡아서 금이 간 다리와 아스팔트 가루가 부서져 바람에 펄펄 날리는 도로 위를 자동차로 질주하는 미국인이라면 누구나 한탄했을 것이다. 다만 이러한 투자도 재정으로 하는 것이 아니다. 민관합작투자(Public-Private Partnership; PPP)라는 좋은 말이 있다. 기업이 인프라 투자를 하면 정부는 보조금을 주고, 기업은 그렇게 건설한 도로와 다리로부터 비싼 이용료를 받는다. 이렇게 트럼프는 미국의 지배계층과 타협한다.

트럼프가 대형은행과 손을 잡는 것도 주목할 만하다. 그들은 신자유주의로부터 가장 큰 이익을 얻었으나, 그만 큰 사고를 치는 바람에 규제에 묶였다. 그러나 그들은 여전히 매우 강력하며, 미국의 경제와 미국의 세계 지배에 불가결한 파트너들이다. 따라서 트럼프는 일찌감치부터 '도드·프랭크법'을 폐지하겠다고 공언하며, 대형은행들의 환심을 샀다. '도드·프랭크법'의 강한 규제 때문에 자금이 필요한 소시민들에게 대출이 돌아가지 못한다고 비판하고 있지만, 그가 손가락으로 가리키는 방향의 끝에는 대형은행들이 있다.

트럼프가 연준을 공격하며 물갈이를 시도하는 것도 의미심장하다. 연준이 금융위기 이후 양적완화 등의 정책으로 대형은행들에게 도움을 준 것은 사실이다. 그러나 연준은 2016년 미국 대선이 벌어지고 있던 그 순간에는 이미 금리인상과 양적긴축으로 옮겨가고 있었다. 이는 과도하게 풀린 달러를 걷어내기 위해서 불가피하지만, 경기에는 나쁜 소식이다. 재선을 위해 좋은 경제실적이 필요한 트럼프에게는 그 속도가 과도해서는 안될 것이다. 더구나 트럼프가 추진하는 정책으로 재정적자가 늘어나고, 따라서 국채 발행이 불가피해지며, 통화량은 늘어날 것이다. 이는 달러를 시장에서 거두어들이는 양적긴축과 충돌할 수 있다.

연준은 그동안 중앙은행의 독립을 명분으로 내세우며 독자적인 움직임을 보여왔지만, 트럼프는 이것을 방치할 수 없다. 과거에도 비슷한 사례가 있었기 때문이다. 1979년 카터(Jimmy Carter)가 재선에 실패한 가장 큰 원인도 연준 의장이던 볼커가 인플레이션을 잡는다고 금리를 크게 올리는 바람에 불경기가 심화되었기 때문이다. 그는 또다시 같은 사태가 발생하는 것을 방지하기 위해 연준에서 훼방꾼들을 몰아내고 우호적인 세력으로 교체하려고 한다.

트럼프의 정책은 기본적으로 외국을 압박해 미국의 이익을 올리는 것이지만, 경제적 압박만으로는 부족하다. 물론 미국은 달러를 통해 세계경제를 지배하고 있으며, 미국이 마음먹고 경제제재를 가하면 그 고통이 대단하다. 이란이나 북한 같은 나라는 물론이고, 베네수엘라나 터키 같은 나라들이 당하는 환란을 보면 알 수 있다. 그러나 힘의 근원은 무력에 있다. 미국의 무력이 뒷받침되지 않으면, 경제적 고통을 감수하며 대항할 수 있다. 특히 중국과 러시아 같은 군사강국들을 중심으로 미국에 적대적인 국가들이 결집할 수 있다. 그들을 제압하기 위해서는 군사적 우위를 차지하는 것이 반드시 필요하다. 때문에 트럼프가 재정적자의 부담에도 불구하고 군사비 예산을 늘리는 것이다. 따라서 그의 대외정책은 경제정책과 맥을 같이한다.

그러나 트럼프의 대외정책은 기존의 노선과 크게 달라지는 않는다. 대선 당시에는 "미국의 쓸데없는 대외간섭에서 벗어나 미군을 철수하겠다"는 식의 이야기를 하고 다녀, 미국 지배계층을 긴장시켰다. 미국이 세계대전 이전처럼 아메리카 대륙에 틀어박혀 있는 처지로 돌아가자는 이야기처럼 들렸기 때문이다. 이는 당시에 배넌 같이 고립주의적 성향을 가진 사람들이 대선 전략을 주도했기 때문이다. 그러나 그 말을 하면서도 '외국이 군사비에 대해 합당한 몫을 내놓지 않으면'이라는 단서조항을 빼놓지 않았다. 그가 취임한 이후의 행적을 추적해보면 군대를 빼겠다는 말은 '허풍'으로 끝났고, 군사비 분담은 '사실'로 남았다.

미국의 주적은 중국과 러시아다. 그들과의 접점은 동북아시아와 중동에 놓여 있고, 태풍의 눈에는 북한과 이란이 있다. 트럼프의 안보전략에서 핵심은 중국과 러시아에 대한 군사 우위를 유지하는 것이다. 다만 그 접점인 북한과 이란에 대한 전략은 상황에 따라 완급을 조절하는 방식으로 이루어질 것이다. 북한이 핵을 완성 단계까지 발전시켰으니 일단 그들을 회유해 시간을 끌고 긴장을 줄인다. IS가 무너졌으니, 이란에 대해서는 강공으로 돌아선다.

이 모든 것은 각 지역의 상황에 따라 이루어지는 것으로, 미국의 입장에서는 매우 합리적이다. 그러나 종국적으로 미국의 칼이 향하는 방향에는 중국과 러시아가 놓여 있다. 단지 지금 칼을 휘두르거나 잠시 멈추는 장소가 이란과 북한일 뿐이다.

그런 의미에서 트럼프의 안보전략은 매우 전통적이다. 그의 현란한 수사만이 기존 대통령들과 다른 점이다. 이제 그의 정책들을 하나하나 자세하게 살펴보자.

4장

트럼프의
경제정책

트럼프의 경제정책의 요지는 보호무역과 반이민을 주축으로 하는 반세계화다. 미국이 외국인들에게 이용당했다고 대중들을 선동해 외국을 공격의 주 타깃으로 삼는다. 그러나 감세와 규제완화를 통해 미국의 전통적인 부자들에게도 떡을 던져준다. '도드 · 프랭크법'으로 손이 묶인 금융자본도 풀어주려고 한다. 이렇게 대중과 지배계층을 적당히 타협시키고 나서, 군비를 증강해 본격적으로 외국을 압박할 준비를 한다.

★ 반세계화와
전통 정책의 짬뽕

트럼프의 경제정책은 반세계화 정책으로 자유무역과 이민에 반대한다. 금융화에 대해서 직접적으로 비판하지는 않지만, 제조업의 진흥을 통해서 일자리 창출이 필요하다고 주장한다.

이 점에서는 공화당 주류와 날카롭게 대립한다. 그러나 감세, 인프라투자, 군비증강 등에 대해서는 전통적인 공화당의 정책에 충실하다. 이 부분이 그나마 공화당 주류와 타협할 수 있는 공통분모일 것이다.

규제완화도 마찬가지인데, 특히 환경과 금융에 대한 규제완화가 눈에 띈다. 환경은 셰일가스를 통한 에너지산업의 성장, 그리고 금융은 '도드·프랭크법'에 숨막혀 하는 금융자본과의 타협에 초점을 맞추고 있다.

★ 이민정책 :
이슬람과 멕시칸을 몰아내라

이민은 오늘날 미국과 유럽을 달구는 가장 뜨거운 이슈 중의 하나다. 그것은 *이민자의 유입이 임금을 낮추고 일자리를 빼앗아가며, 아까운 세금을 모두 이들의 사회복지비용으로 날린다는 반감에 기인하는 것이다.* 또한 상당수가 서방의 기독교국가와 격렬하게 대립하고 있는 무슬림들이라는 점 때문에 문제가 복잡해진다. 미국도 이민에 있어서 이 2가지 문제를 안고 있다.

가까운 멕시코에서 대량의 이민자가 손쉽게 국경을 넘어 미국으로 흘러들어 왔다. 미국의 인구구조가 바뀔 정도로 히스패닉(hispanic)이 늘고 있는데, 그 주류가 멕시코인이다. 미국정치권은 말로는 불법이민자를 비판하고, 막상 단속은 강하게 하지 않았다. 미국이 이민자의 나라이기도 했기 때문이지만, 이들이 미국 사회에서 가장 허드렛일을 맡아 하면서 전체적인 임금수준을 억눌렀기 때문이다.

무슬림의 이민자는 큰 비중을 차지하지는 않지만 정치적인 목적으로 사용하기에 좋다. 이미 유럽에서 벌어진 IS의 테러로 미국인의 무슬림에 대한 공포와 거부감이 팽배했는데, 이를 조장함으로써 대중동정책에 활용할 수 있다.

트럼프는 이미 대선 유세 중에 "미국 내에 거주하는 1,100만 명의 서류 미비자들을 모두 추방하겠다"고 선언한 바 있다. 트럼프는 외국인 이민 유입이 미국 노동자에게 가장 큰 원성을 사고 있음을 잘 알고 있다. 더구나 IS 등의 테러로 미국인들 사이에 이슬람 사람들에 대한 공포와 미움이 자리잡고 있음도 알고 있다. 그는 취임하자마자 행정명령을[16] 내려 무슬림국가[17] 사람들의 미국 입국을 제한했으며, 그 결정은 결국 대법원에 의해서 합헌 판정을 받았다.

이와 함께 멕시코와의 국경에 장벽을 세워 새로운 불법이민을 원천 차단하려고 하고 있다. 트럼프는 국경지역에 경찰병력을 대거 증원시켜 밀입국자들을 체포했으며, 이들의 자녀를 캠프에 분리 수용함으로써 뉴스거리를 제공했다. 그는 이민자들을 침략자로 규정하면서 재판을 거치지 않고 원위치로 돌려보내겠다는 트위터를 날리고 있다.

미국 내 대도시들 거의 모두에 해당되는 서류미비자 피난처(Sanctuary) 도시들에 대한 연방지원금을[18] 중단하는 행정명령이 법원에서 거부되자, 의회에게 금액을 줄이라고 압박하고 있다. 미국 정부는 암암리에 불법 이민노동자의 유입을 묵인하면서 이들이 그 도시에서 생존할 수 있도록 지원을 하고 있다.

합법적 이민의 경우에도 교육수준, 영어구사능력, 투자금액 등을 기준으로 엄격하게 선별하겠다는 입장이다. 이 때문에 미국의 IT기업들은 트럼프의 이민정책에 반대하고 있다. 영어가 조금 떨어져도 컴퓨터 코딩을 잘하는 사람들이 그들에게는 더 유익하기 때문이다. 요약하면 외국인 노동공급을 줄여 임금하락과 실업을 막고, 일자리가 있으면 우선적으로 미국인을 고용하겠다는 것이다. 합법적인 이민, 예를 들어 미국에서 학위를 취득하고 현지에서 취업하는 경우에도 과학·기술·공학 등 미국에 도움이 되는 인력을 엄밀하게 가려 받아들이겠다는 것이다.

★ 무역정책 : 미국을 착취하는 나쁜 나라들을 응징하라

이민정책이 주로 미국 내의 문제라고 하면, 무역정책은 전 세계의 이익이 걸려 있는 초미의 관심사다. 물론 수출에 목을 매고 있는 우리나라의 경우가 그러하다. 트럼프는 레이건 이후 미국이 취해왔던 신자유주의를 뒤집는다. 세계화와 금융화에 반대하며, 보호무역주의를 내세우고, 제조업을 키우려고 하고 있다. 그동안 공언하던 대로 북미자유무역조약(North American Free Trade Agreement;

NAFTA)를 폐지하지는 않았지만, 개정을 추진하고 있다.

한미 FTA는 이미 개정되었다. 오바마가 추진하던 TPP에서도 탈퇴해버렸다. 트럼프는 외국기업이 미국에 공장을 세우기를 장려한다. 한국 같은 나라의 정부가 환율시장에 개입하지 못하도록 못을 박기도 했다. 한국의 세탁기와 태양광전지에 세이프가드를 발동한 데 이어 알루미늄은 10%, 철강은 25%의 관세를 모든 국가에 일괄적으로 매겼다. 이후 자동차에도 25%의 관세 부과를 위협하고 있다.

트럼프의 공격대상은 상대를 가리지 않는데 멕시코와 캐나다 등 나프타 국가, 한국과 일본, EU, 중국과 같은 대미 흑자국가가 타깃이 되고 있다. 그러나 역시 중국이 주된 공격 대상으로 보인다. 2017년 중국 관세청에 따르면 중국은 미국에 4천억 달러를 수출하고, 1,300억 달러 정도를 수입했다. 즉 미국의 무역적자 규모는 전년대비 10% 늘어난 2,700억 달러에 이른다. 따라서 미국 무역적자의 절반이 중국으로부터 발생하고 있다. 무역적자를 줄이는 것이 목표라면 당연히 중국을 쳐야 한다. 미국은 중국에 대해서만 무역적자를 1천억 달러로 줄이라고 목표까지 제시하고 있다. 500억 달러어치에 대한 보복관세를 매긴 데 이어, 추가로 2천억 달러어치 보복관세를 위협하고 있다.

또한 중국의 '제조 2025계획'을 콕 찍어서 "미국의 기술을 도둑질해 차세대 기술강국으로 떠오르려고 한다"고 비판하기도 한다. 자국의 첨단기술기업에게 보조금을 지급하고, 반대로 중국에 진출한 외국기업에게 기술이전을 강요한다는 것도 미국의 불만이다. 맛보기로 중국의 통신장비회사 ZTE에 제재를 가해 초죽음을 만들기도 했다. 다음에는 최대의 통신장비회사인 화웨이를 칠 수도 있다고 암시하며, 첨단분야의 미국기업에 투자하지 못하도록 하겠다고 으름장을 놓는다.

확실히 차기 대권을 노리는 중국을 견제하겠다는 의도가 분명하다. 중국과 미국의 고위층은 서로의 나라를 오가며 적절한 타협책을 놓고 협상을 벌였으나, 아직 뚜렷한 접점을 찾지는 못하고 있다. 그 사이 미국은 계속 압력을 높이고, 이에 중국은 지지 않고 맞대응을 하고 있다.

EU도 관세압박에서 면제를 받고 있지는 못하다. 철강에 대한 관세 25%에 이어 미국은 자동차에 대한 관세카드도 만지작거리고 있는데, 만약 실행된다면 자동차 대국 독일이 타격을 입을 것이 분명하다. EU는 2018년 6월 28억 유로(3.6조 원) 규모의 보복관세를 책정했는데, 상당히 으르렁거리는 것 같지만 확실히 중국에 비해서 그 규모가 매우 적다는 것을 알 수 있다.

이런 것으로 보면, *미국은 여러 나라와 무역전쟁을 하지만 동맹국들에게는 약간 강도를 낮추어주고, 화력을 주로 중국에 집중하고 있는 것이 분명하다.* 미국은 EU에게 중국을 불공정무역국가로 WTO에 제소하는 데 동참하라고 유혹하고 있기도 하다.

★감세 : 투자 촉진을 명분으로 하는 부자들에 대한 선물

이민, 무역과 달리 감세는 전통적인 공화당의 정책으로 당의 주류와 이견이 없다. 미국에서는 민주당 대통령이 집권하면 세금을 올리고, 공화당이 집권하면 세금을 깎는 패턴이 반복되었다. 그리고 트럼프는 미국 기업의 법인세를 35%에서 21%로 낮추고, 개인의 소득세 중 최고세율을 39.6%에서 37%로 낮추는 법안을 의회에서 통과시켰다. 그런 면에서 보면 그의 감세대상은 주로 개인 부유층보다는 기업인 것으로 보인다.

명분은 기업에 대한 과도한 세금을 낮추어 과감한 투자를 유도해야 한다는 것이다. 세계 각국이 법인세 인하경쟁을 벌이고 있으므로, 미국이 여기서 뒤지면 안 된다는 주장이다. 특히 미국 기업은 각국이 노리는 유혹의 대상이므로, 이들이 집 밖으로 나가지 못하도록 하기 위해, 또는 이미 밖에 나간 기업들을 돌아오게 하기 위해 필요한 조치라는 것이다.

또한 트럼프는 기업이 해외에서 벌어들인 돈을 국내에 송금할 때 매기던 세금도 35%에서 15.5%로 대폭 낮추었다. 그동안 미국

기업은 세계 각국에서 사업을 하고 번 돈을 밖에서 돌리면서 세금을 피했는데, 세금을 깎아줄 테니 가지고 들어오라는 것이다.

이것이 기업의 투자증가로 이어질지는 의문이다. 기업은 이윤을 목적으로 하는 존재라 이익이 보이면 투자를 하지만, 그렇지 않으면 이윤을 내부에 쌓아두거나 주주에게 돌려주기 때문이다. 실제로 많은 기업이 감세로 늘어난 이익을, 또한 외국에서 가져온 현금을 이용해 배당을 하거나 자사주 매입을 통해 주가를 올리는 데 사용하겠다고 공언하고 있다.[19]

우려되는 점은 이런 정책이 인프라 투자 및 군비 증강과 더불어 미국의 재정적자를 확대시키고 추가적인 국채발행을 불가피하게 만든다는 것이다. 양적긴축으로 돈을 거두어야 하는 연준의 입장에서 주행 방향을 반대로 돌려야 하는 상황이 된다. 어차피 국채 가격이 떨어지게 되어 있는 상황에서, 추가로 국채 공급이 늘어나면 가격이 더욱 하락할 가능성이 높다. 다시 말해서 국채금리가 올라갈 가능성이 더욱 높다.

군비증강 등 재정지출의 증가와 감세라는 조합은 이미 레이건 정부가 시도한 것이다. 그리고 그 결과는 바로 재정적자의 증가였다. 다른 점이 있다면 레이건이 취임했을 때의 미국은 국가부채가 별로 없었지만, 지금은 무거운 국가부채의 부담이 어깨를 누르고 있다. 따라서 트럼프는 레이건보다 훨씬 어려운 게임을 하고 있는 셈이다.

★ 인프라 투자 : 방향은 맞지만 내용은 기업 보조

인프라 투자 정책은 일자리 창출의 핵심정책이다. 미국의 도로·다리·항만·댐·상하수도 등 각종 인프라는 낡은 것으로 악명 높다. 미국 토목학회는 대부분의 인프라에 C+ 등급 이하의 점수를 주었다. 트럼프는 향후 10년간 1.5조 달러를 투입하겠다고 밝혔다. 문제는 어떻게 예산을 조달하는 가이다. 세금을 걷자니 저항이 두렵고, 국채는 이미 너무 많이 발행했다.

공공부문의 건설은 주로 주 및 지방정부가 담당해왔지만, 이들도 금융위기 당시에 워낙 많은 채권을 발행했기 때문에 빚에 허덕이고 있다. 더구나 미국도 고령화가 진행되고 있어 사회복지 지출이 늘면 늘었지 줄지는 않는다. 연방정부도 어렵기는 마찬가지이다. 연방정부 산하의 '고속도로신탁기금(Highway Trust Fund)'은 교통 인프라 투자를 지원하기 위해 만든 펀드인데, 교통 인프라 투자의 30% 가량을 지원한다. 그 주요 세원은 휘발유 소비세인데, 1993년 이후 세율은 그대로인 채 지출만 늘어나고 있다.

트럼프가 내놓은 방식은 이렇다. 민간기업이 주로 투자를 하도록 하고, 대신 투자하는 기업에 대해서는 연방정부가 2천억 달러의 기금으로 보조금을 준다. 민간기업이 투자하는 것이므로 당연히 만들어진 인프라의 이용요금은 높게 책정될 것이다. 더구나 그들은 정부로부터 보조금까지 받게 되어 두둑한 이익을 올릴 것이다. 미국 국민들은 당장은 반짝거리는 훌륭한 인프라에 기분이 좋겠지만 두고두고 비싼 이용료를 내야 할 것이다.

★ 군비 증강 투자 : 주먹을 더 키운다

군비 증강도 주목할 만한 대목이다. 군비는 물론 안보관련 정책과도 겹치는 부분이다. 미국은 냉전 시대에 상당한 군사비를 사용함으로써 '군사 케인즈주의'를 실행하고 있다는 비판을 받기도 했다. 그러나 소련과의 냉전에서 승리한 다음, 지속적으로 군비를 축소해왔다. 군비란 일단 만들어놓으면 무기고에 놓아두어야 하므로 경제적 효과가 별로이기 때문이다. 그 때문에 불필요한 전쟁을 일부러 일으켜 무고한 생명을 죽이고 재산을 파괴하고 있다는 의심을 받기도 했다. 미국의 방산업체의 규모는 매우 크다.

2019 회계연도(2018년 10월 1일~2019년 9월 30일) 미국 예산안은 4조

4천억 달러인데, 외교·사회복지는 축소된 반면 국방비는 13% 증가한 6,860억 달러에 이르렀다. 최첨단 스텔스 전투기 F35 77대, 원자력잠수함 2척, 미사일방어(Missile Defense, MD)에 필요한 미사일 4기와 발사 사일로 건설 10기 등 구매목록이 아주 길다. 미국이 동맹국에게 방위비 분담액을 늘리라고 요구하는 것까지 치면 미국의 국방비는 아주 많이 늘어난 것이다.

이로써 미국에 도전하는 도전자들을 힘으로 누르겠다는 의사를 분명하게 표시했다. 이와 함께 미국 방산업체에게 선물도 주고, 보너스로 경기부양하는 효과도 일부 기대하고 있을 것이다.

★ 금융규제 완화 : 금융자본가들의 친구가 되어주다

그러면 금융과 관련된 트럼프의 생각은 무엇인가? 잘 알려진 것처럼 2008년의 금융위기는 미국 월가에서 고수익을 추구하면서 불장난을 하다가 집에 불을 낸 것이라고 볼 수 있다. 그것만 해도 괘씸한데, 정부는 국민의 세금을 동원해 대형은행들을 구제했을 뿐만 아니라 양적완화를 통해서 이들에게 보조금까지 주었다. 그렇게 풀린 돈은 부동산과 주식시장으로 흘러들어 자산가격을 올려놓았으며, 금융기관과 부유층의 주머니를 탱탱하게 불려 주었다.

민주당 정부하에서 의회는 '도드·프랭크법'을 통과시켜, 금융에 대한 규제를 강화했다. 그 골자의 첫째는 볼커 룰(volcker rule)이다. 자기자본이나 빌린 돈으로 주식·채권·파생상품 등에 투자하는 것을 제한한 것이다.[20] 둘째는 금융소비자보호국(Consumer Financial Protection Bureau, CFPB)을 만들어서 금융위기의 주범인 주택담보대출채권을 규제하는 것이다. 이 기관은 은행대출·주택금융·학자금대출·신용카드 등 대출감독업무를 수행한다. 셋째는 금융안정감시위원회(Financial Stability Oversight Council, FSOC)의 신설이다. 이 기구는 미국 금융시스템에 대한 위험을 감독하는 기구로 재무장관이 겸직한다. 은행뿐 아니라 다른 금융기관으로부터도 정보를 수집해 분석하며, 정기적으로 의회에 보고한다.

그러나 '도드·프랭크법'은 금융기관의 엄청난 로비로 이미 구멍이 송송 난 상태다. 그 결과 본문은 얼마 안 되는데, 예외 조항을 담은 별첨이 잔뜩 붙어 3,500쪽이 넘어가고 있다. 보통 사람들은 이 법이 도대체 무슨 내용을 담고 있는지 알기 어렵다. 그렇다면 이 법을 강화해 취지대로 하면 될 것이지 왜 트럼프는 난데없이 이 법을 폐지하겠다고 나선 것일까?

트럼프 선거캠프의 홈페이지에는 "글로벌 금융위기 이후 미의회는 '도드·프랭크법'을 제정했지만 법이 포괄하는 범위가 제멋대로 확장되었고 복잡해졌으며, 수백 개의 규정과 여러 개의 관료적 정부기구를 만들어냈다"고 쓴 적이 있다. 제 역할도 못하면서 관료들 좋은 일만 했다는 것이다. 작은 정부를 지향하는 공화당다운 말이다. 실제로 이 법이 도입된 이후 미국 은행업계에서 중소형은행은 사라지고, 대형은행으로의 집중도는 더욱 높아졌다.

그러니까 이 법은 관료들의 규제 권한만 키워주었을 뿐, 정작 서민들에 대한 대출창구는 좁혀버려 그들의 형편을 더 어렵게 했다는 것이다. 트럼프와 공화당의 대안은 '도드·프랭크법'을 폐지하지는 못할 망정 대출규제를 완화해주고, 금융소비자보호국이나 금융안정감시위원회 같은 관료기구의 역할을 줄이자는 것이다. 금융소비자국에 대해서도 지나치게 엄격한 기준으로 규제해 은행을 옴짝달싹 못하게 묶어 놓았다고 비판한다. 과징금 규모도 엄청난데, 이는 작은 도둑질을 했다고 손목을 자르는 이슬람법과도 같다는 것이다.

시중에 돈이 원활하게 돌아야 경제가 회생할 텐데, 이 법으로 은행의 손발을 묶어 놓으니 돈이 돌지 않는다고 비판한다. 대체로 공화당과 민주당은 서로 반대방향의 정책을 추진하는 경우가 많은데, 민주당이 만든 '도드·프랭크법'에 반대하는 것도 같은 맥락이다. 다만 대형은행을 풀어주자는 것은 국민의 심기를 건드릴 것이므로 '서민을 위한다'는 것을 명분으로 삼고 있다.

실제로 트럼프가 노리는 것은 월가의 대형은행과 타협하는 것으로 보인다. 엄격한 규제로 인해 대형은행들은 사업에 제약이 많고, 특히 트레이딩 부문은 형편없이 규모가 줄어들었다. 트럼프는 이들의 수갑을 풀어주는 대신, 자신의 정책에 협조해달라고 요구할 것이다.

미국 의회는 실제로 '도드·프랭크법'의 규제를 일부 완화하는 개정안을 통과시켰다. 상원과 하원이 모두 찬성함으로써 개정안은 확정되었다. 엄격히 감독을 받도록 규정되는 '시스템적으로 중요한 은행'의 규모가 자산 500억 달러에서 2,500억 달러로 대폭 올랐다. 제외된 은행들은 중앙은행의 스트레스 테스트(stress test)를 받지도 않고, 파산에 대비한 정리의향서(living wills)를 제출하지 않아도 된다. 또한 자산이 100억 달러 미만인 은행들을 이른바 볼커 룰의 적용 대상에서 제외하고, 대출 및 자본금 요건과 관련한 규제도 완화했다. 모기지(주택 담보 대출) 현황을 보고해야 하는 의무에서도 벗어난다. 그러나 이 법안에서 말이 많던 볼커 룰 자체는 폐지되지 않았으며, 초대형은행들은 여전히 규제에서 벗어나지 못하고 있다.

일단 이렇게 분위기를 잡은 뒤, 그들에게도 규제를 완화하는 조치를 취할 것이라는 소문이 끊이지 않는다. 명분은 명분이고, 실제로 트럼프의 정책이 성공하려면 금융자본의 도움이 필요하기 때문이다.

★ 연준의 개혁 :
등에 칼을 꽂지 못하도록 물갈이하다

금융규제와 관련해 주목할 만한 일이 있었다. 연준의 수장이 아주 오랜만에 유대인에서 비유대인으로 바뀐 것이다. 연준은 통화정책을 담당하는 기관인데, 재정정책을 담당하는 재무장관과 호흡이 맞지 않으면 안 된다. 볼커 이래 그린스펀, 버냉키(Ben Bernanke), 옐런(Janet Yellen)까지 연준 의장은 유대인이 맡아왔고, 그들은 대체로 민주당과 가까웠다. 양적완화는 버냉키의 작품인데, 1차 양적완화까지야 금융시스템이 깨지는 것을 막기 위해 불가피했다고 쳐도 2차와 3차로 이어지는 양적완화에 대해서는 '그것이 과연 필요했던가 또는 효과적이었던가'에 대해 의문을 가진 사람들이 적지 않다. 그렇게 풀린 돈이 자산가격을 올려 부유층의 배만 불려준 데다가, 양적완화가 대형은행에게 보조금을 주는 효과가 있었기 때문이다.

그런 의미에서 트럼프가 옐런을 갈아치우고 파월(Jeremy Powell)을 새 연준의장으로 임명한 것은 의미심장하다. 파월은 금융기관에서 근무한 경험이 있지만 변호사 출신이고 금융의 전문가라고 보기 어렵기 때문이다. 더군다나 과거 공개시장조작위원회(Federal Open Market Committee, FOMC) 녹취록에서 드러난 그의 발언도 주목할 필요가 있다. 그는 양적완화 정책에 대해서 비판적이었다. 적극적으로 반대에 나서지도 않았지만, 우려를 그치지 않았다. 연준이 3차 양적완화 정책을 발표하기 두 달 전에 열린 7월 FOMC 회의에서 "우리가 현재 사용하는 채널은 자산가격의 조정"이라며 "이런 방식이 우리의 모델대로 작동하지 않을 수 있다. 또한 그 정책의 도입시 발생할 수 있는 비용으로는 인플레이션과 출구전략의 어려움, 예상치 못한 위험의 형성, 시장의 조정과 안정 유지 이슈 등이 있을 것"이라고 말했다. 그가 무리를 하면서까지 소신을 관철하는 사람이 아니라는 점 때문에 민주당에서도 그를 완강하게 반대하지 않았고, 그의 임명동의안은 의회를 통과했다. 아마도 그는 타협으로 선택된 사람일 가능성이 크다.

그러나 7명으로 구성된 연준 이사의 리스트를 보면 심상치 않다. 일단 의장인 파웰이 공화당원이며, 트럼프가 취임한 이후 임명한 퀄스가 공화당원이다. 단지 2014년에 임명된 브레이너드만이 민주당이고, 그나마 나머지 4자리는 모두 비어 있다. 전례 없는 일이다. 트럼프는 이 자리에 자신의 뜻에 따를 사람들을 임명하려고 할 것이다. 최소한 뒤통수를 칠 가능성이 있는 사람을 배제할 것이다.

기준금리를 결정하는 공개시장조작위원회의 투표위원은 제롬

파웰(연준 의장), 랜들 퀄스(Randal Quarles, 연준 이사), 레이얼 브레이너드(Lael Brainard, 연준 이사), 로레타 메스터(Loretta Mester, 클리블랜드), 토머스 바킨(Thomas Barkin, 리치먼드), 라파엘 보스틱(Raphael Bostic, 애틀란타), 존 윌리엄스(John Williams, 샌프란시스코)다. 이 중 메스터, 바킨, 윌리엄스가 적극적인 양적긴축에 찬성하는 사람들이다.

파웰은 2018년 2월 27일 첫 의회증언에서 2017년 12월 이후 미국경제가 예상보다 좋아졌고, 최근 금융시장의 변동이 늘어나는 것은 크게 우려할 필요가 없다고 말했다. FOMC의 투표권은 연준 이사 7명과 지역연준 총재 5명 등 총 12명이 행사한다. 현재 비어 있는 연준 이사 3명을 트럼프가 임명하게 되는데, 자신의 성향과 부합하는 인물을 고를 것이 틀림없다.

그러나 이러한 인적 물갈이가 반드시 급진적인 통화정책의 변화로 이어질 가능성은 낮다. 어차피 미국이 선택할 수 있는 대안수 별로 없기 때문이다. 양적축소기 기본 방향으로, 과도하게 풀어놓은 달러를 회수해야 할 것이다. 그렇지 않으면 달러에 대해 불만이나 의심을 품는 국가들을 양산할 것이며, 중국 같은 적대세력에게 기회를 줄 우려가 있기 때문이다.

다만 *트럼프의 정책과 조율하면서 자산가격이 과도하게 폭락하는 것을 막아야 할 것이다.* 부유층 자산계급이 완전히 등을 돌릴 수도 있기 때문이다.

5장

트럼프의
안보정책

트럼프의 횡설수설하는 언사에도 불구하고 그의 외교안보정책은 미국의 입장에서 매우 합리적이다. 주적인 중국과 러시아를 타깃으로 하면서 그 경계점에 놓여있는 북한과 이란을 때로는 공격하고, 때로는 달래는 방식으로 완급을 조절한다. 그의 정책이 기존의 노선과 다른 점이 있다면 미국에게 무임승차하는 외국에게 정당한 안보대가를 내라고 위협하는 정도다. 물론 그것은 오로지 미국의 입장에서 정당할 뿐이다.

★ 트럼프에게 과연 안보정책이 있는가?

오바마의 안보정책은 '아시아 중시'였다. 그렇다면 트럼프의 안보정책은 무엇인가? 대체 그는 안보정책이라는 것을 갖고 있기는 한 걸까?

워낙 변화무쌍한 사람이라 트럼프의 말을 모두 믿기는 어렵지만, 그는 대선후보 시절 주로 경제적인 관점에서 대외문제에 대해 언급했다. 미국이 엄청난 국방비를 쓰면서 세계의 경찰 노릇을 하는데, 동맹국들은 고마워할 줄도 모르고 무임승차를 즐기면서 오히려 미국으로부터 경제적 이익을 취한다는 것이다.

트럼프는 동맹국들이 계속 이런 식이라면 미국은 해외로부터 철수하고 동맹국들의 방위는 스스로 알아서 하도록 해야 한다고 말했다. 김정은에 대해서도 '꼬마 로켓맨'이라고 희롱하면서도,

또 한편으로는 같이 햄버거를 먹으면서 애기를 나눌 수도 있다고 말했다.

도무지 종잡기 어려웠다. 경제정책은 그래도 어느 정도 방향성이 있었고, 예측도 가능했다. 그런데 안보정책은 확실한 맥락을 잡기 어려웠다. 그러나 대통령에 취임하면서 서서히 형태가 드러나기 시작한다. 아직 분명치 않지만, 드러난 줄기를 붙잡고 트럼프의 안보정책을 한번 짚어보자.

★ 미국의 대외정책 역사

미국의 안보정책은 공화당과 민주당에서 색깔이 달라지지만, 반드시 틀에 박히듯 고정된 것은 아니다. 예를 들어 민주당 집권 시절에 미국은 제1차 세계대전(윌슨)과 제2차 세계대전(루즈벨트), 그리고 한국전쟁(트루먼)과 베트남전쟁(케네디)에 참여했다. 진보라는 평을 듣는 민주당답지 않게 아주 호전적인 셈이다. 공화당은 주로 전쟁을 마무리하겠다는 공약을 들고 대선에서 승리했다. 한국전쟁을 마무리한 아이젠하워가 그렇고, 베트남전쟁을 종식시킨 닉슨이 그러하다.

대체로 제2차 세계대전 이후 미국의 대외정책은 아주 강경했다. 예를 들어 소련이 핵무기를 개발하자, 더 강한 핵으로 이를 제압하겠다는 식이었다. 중요한 전쟁이다 싶으면 대규모 육군을 보내 상대를 꺾으려고 했다. 제2차 세계대전을 승리로 이끈, 새로운 패권국가다운 자신감이었다.

그러나 한국전쟁에서 제동이 걸리고, 이어 베트남전에서 결정적인 패배를 당한 이후 미국의 전략은 크게 선회한다. 닉슨과 파트너를 이룬 키신저가 그러한 정책을 조율했는데, 그는 소련과 사이가 벌어진 중국과 접근해 수교관계를 이끌어내고, 소련을 집중적으로 포위했다. 그러면서도 소련과의 핵무기 경쟁을 지양하는 데탕트(Detente, 화해)정책을 채택해 핵탄두의 수를 줄였다. 베트남으로부터 철군해 이곳을 공산당에게 넘겨주었다. '아시아인의 방위는 아시아인'이라는 슬로건의 '닉슨 독트린'을 내세우기도 했다. 그 바람에 한국인들은 '주한미군이 철수하는 것 아닌가' 하는 두려움으로 크게 긴장하기도 했다.

이러한 키신저의 대외전략을 흔히 현실주의라고 한다. 그는 나폴레옹이라는 절대강자가 사라진 이후 유럽국가들이 어떻게 세력균형을 이루어 100년의 평화를 이루었는가를 주제로 박사학위 논문을 작성했다.[21] 그는 자유와 인권, 민주주의 같은 미국의 가치가 필요 없다고 말하지는 않는다. 그러나 그는 국가의 대외정책은 국익이 목적이 되어야 하며, 현실에 있어서는 얼마든 그러한 원칙을 굽힐 수 있다고 주장한다. 목적을 위해 수단과 방법을 가릴 필요가 없다고도 말하기 때문에 마키아벨리를 연상시킨다. 자유민주주의가 세계를 이끄는 지도이념이 되어야 한다고 믿은 윌슨 대통령의 이상주의와 대척점에 선다. 회고해보면 키신저의 정책은 오늘날의 판도를 만드는 데 매우 중요했다. 키신저가 국제사회로 초대한 중국은 오늘날 미국과 함께 지도적인 국가의 반열에 올랐다.

닉슨과 키신저의 뒤를 이은 것은 카터와 브레진스키의 소합이었는데, 그들의 정책도 크게 달라지지 않았다. 카터 시절인 1978년 그동안 반이스라엘의 축이었던 이집트를 설득해 이스라엘과 손잡게 하는 '캠프 데이비드 평화협정'이 체결되었다. 그렇게 해서 이스라엘에 대한 아랍의 포위망에 구멍을 뚫는 데 성공했다. 브레진스키는 『거대한 체스판(The Great Chessboard)』(1997)이라는 책으로 유명한 전략가다. 그는 키신저와 비슷하게 각 지역에서 세력균형을 유지함으로써 미국의 힘을 가장 덜 들이면서 최대의 효과를 얻는 전략을 추구했다.

그러나 참으로 아이러니컬하게도 바로 다음 해인 1979년 이란에서 정변이 일어나 세계 최초의 이슬람공화국이 들어섰다. 한쪽을 뚫으니 다른 한쪽이 막히는 식이었다. 미국의 둘도 없는 동맹국이던 이 나라는 이후 미국의 철천지 원수가 된다. 무려 1년 동안 테헤란의 미국 대사관이 이란 대학생들에 의해 점거되고, 그들을 구하려 보낸 특공대의 헬기가 모래사막에서 추락하고, 그 잔해가 불타는 모습을 지켜본 미국인들은 자존심에 큰 상처를 입었다. 베트남전의 패배의 상처가 아물지 않았고, 경제적으로도 일본에 추월 당할 것 같던 '위기의 시대'였다.

낙담하고 있던 미국인들의 등을 두들겨주면서 "미국은 할 수 있다"고 말한 사람이 레이건이다. 그는 어정쩡하게 소련과 타협하려고 하던 닉슨·포드·카터의 정책에서 벗어나 소련과의 대결을 선언한다. "미국은 자유민주주의 국가이며 모든 면에서 소련보다 우월하다. 그리고 최후의 승리는 미국의 것이다." 키 크고, 잘 웃으며, 농담 잘하는 레이건은 국민들의 마음을 얻었다. 그는 군비증강에 불을 붙였으며, 오늘날 미사일방어(MD)로 알려지고 있는 '스타워즈 프로젝트'를 가동했다.

적의 핵무기를 공중에서 요격하겠다는 스타워즈 프로그램은 매우 방어적으로 보이지만, 실제로는 엄청나게 공격적이다. 정치학에 '상호확증파괴(Mutually Assured Destruction)'라는 용어가 있다. 핵미사일을 쏘면 그것이 적진에 떨어지기도 전에 적의 핵미사일이 날라온다는 것이다. 그렇게 되면 모두 끝장이다. 그 바람에 많은 핵무기는 도루묵이 되었다. 그러나 MD로 적의 핵무기를 족족 타격할 수 있다면 죽어버린 핵무기가 도로 살아난다. 실제로 소련의 지도부는 '레이건이 좀 이상한 사람이라, 핵으로 선제 공격을 할지도 모른다'고 생각해 밤잠을 이루지 못했다고 한다. 요즘의 트럼프와 비

슷한 사람으로 여겨진 모양이다.

이때부터 그의 진영에는 오늘날 네오콘이라고 불리는 사람들이 속속 가담하기 시작했다. 이들은 대부분 유대인인데, 전통적으로 민주당 지지자였다. 그러나 카터 정부의 답답하고 유약해 보이는 정책에 반감을 품고 있던 차였다. 레이건이 이렇게 나오자 대거 공화당으로 당적을 옮긴다.

당시 소련은 경제성장의 속도가 완연히 낮아져 있었고, 오랜 관료체제의 폐해로 사회 전체의 활력이 떨어져 있었다. 더구나 1979년부터 시작된 아프간 전쟁으로 수렁에 빠져, 베트남전으로 헤매던 미국의 상황을 방불하게 하고 있었다. 고르바초프(Mikhail Gorbachev)는 개혁과 개방을 들고나와 레이건과 맞서려고 했으나 이내 지리멸렬해졌고, 오히려 소련 내의 분열만 촉진했다. 먼저 동유럽부터 불만의 불이 붙기 시작했고, 이어 소련으로 옮겨 붙었다. 공산당이 무너지고, 소련도 붕괴했다.

이 역사적인 사건이 벌어진 것은 1991년으로 후임자인 아버지 부시 대통령 때다. 레이건이 시작한 공세의 덕을 그가 입은 것이다. 그리고 이 틈을 이용해 중동의 애물단지이던 사담 후세인(Saddam Hussein)을 친다. '걸프전'이 벌어진 것이다. 부시는 소련이 붕괴된 이후에도 미국의 군비를 유지해 세계의 경찰 노릇을 하겠다는 의지를 밝히기도 했다.

부시는 천하통일의 대업을 이루었으나, 그만 경제문제에 소홀히 하는 바람에 재선에 실패하고 클린턴에게 미국 대통령의 권좌를 넘긴다. 유일 패권국가로서 미국을 지휘하기 시작한 사람은 클린턴인 것이다.

민주당은 윌슨과 루즈벨트 이래로 UN 등 국제기구를 중심으로 세계를 통치하는 전략을 구사해왔다. 룰을 정하고 이를 위반하는 불량국가가 나타나면 UN의 이름으로 응징한다. 그리고 동맹국들에게 적당한 떡을 던져주고 대신 비용을 분담하도록 하며, 그들과 함께 적대세력을 제압하는 것이다. 클린턴도 그러한 전통에 충실했다.

클린턴은 나토(North Atlantic Treaty Organization, NATO)를 동유럽까지 확대해 러시아를 압박했다. 동맹국들과 함께 러시아가 밀어주던 세르비아를 폭격했으며, UN의 이름으로 평화유지군을 보내기도 했다. 그러나 그는 군비를 축소하고 경제문제에 보다 집중하며 대체로 타협적인 노선을 밟았다. 1994년 이스라엘의 라빈과 팔레스타인의 아라파트로 하여금 오슬로협정을 맺어 두 나라로 갈라져 평화롭게 사는 타협안을 이끌어내기도 했다.[22] 핵을 추진하던 북한과도 타협하고 수교 일보직전까지 갔다. 마침 불어오던 IT 붐을 맞아 경제도 호황이었다.

천하는 바야흐로 태평성대에 접어들었다. 미국의 쇠락을 걱정하던 목소리는 온데간데 들리지 않고, 미국은 제2의 전성기를 맞는 듯싶었다. 그러나 이제까지 눈에 띄지 않던 문제가 슬금슬금 나타나기 시작했는데, 바로 급진이슬람세력이다. 1979년 소련의 아프간 침공은 오랜 잠에 빠져있던 그들을 깨웠는데, 소련은 마침내 10년간의 전쟁을 패배로 끝맺고 철수했다. 그러나 그것이 끝이 아니었다. 전쟁 통에 탈레반이 탄생했고, 또한 국제이슬람조직인 알카에다가 출현했다. 이들은 전쟁을 통해 단련되었고 바야흐로 세상을 놀라게 할 터였다.

아들 부시 대통령의 시대는 네오콘의 시대다. 이미 레이건 때부터 자리를 잡기 시작한 그들은 상당한 세력으로 성장해 있었다. 공화당의 강경파인 체니(Dick Cheney) 부통령과 럼스펠드(Donald Rumsfeld) 국방장관은 네오콘과 궁합이 잘 맞았다. 그들은 클린턴 식으로 적당히 동맹의 요구를 들어주고, 적당히 적대세력과도 타협하는 방식을 좋아하지 않았다. 미국은 자신의 이상을 보다 분명하게 추진할 필요가 있었다. 특히 북한과 중동의 적대세력에 대해 취한 클린턴의 태도가 마음에 들지 않았다.

2001년 9월 11일 벌어진 테러는 울고 싶던 차에 그들의 뺨을 때리는 사건이었다. 알카에다의 뒤를 봐주던 아프간의 탈레반은 당연히 손을 봐야 했다. 그러나 이 소중한 기회를 그 정도로 날릴 수는 없었다. 그 유명한 볼턴은 당시 국무부차관이었는데, 그는 '테러와의 전쟁'을 선언했다. 그리고 테러를 지원하는 '악의 축'으로 세 나라를 지목했는데 이라크, 이란, 그리고 북한이었다. 북한과의 제네바 조약은 파기되었고, 북핵의 판도라가 다시 열렸다. 그리고 가장 약해 보이던 이라크의 사담 후세인을 친다. 바로 2003년의 이라크전이다.

부시는 단호하고 당당했을 뿐만 아니라 일방적이었다. 그는 좌고우면하지 않고 동맹국들에게 미국의 뜻을 따르라고 했다. 그들이 따르지 않으면, 미국만이라도 올바른 길을 가겠다고도 했다. 네오콘은 베트남전에서 충분한 교훈을 얻었다고 생각했다. 대규모 육군병력을 보내지 않았고, 공중에서의 폭격과 현지 반군세력을 최대한 이용했다.

그러나 사태는 그들의 뜻대로 흘러가지 않았다. 엄청난 전비를 쏟아부었는데도 적을 완전히 제압하지 못했으며, 이라크를 완전히 장악하지도 못했다. 오히려 아랍의 민심을 흉흉하게 했으며, 급진이슬람세력의 성장에 부채질을 한 꼴이 되었다. 그 바람에 그 유명한 IS가 탄생했다. IS는 아예 이라크에 이슬람공화국을 세우겠다고 나서는 자들이었다. 이란과 다르다면 그들은 아랍인이고, 또한 수니파라는 점이었다.

오바마는 이라크에서의 철군을 공약으로 삼아 대통령에 당선된 사람이다. 그는 '클린턴 2'라고 할 만했다. 클린턴의 정책과 흡사했으며, 그의 정부에는 클린턴 시절의 사람들도 많이 들어와 있었다.

미국은 다시 국제기구와 동맹을 중심으로 하는 전략으로 돌아갔지만 다른 것이 있었다. 부시가 중동을 중시했다면, 오바마는 아시아를 최우선 지역으로 꼽았다는 것이다. 국무장관이던 힐러리 클린턴은 〈대외정책(Foreign Policy)〉이라는 저널에서 '아시아중시정책(Pivot to Asia Policy)'를 선언했다. 미국은 바보같이 중동문제에 힘을 빼는 바람에 미래의 강적인 중국에게 시간을 허용했다는 것이었다. 이제라도 헐거워진 대중국 포위망을 조여 그들을 제압할 차례였다.

오바마는 MD를 강화했으며, 심지어는 한반도에 사드를 배치해 중국 코앞에 비수를 갖다댔다. 그와 함께 북한에 대한 조르기를 계속했으며, 북한을 도와준다는 평계로 중국을 압박했다. 또한 TPP를 만들고, 여기에 중국을 빠뜨림으로써 중국에 대한 경제포위망도 구축했다.

그러나 *오바마의 통치하에서 미국은 금융위기를 수습하느라 정신이 없었으며, 중국과의 관계에도 근본적인 변화를 주지는 못했다.* 중동에 있어서도 클린턴과 비슷한 타협책을 선택했다. 이라크로부터 철수했으며, 시리아와 이라크를 무대로 활개치던 IS에 대항해 현지의 쿠르드 반군를 이용하고, 이란과 타협해 이란의 핵을 동결하는 조건으로 경제제재를 풀어주었다. 미국은 단지 공군과 드론, 그리고 미사일 공격으로만 관여한다는 전략을 사용했다. 나쁘게 이야기하면, 그는 그저 현상만 유지하면서 시간만 끈다는 비판을 들을 만했다. 그리고 마침내 트럼프가 등장한다.

★ 트럼프의 안보정책은 매우 합리적이다

　트럼프는 대선 당시 고립주의적인 모습을 보였다. 미국이 쓸데 없는 곳에 개입해 막대한 국방비를 쓰고 있다는 것이었다. 세계의 경찰 노릇을 하느라고 진이 빠질 지경인데, 소위 동맹국이라는 나라들은 이에 무임승차하고 있으며, 심지어 이를 틈타 미국에 상품을 팔아먹으면서 막대한 이익을 얻고 있다는 것이다. 아무것도 모르는 미국인이 들으면 진짜로 믿을 만큼 열정적으로 이런 이야기를 하고 다녔다.

　방위비를 충분히 내지 않으면 나토건 뭐건 탈퇴하고 해외의 미군기지에서 철수할 수도 있다고 했다. 심지어는 한국과 일본의 핵무장도 용인하는 것 같은 발언을 했으며, 일본에 대해서는 "북한과 핵전쟁을 하든 말든 미국이 알 바 아니니, 좋은 시간을 보내라"는 식으로 말하기도 했다. 이라크전에도 매우 비판적이었다. 이 역시 막대한 미국의 돈과 인명을 앗아가면서 아무 이익도 거두지 못하는 대표적인 전쟁이었다. 당시는 배넌이 그의 안보정책을 짜고 있었으므로 고립주의자라는 말도 들을 만했다.

그러나 1년의 세월이 지나면서 그의 대외 라인에는 적지 않은 변화가 일어났다. 배넌의 목소리는 진작부터 들리지 않았고, 미국의 안보라인은 틸러슨 국무장관과 맥마스터 안보좌관이 팀을 이루었는데, 오마바의 안보라인과 특별히 달라진 것도 없는 것 같았다. 중동에서도 이렇다 할 변화가 없었고, 북한에 대해서도 '경제제재 강화'라는 기존의 레퍼토리만 반복했다. 북한의 핵이 진화하면 그에 맞추어 제제를 강화하는 식으로, 오바마의 재판이었다.

백악관 내부에서는 배넌이 완전히 밀려나고, 쿠슈너가 힘을 얻었다. 유대인인 그는 중동문제에 대해서 큰 목소리를 내고 있었는데, 당연히 이 지역이 가장 큰 관심사였다. 시간만 끌면서 이렇다 할 성과를 내지 못하고, 자신의 뜻을 충실히 받들지도 않는 틸러슨과 맥마스터에 실망한 트럼프가 그들을 하나하나 해임하고, 마침내 폼페이오와 볼턴을 그 자리에 임명한다. 폼페이오로 말하면 공화당에서도 강경파로 유명한 사람이며, 볼턴은 네오콘의 차세대 주자였다.

트럼프는 대선 당시의 공약대로 '이란 핵협정(Joint Comprehensive Plan of Action)'을 파기하고, 이란에 대한 제재를 다시 가동한다. 예루살렘을 이스라엘의 수도로 인정함으로써 미국이 그들의 맹방임을 확실히 선언했다. 이와 함께 북한에 대해서는 유화책으로 전환했다. 왜 이런 변화가 일어났을까?

트럼프의 중동정책은 쿠슈너와 볼턴이 맡고 있을 터인데, 그들이 보기에는 '이란 핵협정'은 이란의 핵을 폐기하는 것도 아니며 단순히 지연시킨 효과밖에 없었다.[23] 핵의 연료인 우라늄과 플루토늄의 양을 제한하는 정도였던 것이다.[24] 이란의 탄도미사일 프로그램을 폐기하는 내용이 없으며, 일몰 기간이 끝나면 이란의 핵 개발을 막을 수 없다는 한계도 있다. 그런 적은 대가를 받고 타협함으로써 그들이 중동에서 활개를 치도록 허용했다. 이란은 시리아와 이라크에 '공화국혁명수비대'를 보내 시아파를 지원했다. 예멘에서는 역시 시아파의 후티 반군[25]을 지원해 미국의 맹방인 사우디를 크게 당황하게 만들었다. 이라크에서는 시아파가 집권했으며, 또한 레바논에서도 그들의 분파인 헤즈볼라가 정권을 차지했다.

눈 깜짝할 사이에 중동의 전세는 미국에게 불리하게 변모했다. 애초에 아사드를 타도하려고 하던 시리아 내전에는 러시아뿐만 아니라 이란까지도 끼어들어 해결이 난망이었다. 자칫하다가는 아사드가 이전의 세력을 회복해 시리아를 다시 장악할 수도 있었다.

미국이 시리아 문제를 쉽게 해결하지 못하는 이유도 있다. 중동에서 페르시아만을 사이에 두고 이란과 카타르에서 가스전이 발견되었다. 그 최종적인 고객은 유럽이 될 터인데, 그렇다면 수송로가 문제가 된다. 파이프라인을 건설해 지중해까지 연결한 다음 그곳에서 배로 실어 유럽으로 보내야 하는데, 그 지중해에 인접한 나라가 바로 시리아다.

애초 카타르는 자신의 가스를 팔려고 시리아의 아사드를 설득했으나 거절당했다. 시리아는 오히려 이란과 이라크에 접근하는 것 아닌가? 세 나라의 공통점은 시아파라는 것이다. 셋이 합의한 사항은 이란의 가스를 파이프라인을 통해 이라크를 통과해서 시리아로 연결한 다음, 그곳에서 유럽으로 보낸다는 것이었다. 이것은 물론 정치적인 의도가 깔려 있는 수작이었다. 아랍의 시아파가 대동단결하고 힘을 합치자는 것이다.

미국이 이를 묵과할 리 만무하다. 이들 나라는 2011년 7월 가스관 건설을 위한 예비협정을 발표했으나, 미국은 이에 단호히 반대했다. 2012년 11월 미 국무부 대변인 빅토리아 눌랜드(Victoria Nuland)는 "워싱턴은 이란·이라크·시리아 파이프라인 건설에 관한 유사한 보고들을 6번, 7번 혹은 10번, 15번 받은 적이 있다. 이 파이프라인은 결코 실현되지 못할 것이다"라고 말했다. 이를 방지하고 이 지역에 시아파 동맹이 만들어지는 것을 방지하는 최선의 방책이 바로 시리아를 분할하는 것이다. 과거 키신저는 이러한 취지의 컬럼을 〈뉴욕타임스〉 등을 통해 발표한 바 있다. 시리아의 내전이 그치지 않고 지속되는 가장 중요한 이유가 여기에 있다.

그렇다면 북한은 어떠했던가? 봉쇄전략과 한층 가중된 경제제재에도 불구하고 북한은 핵무기를 착착 고도화했으며, 대륙간탄도탄(Inter-Continental Ballistic Missile; ICBM)은 완성 직전까지 이르렀다. 동해상에 미사일을 연속으로 발사했으며, 방송을 통해 미국에도 한방 날릴 것처럼 큰소리를 쳤다. 미국에 핵미사일을 날리지는 못하겠지만 한국과 일본은 '설마'하며 크게 긴장했다. 사드가 있지만, 과연 그것이 북한의 미사일을 막아줄 수 있을지 장담하기 어려웠다. 심지어 미국에서도 북한이 핵미사일을 쏠까봐 방공호를 파는 사람까지 나타났다.

한국과 일본에서는 슬슬 자체 핵무장 이야기가 나오기 시작했고, "북한을 어떻게 하지도 못하면서 큰소리만 치는 미국을 믿을 수 있느냐"는 식의 쑤군거림도 있었다. 트럼프는 김정은을 '꼬마 로켓맨'이라고 부르며 '화염과 분노'의 뜨거운 맛을 보여주겠다고 위협했고, 김정은은 트럼프를 '미친 노인네'로 몰아붙였다.

이런 식으로 계속 가면 방귀가 똥이 되는 식으로 사고가 날 수도 있는 상황이었다. 자칫하면 동북아시아에 핵 확산의 도미노가 일어나고, 이 지역의 나라들이 핵으로 대치를 하며, 미국의 영향력은 완전히 사라져버리는, 그런 악몽이 현실로 될 수도 있었다. 그래서 상황이 곪아 터지기 전에 그가 나서겠다고 말한 것이다.

폼페이오와 볼턴의 등용은 이런 상황을 타개하기 위한 선택이라고 보아야 할 것이다. 볼턴은 폼페이오의 뺨을 칠 정도로 강경파이며, 방송에 나와서 북한에 대한 선제 공격을 주장하기도 했다. 또한 북한의 완전한 비핵화 외에 선택의 여지가 없다고도 말했다. 그러나 트럼프가 감당할 수 없을 만큼 북핵 문제가 커지기

전에 봉합하기로 마음 먹었다면, 빤히 판을 깨뜨릴 볼턴을 안보보좌관으로 임용했을 리가 없다.

과거 볼턴은 결정적인 순간마다 나타나 북한과의 핵 협상을 깨뜨리고 오히려 압박강도를 높이는 정책을 밀어붙였으나, 성공하지 못했다. 더구나 북한의 핵은 완성 직전이고, 중동의 사태는 화급하기 짝이 없다. 따라서 미국 사람의 용어대로 하면 폼페이오는 굿캅, 볼턴은 배드캅의 역할을 맡아서 북한을 어르고 달래면서 최대한 유리한 상태에서 협상을 동결하려고 함이 분명하다. 이렇게 북핵을 최대한 유리하게 마무리하는 한편, 중동에서는 이란이 지르고 있는 불을 꺼야 하는 것이다.

트럼프의 대북정책은 민주당과 공화당 주류의 비판을 받을 수도 있다. 그들은 그동안 북한과 중국을 하나로 묶어서 보고 군사적 봉쇄전략을 추진해왔다. 북핵을 이유로 중국을 경제제재에 끌어들였는데, 이는 그들에게도 괴로운 일이었다. 북핵은 골칫거리이지만, 북한이 망하면 다음 차례는 중국이 될 수도 있었다. 겉으로는 북한을 야단치지만, 그들이 망하지 않도록 석유와 물자를 공급하면서 안으로는 순망치한의 국가라고 달래는 것도 다 그런 이유였다.

미국의 주류는 동아시아에서 '한·미·일 군사동맹'을 체결해 중국의 포위망을 완성하고 싶어하나, 한국의 반일감정이 워낙 크기 때문에 속도를 내지 못했다. 또한 호주와 인도까지 끌어들여 크게 포위망을 구축하려고 한다. 이런 상황에서 북한을 풀어 준다는 것은 포위망에 구멍을 하나 내는 것이라는 비판을 받을 만했다.

그러나 *트럼프의 안보정책은 중동과 중국에 대한 봉쇄에서 완급조정을 하는 것이라고 봐야 한다.* 이보전진을 위한 일보후퇴인 것이다. 또한 중국에 대해서는 군사보다는 경제적인 공격을 가하고 있으므로 반드시 완화하는 것이라고 볼 수도 없다. 그런 의미에서 트럼프의 정책은 매우 합리적이며, 현재의 상황에서 타당하기도 하다. 물론 미국의 관점에서만 그러하다.

2부

트럼프로 이어진
경제위기의
역사

INRTO

자본주의는 '장기적인 이윤율 저하'라는 심각한 모순을 가지고 있다. 이윤을 높이려고 자본을 투자하고 생산성을 높여도, 결국은 수요의 부족에 부딪혀 자본에 대한 수익률은 점차 내려갈 수밖에 없다. 이윤의 저하를 만회하고자 복잡한 금융 상품을 만들어 고수익을 추구하지만, 이것은 주기적으로 찾아오는 불황의 폭발력을 키워 문제를 더 심각하게 만든다. 그렇게 나타난 것이 1929년에 시작된 대공황이다.

미국은 모든 노력을 다해 대공황을 극복하려고 했으나 실패하고, 결국 제2차 세계대전에 참전하는 방식으로 이 문제를 해결한다. 무질서한 자본주의의 단점을 보완한 케인즈주의로 자본주의는 다시 전성기를 맞았으나, 결국 1970년대부터 수익률 저하에 따른 긴 불황을 피하지 못한다.

1980년 대통령에 당선된 레이건은 이 문제를 해결하기 위해 신자유주의를 도입한다. 자본 · 노동 · 상품의 이동을 막는 모든 규제를 풀어 수익률을 극한까지 올리는 '세계화'와 전 세계 자산시장에 투자해 고수익을 거두는 '금융화'가 그 수단이다. 그러나 이러한 방식은 미국과 유럽의 노동 계층에게 타격을 가하고, 결국은 2008년 금융위기로 한계를 맞는다.

미국은 위기를 극복하기 위해 양적완화를 도입했지만, 그것은 자산시장의 거품과 부채를 키움으로써 다시 한 번 공황을 가져올 수 있는 불씨를 남기고 있다. 트럼프는 미국의 위기를 벗어나기 위해 무역전쟁을 벌이는데, 이는 세계무역을 축소시킬 뿐만 아니라 연준의 국채보유량을 줄여야 하는 사이클에서 반대로 국채발행을 늘림으로써 금리인상을 가속화시킬 수 있다. 또한 중국과 이란을 압박하는 정책은 유가상승을 불러일으켜 세계경제의 불황을 더욱 심화시킬 가능성이 있다.

1장

자본주의
위기의
두 원인

자본주의는 인류의 물질적 수준을 극적으로 끌어올린 공헌을 했으나 2개의 본질적인 문제를 가지고 있다. 첫째는 노동력을 절감하고 생산성을 올리기 위해 끊임없이 자동화를 추구하지만, 이는 오히려 상품에 대한 수요를 줄임으로써 수익률을 떨어뜨린다는 것이다. 둘째는 낮아지는 수익률에 만족하지 못하는 사람들이 금융으로 투기적인 모험을 강행하는데, 이 모험은 금융위기를 부르기 때문에 불안한 경기순환을 더욱 폭발적이고 복잡하게 만든다.

★ 장기적인 이윤율 저하

　자본주의는 인간이 필요로 하는 모든 재화와 서비스를 남에게 팔기 위해 생산하는 경제 시스템이다. 오늘날 산업국가에서는 필요한 재화를 자급자족하는 일이 거의 없다. 우리가 사용하는 모든 재화는 팔아서 이윤을 남기기 위해 만들어진 상품이다. 상품이 잘 팔리려면 품질이 좋거나, 새롭게 유용한 무엇을 가지고 있거나, 그것도 아니라면 가격이 싸야 한다. 그렇지 않으면 상품은 팔리지 않고, 상품을 만든 기업은 퇴출된다. 따라서 자본주의에서 기술경쟁은 끊임없이 일어난다.

　일단 새로운 상품이 개발되면 라이프사이클(life cycle)을 가진다. 처음에는 신기한 것을 좋아하는 모험적인 사람들이 소비하지만, 그 유용성이 알려지고 상품이 어떤 임계점을 넘을 만큼 개선되면 보급이 확산된다. 확산된 상품은 대중화되고, 누구나 하나씩은 가지고 있어야 하는 필수품이 된다. 이때쯤 되면 그 상품은 범용재가 되어 별다른 품질의 개선이 없어지고, 이제 구매를 결정하는 것은 가격이 된다. 가격으로 경쟁하다가 그 상품을 압도하는 새로운 유용한 제품이 개발되면 상품은 서서히 대체되어 시장에서 사라진다.

예를 들어 자동차의 경우, 초기에는 아주 값이 비싸서 귀족들이 즐기는 고급 장난감 정도였지만 점차 품질이 개선되면서 기존의 마차를 압도했다. 포드가 아주 저렴한 가격에 대량으로 자동차를 쏟아내자, 일반 노동자 가정에서도 자동차를 구매할 수 있게 되었다. 시간이 지나 어느덧 자동차는 누구나가 가져야 하는 필수품이 되었다.

이제 자동차는 극도로 효율화되고 고도화되어 고장도 잘 나지 않고, 적은 휘발유로도 아주 멀리 갈 수 있다. 뿐만 아니라 최근에는 휘발유 대신 전기로 작동하는 아주 깔끔하면서 순발력이 좋은 전기차가 출현했다. 또한 거의 동시에 수많은 센서와 인공지능 덕분에 스스로 달리는 자율주행차도 나타나게 되었다. 휘발유로 달리는 현재의 자동차는 그렇게 멀지 않은 미래에 새로운 유형의 자동차로 대체될 것이 분명하다.

자동차를 생산하는 기업은 경쟁에 이기기 위해 자동차의 품질을 개선하는 노력을 불철주야 기울인다. 동시에 비용을 낮추기 위해 거대한 장비로 노동생산성을 높이려고 한다. 품질이 같다면 비용이 낮을수록 이윤을 높일 수 있기 때문이다. 수많은 노동자가 공구를 들고 컨베이어벨트 주변에서 바쁘게 움직이던 모습은 서서히 사라지고, 이제 로봇들이 바쁘게 움직이면서 조립도 하고 용접도 한다. 장비의 도움을 받아 노동자들은 상상도 못할 만큼 많은 양의 자동차를 생산해낸다. 오늘날에는 컴퓨터에 기반한 공장 자동화 시스템으로 사람은 점점 불필요해지는데, 반대로 이야기하면 노동생산성이 극도로 상승하는 것이다.

그렇다고 인간의 노동력이 아주 필요 없어지는 것도 아니다. 연구개발이나 경영관리 같은 분야에는 고급의 노동력이 필요하다. 그러나 택배나 전화상담 같은 업무는 비교적 단순하므로 저임금의 비정규직으로 채워진다. 자동화, 그러니까 노동을 자본으로 대체하는 과정은 표준화할 수 있는 모든 영역에서 일어난다. 과거에는 육체적인 노동을 대체했지만 지금은 컴퓨터에 의해 정신적인 노동까지 대체가 가능하다. 이에 따라 노동의 양극화는 점차 심화된다. 기계에 의해서 대체될 수 있는 부분은 사정없이 인건비가 낮아지며, 새로운 기술을 개발하는 분야는 우수한 인재를 얻기 위해 치열한 경쟁이 벌어진다.

그럼에도 불구하고 기술개발은 무한한 것이 아니다. 새로운 발명과 개발은 지극히 어렵다. 기업과 정부는 엄청난 연구개발자금을 쏟아붓고 있지만 기존의 제품을 능가하는 새로운 제품을 만드

출처: mimeo, University de Buenos Aires

는 것은 매우 더디고 힘든 작업이다.

새로운 제품의 개발이 정체되면 경쟁은 기존제품을 어떻게 하면 싸고 효율적으로 생산할 수 있는가에 집중된다. 따라서 *노동을 대체하기 위해 대대적인 자동화 작업에 투자를 한다. 그러나 그러면 고용은 줄어들고, 노동자들이 창출할 수요도 사라진다.* 제품은 팔리지 않고, 기업은 비용을 낮추기 위해 더욱 자동화에 매진한다. 고용과 수요는 더욱 줄어든다.

결국 기업이 투하하는 자본에 대한 이윤율은 점차 하락한다. 마케팅을 열심히 하고, 소비자 신용을 풍족하게 제공하고, 정부마저 금리를 낮추어 대출을 촉진하더라도 하락은 계속된다.

　자본주의에서는 산업혁명이 몇 차례 일어났지만, 혁신이 잠잠해지면 어김없이 이윤율 저하가 나타났다. 노동생산성 향상과 이윤율 저하는 동전의 양면이다. 노동생산성을 높이기 위해 기계화를 단행하고 이에 대한 자본 투자를 늘리면 투자에 대한 이윤율이 줄어든다.

★ 주기적으로 반복되는 공황과 금융위기

　금융은 실물경제의 순환을 촉진시키기 위한 것이다. 자신이 가진 화폐만 가지고 생산한다면 아무리 많은 돈을 가졌다고 해도 생산할 수 있는 물량은 뻔하다. 그에 따라 은행을 필두로 새로운 금융기관이 속속 출현했다. 주식과 채권을 중심으로 하는 자본시장이 성장하고, 이것을 지원하는 증권회사와 기관투자가도 탄생했다. 조금이라도 이윤률을 높이려는 투자자들의 노력은 아주 복잡하면서도 투기적인 형태의 상품을 만들어냈다.

　금융시장은 발행시장과 유통시장으로 분리된다. 일단 발행시장을 통해 유통시장에 나온 금융상품은 투기적 이윤을 노리는 사람들 사이에서 '손바뀜'을 하며 독자적인 운동을 한다. 그 근원적 가치는 실물에서 발생하는 것이지만, 돈 놓고 돈 먹기 식의 투기 속에서 금융상품의 가격은 하늘을 향해 치솟는다. 그렇다가 실물 자산의 가치와 너무 크게 괴리가 벌어지면, 어느 순간 곤두박질한다. 그러면 서로 연결되어 있는 금융상품의 가격은 줄줄이 하락하고, 그 끝에 매달려 있는 실물자산의 가격도 붕괴한다. 이에 따라 경제를 돌리는 바퀴도 서서히 느려지며, 심지어는 멈추기도 한다. 금융위기가 벌어지는 것이다.

금융위기는 사실 생각보다 자주 발생한다. 예를 들어 미국에서도 제2차 세계대전 이후 꽤 큰 금융위기가 3차례 정도 일어났다. 1970년대는 주정부가 발행한 채권이 대대적으로 지급불능사태에 이른 적이 있었고, 1980년대는 저축대부조합이 상업용 부동산 개발 붐에 편승해 무리한 대출을 하다가 된서리를 맞은 적이 있었으며, 1990년대에는 롱텀캐피탈(Long-Term Capital Management; LTCM)이라는 헤지펀드가 러시아국채에 투자하다가 파산해 큰 불을 낸 적이 있다.

그때마다 중앙은행인 연준이 소방수로 나서서 불을 끄는 데 성공했기 때문에 큰 충격 없이 지나갔다. 1929년의 경우는 연준이 제대로 불을 끄지 못해 대화재로 이어진 것이며, 2008년에는 그때만큼 큰불이 났는데, 엄청나게 큰돈을 뿌려 진화에 성공한 것이 다르다. 물론 지금 그 불은 완전히 꺼진 것은 아니며, 연준이 소화전의 꼭지를 잠그면서 다시 타오를 기세를 보이고 있다.

금융위기가 실물경제와 무관하게 나타나는 것은 아니다. 실물경제에서도 경기의 호황과 불황은 번갈아가며 찾아온다. 경기가 좋으면 상품의 수요와 가격은 치솟고, 기업들은 다투어 생산량을 늘린다. 기업은 이 기회를 놓치지 않고 많은 상품을 생산해 이익을 거둘 목적으로 대출을 받아 투자에 나선다. 그들은 주식이나 회사채를 발행하거나, 은행으로부터 대출을 받아 설비를 증설한다. 그러나 무질서한 기업의 공급증대 경쟁은 어느덧 과잉공급의 상황을 초래하고, 가격은 떨어지며, 인건비는 올라가고, 수요는 줄고, 생산설비는 남아돈다. 기업은 자금난에 봉착하고, 그것을 불안하게 지켜보던 은행은 신규대출을 거절하거나, 기존대출을 회수하는 방식으로 대처한다. 그때 견디지 못하고 도산하는 기업이 나타나며, 심한 경우는 기업에 돈을 빌려준 은행도 무너질 수 있다. 그렇게 되면 작은 금융위기가 벌어지는 것이다.

살아남은 기업은 무너진 기업을 인수하거나 자산을 사들여 더욱 크고 강해진다. 이렇게 하나의 사이클이 마무리되고, 다음 사이클이 시작된다. 봄이 가면 여름이 오고, 가을이 가면 겨울이 오는 것과 흡사하다.

기술과 경제조직의 발전에 따라 실물경제는 엄청난 성장을 거듭해왔다. 그리고 금융도 같이 발전했다. 금융은 원래 실물경제를 돕기 위해서 만들어진 것인데, 신용이나 증권 같은 형태로 존재한다. 그것은 부채에 대한 원금과 이자를 받을 수 있는 권리증서이거나 아니면 미래수익에 대한 청구권인데, 유통시장에서 실물경제와 독자적으로 운동한다. *금융은 갈수록 작아지는 실물경제의 자본수익률에 만족하지 못하고 새로운 수익을 찾아 끊임없이 돌아다니기 때문이다.*

그러나 완전히 독립적일 수는 없다. 결국은 실물경제로부터 생산되는 상품과 서비스가 금융의 근본이기 때문이다. 실물이 본체라면, 금융은 그림자다. 그러나 본체에 비해 그림자는 어마어마하게 커진다. 실물에 기초해 금융상품이 만들어지고, 다시 그 금융상품을 기초로 해 변형된 금융상품이 만들어지기 때문이다. 먹을 수 있는 사과는 1개인데, 그 청구권을 나타내는 증서는 여러 장이 발행되는 격이다.

그러나 결코 본체 없는 그림자는 존재할 수 없다. 그림자의 움직임은 매우 빠르며 불안정하다. 그림자는 스스로를 키우며 움직이다가 어느 순간 다시 본체의 규모로 축소된다. 그것이 금융공황이다. 이렇게 되면 본체도 타격을 받는다. 금융의 상당 부분은 실물경제를 움직이는 기름과도 같은 것이기 때문이다.

또한 금융의 혼란으로 인한 심리적 충격은 실물경제 자체를 움츠리게 만든다. 예를 들어 주가가 폭락하거나, 대출을 갚지 못해 집이 차압 당했다면 그는 응당 소비를 줄일 것이다. 그러면 기업은 움츠러든다. 오늘날은 실물경제의 충격보다는 이러한 금융

경제의 심한 상승과 하락이 경제위기를 불러오는 경우가 많다. 대표적인 경우가 지난 100년간 2차례 있었는데, 1929년과 2008년의 공황이다.

2장

1929년
대공황

1929년의 대공황은 인류가 겪은 최대의 경제참사다. 높은 수익률을 추구하며 금융적 투기를 추구하는 와중에 폭탄이 터지고, 금융과 실물이 모두 휩쓸려 내려갔다. 그러나 그토록 공황이 크고 깊어진 이유는 금융시스템의 붕괴 때문이었다. 루즈벨트는 금융투기를 규제하는 '글래스·스티걸법' 등을 시행하며 경제를 회복시키려고 사력을 다했으나, 실패한다. 대공황은 결국 제2차 세계대전이라는 참극을 겪고서야 해결된다.

★ 사상 최대의 공황인 미국의 대공황

1929년 10월, 윈스턴 처칠(Winston Churchill)은 미국을 방문해 호텔에 투숙하고 있었는데, 그의 방은 16층이었다. 그는 창밖에 펼쳐진 마천루와 까마득하게 아래에 있는 도로 위로 수많은 사람과 자동차가 흘러가는 것을 무심히 지켜보고 있었다. 그런데 갑자기 그의 방 바로 아래층의 창문이 열리더니, 한 사나이가 창틀 위에 발을 딛고 서는 것 아닌가?

무슨 일이 벌어질지를 직감한 처칠이 당황해 허둥거리는 사이에 사나이는 창문 아래로 몸을 던졌다. 처칠은 순간 눈을 질근 감았다. 곧 무언가 울리는 소리가 들리고, 사람들의 비명소리가 들리는 것 같았다. 그는 잠시 후 한숨을 쉬면서 아래를 내려다보았다. 군중들이 사나이 주변으로 원을 그리며 모이고 있었다. 잠시 뒤에는 사이렌을 울리며 소방차가 질주해 달려왔다.

이것은 처칠이 직접 목격한 사건일 뿐, 자살 소식은 끊임없이 신문에 실렸다. 자살한 사람들 중에는 증권회사 직원들, 사업의 부도로 파산한 기업가들이 많았다. 어떤 사람은 집 목욕탕 벽에 붙은 가스관 밸브를 틀어서 자살하고, 또 어떤 사람은 권총을 자신의 머리에 대고 방아쇠를 당겼다.

미국의 대공황은 1929년 10월 28일 뉴욕증시가 대폭락하면서 그 긴 막을 열었으나 사실 대공황의 조짐은 그전부터 나타났다. 미국에게 1920년대는 번영을 맞이한 시기다. 하루가 다르게 마천루가 올라왔고, 새로 보급된 전기로 밤에도 낮처럼 환했으며, 집 집마다 가전제품의 효시인 라디오가 들어왔다. 특히 자동차가 중요했다. 타이어와 부품, 그리고 주유소와 정비센터, 정유업, 도로건설 등 연관효과가 엄청났기 때문이다. 자동차가 생겼으니 비좁은 도심의 조그만 아파트에서 살 필요도 없었다. 교외가 개발되었으며, 엄청난 주택단지가 들어섰다. 냉장고, 진공청소기는 1929년쯤에 대중화되어 일반 가정에서도 쉽게 찾아볼 수 있었다.

그렇지만 사실 경기 붐은 대단한 것이 아니었다. 그러나 주식시장의 붐은 경기 붐과 달랐다. 경기의 붐을 훨씬 뛰어넘는 속도로 주가는 올라가고 있었다. 본디 주가와 금리는 반비례 관계인데, 가장 기준이 되는 미국 중앙은행(Federal Reserve Bank, 연방준비은행)의 재할인율(Rediscount rate)[26]이 1921년에 7%였으나, 계속 낮아져 1924년에는

대공황 전후의 미국 주가추이

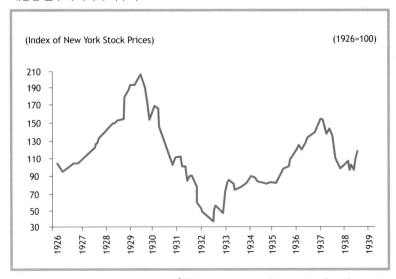

(Index of New York Stock Prices)　　　　　　　　　　　　　　(1926=100)

출처: Richard J. Jensen, Causes of the Great Depression

3%까지 떨어져 있었다. 더구나 당시 주식시장에서는 1%의 증거금만 가지고 주식을 살 수 있었고, 나머지는 주식전문 대출업체에서 빌렸다. 주가는 계속 올라갔으므로, 이자가 조금 비싸도 개의치 않고 돈을 빌려 주식을 샀다. 이것이 레버리지(leverage) 투자다. 올라갈 때는 수익이 곱절이다. 그러나 주가가 떨어지기 시작하면 손실도 곱절이다.

　　당시 뉴욕의 주식시장은 정말 대단했다. 1928년 초에는 다우존스 산업평균주가가 191이었는데, 1929년 9월 381까지 2배가 올랐다. 그와 함께 거래량도 엄청나게 늘어났다. 요즘도 가끔씩 듣는 '광란의 투기장'이라는 말이 심심치 않게 객장에서 들려왔다. 사람들도 내심 조마조마했을 것이다.

이에 따라 연준은 1928년부터 다시 재할인율을 5%까지 올린다. 그러나 주식시장은 아랑곳하지 않았다. 사실 당시 주식시장에서 재할인율보다는 은행이 증권회사에 대출하는 금리가 중요했다. 이 금리가 12%였다. 은행에 5%의 금리를 물어도 증권회사는 다시 12%로 고객에게 대출을 해주면 7%의 차익을 얻는다. 고객도 좋았다. 당시는 1%의 증거금만 있으면 주식을 살 수 있었다. 나머지는 증권회사에서 돈을 빌려 사도 주가가 오를 때 팔면, 이자와 원금을 갚고도 차익을 얻을 수 있었다.

산업생산지수(index of industrial; product, IIP)[27]와 격차를 벌리며 계속 오르던 주가에 모두들 불안을 느낄 무렵, 연준은 재할인율을 다시 5%에서 6%로 올리고, 은행은 증권사에 빌려주는 돈의 금리를 12%에서 20%로 올린다. 이것이 1929년 8월의 일이다. 약 두 달 뒤인 1929년 10월 연료가 떨어진 주가는 드디어 굉음을 내고 추락한다. 대공황이 시작된 것이다.

그전부터 실물경기는 명백히 하강세로 꺾이고 있었다. 1929년 3월에는 신축주택 허가 수가 급감했다. 3월 자동차 생산량이 62만 대였는데, 주가가 폭락하기 시작한 9월에는 이미 41만 대로 급격하게 줄어들어 있었다. 6월부터는 산업생산지수도 하락하기 시작했다. 산업의 모든 지표가 아래를 가리키고 있었는데, 주가만이 홀로 숨을 헐떡거리며 올라가고 있었던 것이다.

★ 주식시장의 끝없는 추락

왜 주가하락으로 시작된 주식시장의 충격이 그토록 크고 긴 공황으로 이어졌을까? 대공황의 원인에 대해서는 방대한 연구목록이 있다. 그러나 아이러니하게도 당시가 '정체의 시기'가 아니라 '발전의 시기'였다는 것이 큰 원인이었다.

자동차와 전기를 양 축으로 하는 새로운 산업혁명이 일어나고 있었다. 이와 함께 거대하고 복잡하지만 정교하게 관리되는 대기업이 출현했는데, 몇몇 사람들은 이를 '법인혁명'이라고 부르기도 했다. 그와 함께 시대를 따라가지 못하는, 낡고 전통적인 생산방식에 의존하는 중소기업들이 주변부를 가득 채우고 있었다. 바람이 한 번 제대로 불면, 모두 촛불처럼 꺼질 운명이었다. 실제로 이들은 파산의 도미노를 이룬다. 그리고 이들에게 돈을 대주던 중소형은행들도 뒤이어 줄줄이 넘어졌다. 격류가 산을 깎으며 지나가자, 잠시 후 흙덩어리가 무너지며 산사태가 나기 시작했다.

그러나 이와 같은 기업의 파산이 반드시 대공황으로 연결되는 것은 아니다. 흔한 태풍으로 끝날 수도 있었던 사태를 쓰나미로 키운 것은 금융 시스템의 붕괴였다. 당시 은행은 증권과 분리되지 않았으며, 고객의 예금으로 주식투자를 하는 경우가 아주 많았다. 주식투자는 1%의 증거금을 내고 나머지는 빌려서 투자를 하는데, 주가가 2배 오르면 수익률은 100%가 되지만 반으로 떨어지면 손실률이 100%가 된다.

더구나 돈을 빌렸으니, 갚아야 한다. 증거금 비율이 부족하면 추가로 증거금을 내야 하는데, 이것을 마진 콜(Margin Call)이라고 불렀다. 마진 콜을 감당할 수 없으면 손해를 보더라도 주식을 던져야 한다. 이것이 주가의 폭락으로 이어졌다. 주식이 폭락하면서 은행은 그 타격을 갑절로 받았고, 마침내 연쇄 부도의 도미노가 시작되었다. 은행이 파산하기 시작한 것은 1930년 12월 미국은행(Bank of the United States)부터였는데, 1930~1933년 동안 전체 은행의 40%에 달하는 9천 개의 은행이 파산했다.

파산을 막아야 할 기관은 중앙은행이다. 미국의 중앙은행인 연준은 1913년 만들어졌지만, 오늘날과는 달리 매우 미약했다. 모든 은행이 가입한 것도 아니었으며, 전국적인 달러의 지불정지가 일어나는 것을 막는 정도였다. 결코 최후의 대부자는 아니었다. 공개시장조작(open market operation)은 시작된 지 얼마 되지 않았고, 규모도 작아 효과가 크지 않았다. 더구나 연준은 지급준비율에 대한 규제를 가할 수 있는 권리도 없었다.

연준은 통화정책에서도 매우 소극적이었는데, 오늘날의 양적완화와 비교하면 아주 미미했다. 이자율은 매우 더디게 내려갔고, 국채나 어음 매입의 규모도 작았다. 그런데 당시에 왜 연준은 통화정책에 있어서 소극적이었을까?

이러한 의문 때문에 대공황의 원인을 금본위제에서 찾는 시각도 있다. 영국은 막강한 경제력을 통해 금을 축적했으며, 이를 바탕으로 금본위제를 시행했다. 영국은행에 쌓아놓은 금을 준비금으로 해 발행한 파운드는 국제무역에서 결제통화로 사용되었다. 파운드화 표시 상업어음이 무역거래에서 지불수단으로 사용되었는데, 이것은 다시 영국은행으로 돌아오기 마련이다. 유럽의 나라들은 영국의 은행에 계좌를 트고, 상업어음을 입금하거나 반대로 할인 받아 대출을 얻는다.[28] 영국은 막대한 금 보유량을 기초로 그보다 훨씬 많은 금액을 대출해 이자를 받는다. 금에 기초한 파운드는 국제통화로 사용되었고, 영국은 금보다 훨씬 많은 파운드를 찍어내어 발권이익을 챙긴 것이다.

제1차 세계대전은 영국에게 큰 시련을 주었는데, 전쟁을 이기기 위해서 금본위제를 이탈하고 파운드를 마구 찍었다. 전쟁은 승리로 끝났으나, 상처뿐인 영광이었다. 옛날 그 좋던 금본위제로 돌아가고 싶은 마음은 굴뚝같았으나, 사실 영국이 금본위제로 돌아가는 것은 무리였다. 전시에 영국은 미국에게 많은 부채를 지게 되었고, 그 때문에 많은 금이 빠져나가 대서양 건너편 미국으로 흘러들어 갔다. 영국은 경제력도 약하고 금도 많지 않았는데도,

무리하게 금본위제를 유지하려 했다. 그러기 위해서는 미국의 협조가 절대적으로 필요했다.

전쟁이 끝나고 난 뒤 미국은 세상에서 가장 금을 많이 가지고 있을 뿐만 아니라 세계에서 가장 크고 강한 경제를 가진 나라가 되었다. 파운드화는 터무니없게 고평가되었고, 영국은 미국이 가진 금을 준비금으로 해 파운드화를 세계통화로 사용하려고 하고 있었다. 그러나 이런 방식이 오래갈 리가 없다.

당시 금본위제 위에서 구축된 국제금융망을 타고 미국의 달러가 유럽에 살포되고 있었다. 독일은 전쟁배상금에 시달리고 있었고, 프랑스와 영국은 미국에게 진 빚을 갚느라 애를 먹고 있었다. 미국은 달러를 독일에 빌려주고, 독일은 그 돈으로 경제를 돌려 프랑스와 영국에게 배상금을 지불하면, 프랑스와 영국은 다시 미국에 빚을 갚는 방식이 고안되었다.[29] 이 방식으로 미국의 은행들은 꽤 짭짤한 이익을 거두었는데, 사실은 매우 위험한 방식이었다.

1929년 미국에서 공황이 시작되자, 미국의 은행들은 독일에게 빌려준 자금을 부랴부랴 회수했다. 이에 따라 불길은 독일을 타고 프랑스와 영국으로 번져나갔다. 연달아 쓰러지는 도미노처럼 공황은 전 유럽을 덮쳤고, 많은 나라는 커다란 혼란에 휩싸였다. 1931년 종주국 영국이 마침내 로프를 끊고 금본위제에서 탈출한다. 뒤이어 여러 나라들이 앞서거니 뒤서거니 하면서 빠져나왔다.

그런데도 미국은 여전히 금본위제에 집착했다. 미국의 금융자본은 금본위제를 통해 이익을 많이 거두고 있었을 뿐 아니라 영국이 가진 세계통화의 자리를 호시탐탐 노리고 있었기 때문이다. 그러자 금이 미국에서 빠져나가고, 금 사재기가 일어났다. 미국은 공황이 심화되는데도 불구하고, 금이 더 빠져나갈까봐 재할인율을 과감하게 내리지도 못했다. 더구나 금에 통화량이 묶여 있다 보니, 통화량은 더욱 줄어들었다. 불황은 더욱 심해졌다. 미국은 완전한 악순환에 빠져 있었다.

　당시 세계는 리더십이 없었던 때라는 것을 잊기 쉽다. 영국은 쇠퇴했고, 실질적인 리더십을 발휘할 수 없었다. 미국은 막강한 경제력을 가지고 있었으나 아직 국제무대에서 신인에 가까웠고, 강력한 군사력도 없었다. 영국이 만들어놓은 자동차에서 운전자가 핸들을 놓았는데, 세계는 여전히 그 자동차 위에서 움직였다. 이제 도로를 벗어나 나무에 부딪히거나, 아니면 다리에서 떨어질 운명이 기다리고 있었다.

　이와 같은 힘의 공백 상태에서, 모든 나라는 감각적으로 오로지 자신의 이익이 된다고 생각되는 방향으로만 달려갔다. 어두운 공간에서 불이 나면, 사람들은 공포에 질려 오로지 육감에 따라 움직인다. 금융도 마찬가지였다. 런던이 운전대를 놓아버렸는데, 뉴욕은 그 운전대를 잡지 않았다. 차가 지그재그로 흔들렸다.

　경쟁적인 통화가치 절하도 이런 맥락에서 볼 수 있다. 한 나라가 경찰 역할을 맡으면서 그것을 조율하면 무한경쟁을 막을 수 있다. 오늘날 미국·EU·영국·일본·스위스·캐나다처럼 주류 국가들만 양적완화를 통해 통화가치 절하를 할 수 있다. 나머지 나라가 손해를 보기는 하지만, 어쨌건 세계경제 전체가 무질서로 빠져드는 것은 막을 수 있다. 그러나 당시에는 이것을 통제할 나라가 없었다. 영국이 금본위제를 포기하면서 그 역할을 내버렸을 때, 영국을 대신할 나라가 없었다. 미국이 유일하게 대신할 수 있는 나라였지만, 1933년 금본위제에서 이탈하면서 완전히 힘의 공백 상태가 생겨버렸다.

★ 루즈벨트의 안간힘에도 다시 추락하는 미국경제

1929년 발생한 경제위기는 신용위기로 발전한다. 은행이 서로를, 또한 기업을 믿지 못해 대출을 해주지 않는 것을 신용위기라고 한다. 신규대출은 물론이고, 대출 연장을 거절하거나, 아니면 아예 기존 대출금을 회수하기도 한다. 사람의 몸으로 치자면 피가 돌지 않는 것이다. 그러면 기업은 생산을 중단하게 되고, 은행이 대출해준 돈은 부실채권이 된다. 구매해줄 사람이 없으니 자산의 가격은 하염없이 떨어진다. 그러면 신용위기가 은행위기로 발전한다.

'은행이 파산해 예금을 돌려받지 못하는 것이 아닌가' 하는 공포로 사람들의 머리가 하얗게 된다. 은행 문 앞에 끝없이 긴 행렬이 줄을 서고, 이윽고 현금이 바닥난 은행이 하나둘 쓰러진다. 사람의 몸으로 치면 심장이 멎어 버리는 것이다. 심장이 멎으면 신체의 모든 부분은 괴사해 시커멓게 된다. 죽어가는 것이다. 이 상황이 후버(Herbert Hoover) 대통령하에서 장장 3년이나 지속되었다. 1933년초에는 은행 붕괴현상이 나타났다. 이제 심장이 멈추려는 위험한 순간이었다.

1932년 11월에 거행된 대통령선거에서 루즈벨트가 압도적인 차이로 현직 대통령인 후버를 누르고 당선되었다. 루스벨트 대통령은 취임하자마자 '비상은행법(Emergency Banking Act)'를 시행했다. 일주일간 은행업무를 중단시켰고, 그 중 약 1/3에 대해서는 업무 중단 조치를 연장했다. 그리고 금융 수술에 들어갔다. 사람을 마취시키고 수술하는 것과 다름이 없었다.

대표적인 것이 '글래스·스티걸법'[30]을 제정해 은행과 증권사의 업무를 분리한 조치다.[31] 금리생활자들이 은행 돈으로 위험한 증권에 투자해 고수익을 추구하지 못하게 한 것이다. 또한 이자율에 대해서도 상한선을 두어 과도한 금융이익을 취하지 못하도록 했다. 이것을 'Q 규제(Regulation Q)'[32]라고 한다. 예금보호공사(Federal

Deposit Insurance Corporation; FDIC)를 만들어 한도 내의 예금지급을 국가가 보호한다. 이렇게 해서 뱅크런(bank run)을 막는다.

또한 금본위제를 폐지하고 단번에 달러를 평가절하했다. 이를 통해서 달러가치 하락을 통한 수출증대의 돌파구가 열렸고, 공격적인 통화정책도 가능해졌다. 루스벨트는 1933년 4월 개인의 금 보유를 금지시키고, 정부에 온스당 20.67달러로 금을 팔도록 명령한다. 그리고 1934년 1월 '금 준비법(Gold Reserve Act)'을 통과시켜 금 가격을 온스당 35달러에 고정시켰다. 실제로는 달러의 평가절하다. 금 1온스를 팔고 20.67달러를 받은 사람은 이제 그 돈으로 금 1온스를 사지 못하게 되었는데, 온스 당 14.33달러만큼의 차액을 정부가 조세로 거둔 것이다. 물론 사전에 정보를 알고 있던 사람들은 금을 런던으로 빼돌렸다. 직접적인 타격은 금을 가지고 있던 사람들이지만, 화폐가치를 하락시킴으로써 사실상 모든 사람에게 조세를 더 거둔 것이다.

루즈벨트의 과감한 조치 덕으로 미국경제가 회복되는 듯했다. 미국의 산업생산지수는 1925년 100에서 1933년 3월에 59까지 곤두박질쳤으나, 7월에는 다시 100으로 올라갔다. *그러나 다시 추락과 회복을 반복하며 좀처럼 회복하지 못했으며, 1937년에 다시 하강곡선을 그렸다.* 1937년 철강의 설비가동률은 26%까지 곤두박질쳤다.

이렇게 되자 루즈벨트도 그동안 무시했던 케인즈의 조언을 받아들여 확장적인 통화정책과 재정정책을 쓰기 시작했다. 1938년

4월에 발표한 경기회복 프로그램이 그것이다. 은행의 필요준비금 한도를 줄이고, 정부재정을 확장시킨다는 것이 핵심이었다.

그러나 그 규모는 결코 크지 않았다. 그 바람에 겨우 경기가 회복되기 시작했지만, 그 기세가 미약했다. 건설부문은 즉각 살아났지만, 다른 부문은 대부분 침체에서 빠져나오지 못했다. 이에 따라 전쟁이 최후의 수단으로 강구되기 시작한다.

3장

자본주의의
황금기

제 2차 세계대전으로 세계의 주인이 된 미국은 브레턴우즈 체제를 구축한
다. IMF와 세계은행, 그리고 GATT(관세협정)를 세 축으로 하는 미국의 지
배체제는 세계경제에 안정을 돌려주어 '자본주의의 황금기'라는 꽃을 피운
다. 더구나 케인즈의 처방대로 재정정책과 통화정책을 사용해 부족한 유
효수요를 매워 자본주의에 필연적으로 따라다니던 주기적 공황을 방지하
는데 성공한다. 그러나 자본의 수익률은 다시 줄어들고 1970년대부터 불
황이 찾아온다.

★ 미국이 짠 세계경제 질서 : 브레턴우즈 체제

제2차 세계대전은 인류에게 재앙이었으나, 미국에게는 세계 최강국으로 등극하는 천재일우의 기회였다. 또한 불황을 타개하는 좋은 방법이기도 했다. 한때 거리에 넘치던 실업자는 모두 징집되어 군대에 들어가거나, 산업현장에 투입되어 구슬땀을 흘리게 되었다.

미국은 유럽의 모든 나라가 전쟁으로 기진맥진하던 1942년에야 본격적으로 참전했다. 그 때문에 비교적 경미한 타격을 입고서도 승전의 성과를 최대한 거둘 수 있었다. 소련과 영국에 막대한 군비지원을 해서 세계 최대의 채권국가가 되기도 했다.

이전의 패권자이던 영국은 완전히 뒷전으로 물러나게 되었으며, 세계를 양분하게 된 소련은 미국에 비해 실력이 한참 모자랐다. 바야흐로 미국은 세계의 질서를 다시 그릴 참이었다. 미국은 1944년 브레턴우즈(Bretton Woods)에 유럽 국가들을 불러모아놓고 전후에 자신이 만들 규칙을 통고했다.

예상대로 '미국의 달러를 기축통화로 만드는 것'이 가장 우선이었다. 달러의 가치를 금에 고정시키고, 다른 나라의 통화는 다시 달러에 고정시키는 것이다. 대신 달러는 금과 태환이 된다. 미국이 갖고 있던 막대한 금이 달러에 대한 담보물이 되었다. 이렇게 고정환율 제도를 부활시켰다. 환율이 안정되면 무역이 활성화될 터였다. 그리고 미국은 보유하고 있던 금보다 훨씬 많은 달러를 발행해 발권이익을 챙길 속셈이었다. 전쟁 전, 영국이 하던 방식이다.

국제통화기금(International Monetary Fund; IMF)을 설립해 무역수지 적자로 인해 달러가 부족한 국가에게 돈을 빌려주도록 했다. 세계은행(World Bank)을 설립해 개발도상국에게 장기 개발자금을 빌려주도록 했다. 혹시나 경제난이 시작되어 소련 진영으로 넘어가는 일이 없도록 한 것이다. 관세협정(General Agreement on Tariffs and Trade; GATT)을 만들어 세계 각국의 무역을 적절히 통제해, 공황 확산의 빌미가 된 환율인하 경쟁과 관세장벽 쌓기를 방지했다. 이렇게 달러를 세계통화로 만들어 세계 곳곳에 흘러가도록 하고, 미국이 주도하는 국제기구를 만들어 달러의 흐름을 통제했다.

물론 이것은 압도적으로 미국에게 좋은 것이지만, 다른 나라들에게도 안정적인 질서가 생겼으므로 그리 나쁜 일은 아니었다. 공

황과 전쟁의 끔찍한 기억이 바로 엊그제였음을 생각하면 불평을
할 상황이 아니었던 것이다.

★ 1945년 이후 펼쳐진 '자본주의 영광의 30년'

1945년부터 1973년까지를 '자본주의 영광의 30년'이라고 부른
다. 사람들은 전쟁의 특수가 꺼지면 다시 제1차 세계대전 이후의
경로를 밟는 것이 아닌가 하는 두려움으로 떨었으나 그런 일은
일어나지 않았다. 미국이 정한 견고한 질서 위에서 세계경제는 안
정을 찾고 힘차게 돌아가기 시작했다.

전쟁으로 생산설비가 파괴된 유럽에 미국이 마셜플랜(marshall
plan)으로 풀어놓은 달러가 흘러들어갔다. 전쟁에서 이기기 위해
축적한 기술들은 민수용으로 전환되어 새로운 산업을 만들었는
데, 컴퓨터가 대표적이다. 환율은 안정되었으며, 형편없이 쪼그라
들었던 무역은 다시 되살아나 그 규모가 점차 늘었다.

케인즈는 정말 대단한 것을 발견한 것 같았다. 덕분에 자본주
의는 '법인혁명'에 이어 '정부혁명'을 경험하게 되었다. 거시경제
를 어지럽히는 수요의 변화에 정부는 그의 충고대로 통화량을 늘

리고 정부재정을 확장하는 방식으로 대응했는데, 과연 이전과 달리 경기가 주기적으로 팽창하고 축소되는 사이클이 없어졌다. 강력하게 억제된 금리규제 때문에 산업자본은 헐값으로 자금을 조달해 막대한 실물자본을 축적했다. 정부도 재정적자를 무릅쓰며 지출을 늘렸다. 그 돈은 국채를 발행해 조달했는데, 그때까지는 국채 규모도 작고 경제가 고속으로 성장했기 때문에 빚을 갚는 것은 문제가 되지 않았다. 일반 국민들의 경우, 주택은 모기지론, 자동차와 가전제품은 소비자신용(할부 및 신용카드)을 통해 구매했다. 자본주의를 괴롭히던 유효수요의 부족은 치유된 것 같았다.

★ 케인즈가 자본주의를 구한 영웅이 되다

자본주의의 고질적인 문제는 자본에 대한 수익률이 점차 감소한다는 것이다. 다른 기업과의 경쟁에서 이기려면 새로운 제품을 개발하고 품질을 개선하는 것도 중요하지만 무엇보다도 비용을 절감해야 한다. 따라서 기업가들은 머리를 싸매고 그 방법을 찾아내려고 애쓰는데, 가장 좋은 방법은 인건비를 절감하는 것이다. 기업은 인건비를 줄이기 위해서 새로운 기계를 도입하고 자동화

를 단행한다. 그러면 노동생산성이 높아진다.[33]

조선시대에는 한 사람이 방추 하나가 달린 물레를 돌려 실을 만들었지만, 산업혁명이 일어난 영국에서는 한 사람의 직공이 수십 개의 방추가 달린 기계를 엄청난 속도로 돌렸다. 오늘날에는 컴퓨터로 작동되는 자동화된 공장에서 기계들이 스스로 엄청난 양의 실을 만들어낸다. 그 결과 온라인으로 사서 한철 입고 버리는 패스트패션이라는 것도 나타났다.

이러한 노력은 끝이 없다. 자본의 양은 엄청나게 커지고, 이에 따라 투하한 자본이 가져오는 이윤도 커지지만, 자본에 대한 이윤의 비율은 점차 작아진다. 그러면 자본수익률이 저하한다.

이렇게 되면 산업이 팽창하지 않는 이상 노동자 수가 많을 필요가 없다. 노동자는 직장에서 쫓겨나 실업자가 되는데, 그 바람에 돈이 없어 제품을 구매할 수 없다. 다시 말해 유효수요의 부족을 가져온다. 이에 따라 투하한 자본에 비해 수익이 줄어든다. 즉 자본의 수익률이 감소한다. 이렇게 되면 자본주의는 불황을 맞는데 노동자들이 노조를 만들어 임금삭감에 반대하거나, 쫓겨난 실업자들이 소요를 일으켜 사회적 혼란에 직면할 수 있다.

케인즈의 의견에 따르면 정부는 이러한 문제를 극복하는 방법을 가지고 있다. 유효수요가 줄어들 때 정부는 통화량을 늘리고, 재정을 늘리는 방식으로 대응할 수 있다. 민간의 줄어든 수요는 정부의 늘어난 수요로 보완된다. 정부는 보조금을 주거나 인프라

투자 등 정부사업을 벌임으로써 수요를 창출한다. 이와 함께 실업급여 등 사회보장을 제공함으로써 실업자에게도 약간의 수요창출능력을 제공하고, 아울러 혁명 같은 불온한 생각을 하지 못하게 한다. 중앙은행은 과감히 통화량을 조절함으로써 설령 경제가 나빠지더라도 신용의 줄이 끊어져 기업과 은행이 연달아 부도가 나지 않도록 할 수 있다. 중앙은행이 통화량을 늘리면 인플레이션이 완만하게 일어나지만, 대부분 감쪽같기 때문에 사람들은 소득이 늘어나는 것으로 착각하고 지출을 늘린다. 이것을 화폐환상이라고도 하고, 인플레이션 조세(inflation tax)라고도 한다.

원래 케인즈의 처방은 유효수요가 부족해지면 정부가 보완해 충격을 줄이라는 것이었다. 그러나 제2차 세계대전 이후 이것은 아주 만성화된다. 경기변동을 줄이는 단기적 처방이 아니라 상시적으로 수요를 늘리는 대안이 된 것이다. 정부는 국채를 발행해 재원을 조달하고, 그렇게 발행한 국채는 시중에서 돌아다니다가 다시 중앙은행으로 들어간다. 이 과정이 반복되면서 통화량이 늘어난다.

경제규모가 늘어난 것보다 훨씬 빠르게 국채와 통화량이 늘어나면 정부는 나라에서 가장 큰 채무자가 된다. 그러나 언제든지 조세를 거두거나 정부자산을 팔아 빚을 갚을 수 있으므로 부도에 대한 걱정이 적다.

그러나 이 방식에는 한 가지 단점이 있다. 국채가 늘어나는 속도에 맞추어 소득이 늘거나, 아니면 인플레이션을 통해서 채무부담이 낮아져야 한다. 그렇지 않은 상태에서 혹여 금리라도 올라가는 날이면 설령 국채라고 하더라도 의심을 받는다. 국채 가격이 떨어지고, 국채의 금리가 올라간다. 때로는 국가가 국채 원금이나 이자를 못 갚아 빚에 시달리게 되는데, 대표적인 나라가 그리스다. 제2차 세계대전 이후 국채의 양은 꾸준히 늘어 어느 나라나 적지 않은 부채를 지게 되고, 특히 경제위기를 맞으면 국채의 양은 기하급수적으로 늘어나는데, 이것은 국가에게 큰 부담이 된다.

어쨌거나 미국이 만들어놓은 시스템, 미국 중심의 안정된 질서, 케인즈의 조언 덕분에 1945년부터 30년간 세계경제는 순풍에 돛을 단 듯이 미끄러져 갔다. 그러다 주춤한 것이 1965년경의 일이다. 원래 달이 차면 기우는 법이다. 이후로는 성장세가 눈에 띄게 둔화된다. 오랫동안 잊어버렸던 자본의 수익률 저하가 마침내 되살아나기 시작한 것이다. 그리고 1973년 1차 오일쇼크가 일어난다. 그해 10월 4차 중동전쟁이 터졌고, 석유수출국기구(Organization of Petroleum Exporting Countries; OPEC)의 산유국들은 이스라엘을 지원하는 서방국가에 대한 응징을 명분으로 가격인상과 감산을 단행했다. 배럴당 2.9달러였던 원유는 금세 4달러를 돌파했고, 다음 해 1월에는 11.6달러까지 올라갔다. 불과 3개월만에 무려 4배가 올라간 것이다. '자본주의 영광의 30년'에 관 뚜껑을 덮고 못을 박는 사건이었다.

4장

긴 불황의
시작

세계통화가 달러로 되자 미국은 거침없이 달러를 찍는다. 미국에게 상품을 수출하고 얻은 달러의 가치가 하락하는 것을 본 유럽국가들은 달러를 금으로 바꾸어달라고 요구하지만, 미국은 금태환을 중지해 달러의 가치는 더욱 폭락한다. 달러위기를 극복하기 위해 미국은 오직 달러만 받고 석유를 팔도록 사우디를 설득한다. 동시에 미국의 금리를 20%까지 올리는 강수를 둬서 인플레이션을 잡는 데 성공한다. 그러나 그 대가로 미국의 제조업은 결딴난다.

★ 금태환 중지 :
미국의 적반하장

　자본주의 경제가 큰 구비를 돈 것은 1973년 1차 오일쇼크였지만, 사실 정말 중요한 사건은 그 이전에 벌어졌다. 1971년 미국이 금태환을 중지시킨 것이다. 미국의 달러는 미국이 가진 금에 의해 보증을 받는다. 금이 없다면 어떻게 미국의 달러는 세계의 돈이 될 수 있는가?

　화폐 주조권이 좋은 것은 화폐를 마음대로 찍어 원하는 상품을 살 수 있기 때문이다. 화폐를 찍는 데는 잉크와 종이 값밖에 들지 않는다. 물론 금태환이라는 제약이 있지만, 달러를 가진 외국인들이 한꺼번에 금으로 바꾸어달라고 하지 않는 한, 보유하고 있는 금보다 훨씬 많은 달러를 발행해도 상관이 없다. 과거 한 국가의 중앙은행이 보유하고 있던 금보다 더 많은 은행권을 발행했던 것과 같은 이치다.

당시 미국은 소련과의 냉전과 베트남전으로 엄청난 전비가 필요했고, 이것을 조세로 조달할 수 없었으므로 달러를 많이 찍을 수밖에 없었다. 또한 사회적 불만을 누그러뜨리기 위해서 사회보장지출을 크게 늘렸는데, 이것도 재정적자의 큰 원인이 되었다. 미국의 기본적인 의료보장 시스템인 메디케이드(Medicaid, 빈민이 대상이다)와 메디케어(Medicare, 노인이 대상이다)가 이때 도입되었다는 것을 기억할 필요가 있다.

미국 입장에서는 좋지만, 자신이 피땀 흘려 벌어놓은 달러의 가치를 떨어뜨리는 행동에 다른 나라는 분노를 느꼈다. 고집 센 드골(Charles De Gaulle)이 대통령으로 있던 프랑스를 위시해 여러 나라가 한꺼번에 금태환을 요구하기 시작했는데, 역시 예상대로 미국은 1971년 금태환 정지를 선언했다. 사실상 갚지 않겠다고 선언한 것이다.

이와 함께 전후에 미국이 세운 브레턴우즈 체제는 겉은 그대로였지만, 실체가 완전히 바뀌게 되었다. 그들을 세운 주인인 미국이 입장을 바꾸었으므로, 이들 기관은 그 바뀐 입장에 따라 새로운 질서를 감독하는 기구로 변신한다.

★ 달러 : 금에서 석유로 담보를 바꾸다

이렇게 금의 제약으로부터 풀려난 달러는 미친 듯이 시장에 쏟아져 나오기 시작한다. 미국은 작정하고 인쇄기를 돌려 달러를 찍었으며, 그 결과로 심각한 인플레이션이 나타난다. 악성 인플레이션은 화폐가치의 폭락이다. 자칫 아무도 달러를 받지 않겠다고 할 수도 있는 상황이 나타난 것이다.

이때 닉슨의 국무장관인 키신저(Henry Kissinger)가 사우디로 날아가, 그들에게 오직 달러로만 석유를 결제하도록 구슬렸다. 그 대가로 사우디에게 미군의 보호와 아랍세계의 맹주자리를 약속했다. 당시 이집트의 나세르(Gamal Abdel Nasser)는 민족주의와 사회주의를 내세우며 아랍의 단결을 호소했는데, 군주국가인 사우디에게는 자못 위협적이었다. 사우디는 미국의 도움이 간절히 필요했다.

오늘날 석유가 없으면 아무것도 할 수가 없다. 자동차는 물론이고 전기도, 석유화학으로 제조되는 모든 제품도 만들 수 없다. 이렇게 금 대신 석유가 달러의 담보물 역할을 했다. 또한 사우디가 석유로 번 달러로 미국의 국채를 사서 미국으로 돌려보내는 석유달러 환류 시스템도 시작되었다. 이렇게 하나의 체제가 끝나고 다른 체제가 시작되었다. 이 체제는 오늘날까지도 이어진다.

물론 석유는 남이 가진 것이지만, 이제 미국과 사우디는 부부가 되기로 했으므로, 결국 자기 것이나 다름없었다. 훗날의 담화이지만, 이라크의 사담 후세인(Saddam Hussein)이 1991년 걸프전에서 미국의 공격을 받은 것도 새로 출범한 유로화로 석유를 결제하려고 시도했기 때문이라는 소문이 자자했다. 미국 입장에서는 괘씸한 자였을 것이다.

★ 고금리로 달러위기는 잡았으나 제조업이 망가지다

달러는 금의 속박에서 풀리고, 경제는 장기불황에 빠졌다. 그러면 그 결과는 무엇이었을까? 스태그플레이션이다. 인플레이션과 저성장이 함께 나타나는 것이다. 이것은 참으로 당황스러운 일이었다.

1958년 영국의 경제학자 필립스(William Phillips)는 실업률과 명목임금 상승률과는 역의 관계가 있다는 논문을 발표했다. 케인즈

미국의 기준금리 추이

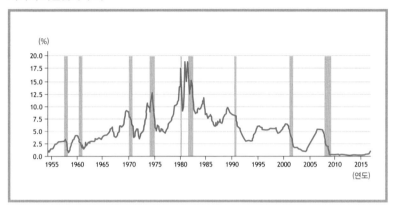

출처: 미국 세인트루이스 연준

학파 경제학자들은 명목임금 상승률 대신 인플레이션율을 집어 놓고, 실업률과 인플레이션 간에 역의 관계에 있다는 '필립스 곡선(phillip's curve)'이라는 것을 만들어냈다. 명목임금 상승률과 인플레이션율은 비슷하게 움직이기 때문이다.

이론에 따르다면 불황으로 실업률이 높아지면 인플레이션은 낮아져야 하지 않는가? 그러나 높은 실업률과 높은 인플레이션이 동시에 나타나면서 그들은 크게 당황하고 낙담했다. 사실 이상할 것이 없는 결과였다. 금의 속박에서 풀려난 미국 중앙은행이 달러를 마구 찍었기 때문이었다.

그런데 이것은 곤란한 문제를 제기했다. 미국은 루즈벨트하에서 만들어진 금융규제가 유지되고 있었는데, 금리상한제가 대표

미국의 연도별 소비자물가 지수 상승률

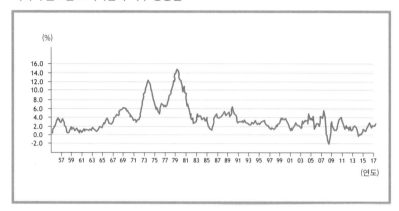

출처: 미국 세인트루이스 연준

적이었다. 금리상한제가 없다면 인플레이션이 있다 한들 금리를
올리면 예금주들에게는 걱정이 없을 터였다. 그러나 금리규제하
에서 그 부담은 고스란히 예금주들이 지게 되었다. 예금주들의 분
노가 커졌고, 금리규제의 속박을 풀라는 요구가 빗발쳤다. 인플레
이션의 부담을 덜어줄 고금리가 절실하게 필요했다.

고금리 정책은 한편으로 달러의 과잉을 잡는 정책이기도 했다. 미국
의 달러가 세계화폐로 사용되려면 달러는 어디에서든 사용이 가
능할 만큼 풍부해야 했고, 달러 과잉은 미국이 발권 이익을 거두
는 수단이기도 했다. 그러나 지나침은 모자람만 못한 법이다. 달
러가 너무 많이 풀리면, 사람들이 그 가치를 의심하게 된다.

달러를 수호하고 금리생활자들을 지켜줄 사람으로 볼커(Paul
Volcker)가 선정되었다. 키가 2미터가 넘고 대머리에 눈이 부리부

리한 그 사람이다. 그가 연준의장이 된 1979년에는 달러의 가치가 최저점으로 하락한다. 1971년의 금 가치는 온스당 35달러였는데, 이것은 제도적인 교환비율이고, 물가상승률을 감안하면 200달러에 달했다. 그런데 금의 제약에서 벗어난 미국이 워낙 달러를 찍어대는 통에, 1979년에는 2천 달러까지 가치가 추락했다. 실로 '달러의 위기'라고 할 만했다.

볼커는 작정을 하고 페달을 밟는데, 1980년에는 기준금리를 무려 20%까지 올렸다. 아주 독하게 마음먹은 그의 조치는 서서히 효력을 발휘하고 마침내 인플레이션이 잡혔다. 10%를 넘어가던 인플레이션은 1983년에 2.5%까지 내려갔다. 그러나 그 대가는 컸다. 미국 제조업은 거덜이 나다시피 했는데, 볼커가 정신 없이 금리를 높이던 3년 동안 미국 제조업의 산출량은 10%나 줄어들었다.

5장

신자유주의로
불황을
돌파하다

미국이 직면한 위기는 신자유주의로 극복된다. 레이건이 감세와 스타워즈 프로그램을 시행해 재정적자의 규모를 거대하게 키웠기 때문이다. 또한 인플레이션을 잡기 위해 강달러를 유도했는데, 이는 제조업에 타격을 주고 거대한 무역적자를 불가피하게 만들었다. 이렇게 무역과 재정의 쌍둥이 적자가 시작되고, 외국으로부터 부족한 자본을 수입하는 달러환류 시스템이 고착화된다. 그러나 금융자본은 더 높은 수익을 찾아 나선다. 그리고 이는 2008년 금융위기를 가져온다.

★ 트럼프의 선배 레이건이 무대에 등장하다

1981년에 냉전의 부흥사이며, 신자유주의의 전도사인 레이건 (Ronald Wilson Reagan)이 등장했다. 쇼맨십이 강하고 농담도 잘하는 이 사람은 트럼프가 항상 닮고자 하는 그의 영웅이다. '미국을 다시 위대하게(Make America Great Again)'라는 트럼프의 선거 구호는 30년 전 레이건의 대선 캠페인에서 따온 것이다. *두 사람은 공교롭게도 위기에 처한 미국을 구하는 영웅을 자처하고 있다. 레이건은 신자유주의로, 트럼프는 신자유주의의 철폐로!*

레이건은 유명한 레이거노믹스(reaganomics)를 내세웠는데, 감세를 통해서 기업의 투자를 유도하겠다는 것이 핵심이었다. 공급은 수요를 창출한다. 감세는 기업의 투자를 유도해, 공급을 늘릴 것이며, 그러면 자동으로 수요도 따라서 늘어날 것이다. 공급과

수요가 용과 봉황이 서로를 휘감으며 상승하듯이 그렇게 다시 한 번 번영을 가져올 것이라고 소리쳤다.

레이건이 수요를 늘린 것은 맞다. 그러나 그것은 감세로 인한 기업의 공급증가가 수요증가로 이어진 것이 아니라 군비확충을 통해서였다. 그는 잠시 수그러들었던 군비경쟁에 다시 불을 붙이면서 '스타워즈 프로그램'을 시작했다. 지금은 미사일방어(Missile Defense; MD)라로 불리는 미사일요격 프로그램이다. 날아오는 적의 미사일을 공중에서 요격해 떨어뜨린다는 것이다. 이것은 1999년 아예 '국가미사일방어법(National Missile Defense ACT of 1999)'으로 입법화되어 미국의 국시가 된다.

공중에서 날아가는 총탄을 총으로 쏘아 맞추는 것은 서부극에 가끔 등장하는 장면이지만, 실제로는 기술적으로 매우 어렵다. 그러나 어마어마한 비용이 들어가 수요창출에 도움이 된다. 이렇게 시작된 스타워즈 프로그램은 적자가 나던 미국 재정에 큰 구멍을 내면서 지금까지도 이어져오고 있다.

더구나 세금까지도 확 깎아버린 상황이었다. 어떤 사람들은 이를 일러 '군사 케인즈주의'라고 부르기도 했다. 물론 이 전략이 소련을 망하게 한 일등공신이라고 칭찬하는 사람들도 있다. 소련도 질세라 군비확충에 나섰는데, 황새인 미국을 따라가려다가 뱁새인 소련의 가랑이가 찢어졌다는 것이다.

이에 따라 재정적자가 가속화되었다. 볼커의 고금리 정책으로

미국의 무역적자 추이

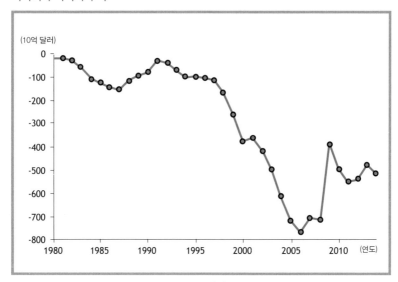

(10억 달러)

출처: US Census Bureau Foreign Trade Division

심화되던 무역수지적자와 더불어 재정적자라는 '쌍둥이 적자'가 시작되었다. 오늘날까지 미국은 이 쌍둥이 적자에서 못 벗어나고 있다. 미국의 쌍둥이 적자는 다른 나라로부터의 자본수입으로 메워야 하는데, 1980년대는 그 역할을 중동의 산유국가와 일본이 담당했다. 그들은 석유판매와 수출로 벌어들인 달러로 미국 국채를 산다. 그렇게 되면 달러는 다시 미국으로 돌아가서 쌍둥이 적자를 메운다. 이것이 달러환류 시스템이다. 나중에는 한국도 가세했고, 2000년대 이후에는 중국이 그 중심 역할을 담당했다. 이렇게 쌍둥이 적자와 달러환류 시스템이 완전히 확립된 시기는 레이건 때부터라고 볼 수 있다.

★ 1998년 아시아 외환위기와 롱텀캐피탈 : 미국도 부메랑을 맞다

그러나 고금리와 강달러 정책은 오래 지속할 수 없었다. 고금리로 전후 최악의 불황이 발생하고, 제조업의 경쟁력이 추락했다. 강달러로 무역적자도 폭증했다. 미국은 위기를 벗어나기 위해 특단의 조치를 채택한다. 1985년 9월 플라자호텔에 G5(미국, 일본, 영국, 독일, 프랑스)의 재무장관을 불러 모아놓고, '플라자 협정'을 강요해 관철시켰다. 그 내용은 달러에 대해 마르크와 엔화를 크게 평가절상시키는 것이었다. 그 후 일본 엔화는 무려 2배까지 올랐다. 이로 인해 일본에 장기불황의 씨앗이 뿌려졌다.

일본은 수출에 미치는 타격을 줄이기 위해서 1986년 1월부터 기준금리를 낮추기 시작했고, 서둘러 동남아로 생산기지를 옮겼다. 그러나 수출의 둔화로 이미 생산설비는 남아돌았기 때문에 이렇게 풀린 돈은 고스란히 부동산과 주식으로 흘러들어갔다. 더구나 미국은 미국의 금리는 낮게 유지하면서 일본에게는 더욱 낮은 금리를 강요해, 미국으로 자금이 흘러들어 오도록 강요했다. 일본 열도를 거대한 거품이 뒤덮었고, 마침내 1990년 새해 첫날 터지면서 주식과 부동산가격이 산사태처럼 무너졌다. 이후 악몽처럼 긴 불황이 찾아왔다.

엔은 나중에 달러당 79엔까지 올라가는데, 이 환율에서는 수출이 불가능했다. 일본의 제조업 엔진이 꺼지면 일본이 망하는 것도 문제지만, 미국이 만들어놓은 이중적자와 달러환류 시스템도 타격을 입을 판이었다. 일본을 밀어붙이다가 미국국채를 파는 날이면 다시 달러가 곤두박질 우려가 있었다. 그리하여 미국은 1995년 G7의 재무장관들을 소집해 '역 플라자 협정'을 체결했다. 엔의 약세와 달러의 강세를 허용한 것이다. 동시에 일본에 대한 자동차 시장 개방 압력도 중단했다. 루빈(Robert Rubin) 재무장관의 주도하에 1985년부터 시작된 '수출을 통한 미국의 제조업 부흥정책'이 10년 만에 중단되었다.

미국은 이제 해외로부터의 투자자금 유치와 저가품의 대량 유입을 통한 인플레이션 억제정책으로 전환한 것이다. 과연 금융자본의 거두인 골드만삭스 회장출신이 추진할 만한 정책이었다. 그 덕분에 동력을 얻은 주가는 거침없이 올라가기 시작했으며, 또한 해외로부터 밀려드는 달러자금이 미국의 거대한 적자를 메워주었다.

레이건 때는 그나마 제조업에 대한 미련으로 이러한 정책전환에 머뭇거림이 있었으나, 클린턴(Bill Clinton)때에 들어와서는 미련을 접고 완전한 세계화로 전환한다. 국방이나 IT, 바이오 같은 첨단산업을 제외하고는 모두 해외에서 수입하되 미국은 금융을 통해서 이익을 얻는 방식으로의 전환이었다. 후일 회고해보면 결정적인 사건이라고 할 만하다.

1995년 '역 플라자 협정'으로 힘을 얻은 일본경제가 살아나기 시작했다. 그런데 그와 반대로 동남아와 한국이 타격을 받기 시작했다. 일본은 1985년 플라자 협정 이후, 엔고를 피하기 위해 생산기지를 동남아로 옮겼다. 엔화강세는 한국에도 3저호황을 가져왔으며[34] 그 덕분에 수출증대로 좋은 시절을 만끽하고 있었다. 그러나 1995년 엔저로의 전환은 이들 나라에게 청천벽력 같은 소식이었다. 자국통화가 달러와 연동되어 있고 자본시장까지 개방했던 동남아국가는 엔저의 타격을 고스란히 입었다.

처음에 한국은 괜찮을 것이라고 생각했다. 한국은 고속성장을 추진하면서 돈이 모자라면 외채를 빌려 보충했고, 이렇게 싼 자금들이 수출대기업으로 거침없이 흘러들어 갔다. 마침 김영삼 정부는 외환의 흐름에 대한 통제도 풀어버렸다. 그러자 더 많은 돈이 들어왔다. 기업실적이 괜찮으면 큰 문제없이 돌아갈 터였다. 그러나 한국은 엔화 가치가 떨어지면서 고급품에서 일본에 밀리고 있었다. 거기에다가 마침 세계시장에 본격적으로 얼굴을 내밀고 있던 중국이 대대적인 평가절하를 단행하면서 저가품에서도 밀리게 되었다. 일본과 중국의 사이에서 샌드위치 신세가 된 것이다. 기업실적은 극적으로 나빠졌다.

그랬는데도 한동안 외국자금이 계속 밀려들었다. 특히 엔저를 이용한 일본계 자금이 환차익을 노리고 들어왔다. 후에 외환위기가 벌어지면서 가장 먼저 빠져나간 것도 바로 이 일본계 자금이다. 그러면서 달러와 연동된 원화 가치가 밀려서 올라갔다. 실물경제와 그것을 대표하는 원화 가치의 간격이 극적으로 벌어졌다.

수출이 잘 되지 않으면서 아시아의 4마리 용[35]과 아시아의 4마리 호랑이[36]는 서로 격렬하게 싸우게 되었고, 이는 수출 가격을 더욱 떨어뜨렸다. 이들 나라의 경상수지는 적자로 돌아섰으며, 그렇게 많이 유입되던 달러도 눈치를 채고 한꺼번에 빠져나가기 시작했다. 밀물이 끝나고 썰물이 시작된 것이다.

그러자 국제금융자본이 때가 왔음을 알아차렸다. 그 대표자인 소로스(George Soros)는 먼저 가장 약하게 보이던 태국부터 공격했다. 1997년 1월 태국 바트화를 투매하고, 반대로 달러를 사들이기 시작했다. 당시 바트화는 달러와 고정되어 있었는데, 태국 정부가 바트화 가치를 유지하려면 달러를 풀어 바트를 사들여야 했으나 돈이 모자랐다. 그러자 바트화는 수직 추락했다.

소로스는 이렇게 연못 한쪽에서 물을 흔들어 온통 흙탕물로 만든 다음, 놀라 허둥거리는 고기를 커다란 그물로 건져낼 속셈이었다. 이어서 같은 수법으로 필리핀·말레이시아·인도네시아를 쓰러뜨리고, 마침내 한국에도 손을 뻗었다. 커다란 태풍에서 살아남은 것은 싱가포르·홍콩·일본 정도였는데, 그들도 온몸이 상처투성이었다. 주가는 폭락하고 통화가치는 형편없이 떨어졌으며,

기업파산의 물결이 휩쓸고 지나갔다. 실업자와 노숙자의 행렬이 거리를 뒤덮고, 사방에 울음소리가 가득했다.

미국 재무부의 지시를 받고 캉드시(Michel Camdessus)를 대표로 하는 IMF의 요원들이 이들 나라에 파견되었다. 이번 기회를 이용해 대대적인 개편에 들어가는 것이다. 미국이 주장하는 글로벌 스탠다드가 체계적으로 관철되었다. 이들 나라의 제도는 미국자본이 들어가 이익을 취하거나 경영하기 좋도록 '미국식'으로 개편되었다.

여기까지는 미국에게도 좋았다. 그러나 1998년 9월 러시아에서 좋지 않은 소식이 들려왔다. 노벨 경제학상 수상자가 주도하던 롱텀캐피탈이라는 헤지펀드가 러시아 국채관련 상품에 투자했다가, 러시아가 디폴트 선언을 하면서 엄청난 손실을 입었다. 러시아가 자급자족할 수 있는 경제역량과 핵무기를 가진 강국이 아니었더라면 아마도 한국과 똑같이 당했을 것이다.

연준 의장 그린스펀(Alan Greenspan)은 즉시 14개 은행과 증권사로 컨소시엄을 구성해 36억 달러의 구제금융을 지원했다. IMF가 구제금융을 주면서 한국에게 그토록 강조했던 '도덕적 해이'라는 용어는 실종되어 찾아보기 어려웠다. 그리고는 3회에 걸쳐 금리인하를 단행했다. 그는 주가 하락의 조짐을 간파하고 주식시장 부양에 나섰던 것이다. 이것을 두고 어떤 사람들은 '주식시장 케인즈주의'라고 빈정거렸다.

★ 21세기 벽두에 닥친 닷컴 버블 붕괴

그동안 미국 주가는 어떠했던가? 1993년부터 IT 장비에 대한 투자가 시작되었는데, 그에 힘입어 미국기업은 생산성 증가를 기록할 수 있었다. 미국 기업의 이윤율 증가가 이를 증거한다.

그러나 1995년부터는 이윤율 증가를 크게 웃도는 주가 상승이 이어졌다. 이 시기 통신·미디어·기술부문이 주가 상승을 이끌었는데, 이윤 증가율은 그렇게 대단하지 않았다. 그러나 그린스펀은 "주가 상승은 곧 다가올 좋은 시절에 대한 전망 때문이므로 충분히 합리적"이라고 옹호했다.

주가가 적절한가를 평가하는 틀로 가장 많이 쓰이는 것은 PER(Price Earning Ratio, 주가수익비율)이지만 가장 적절한 것은 토빈의 Q비율이다. '시가총액/장부자산가치'인 이 비율은 2000년 초 비금융법인의 경우 2.06까지 상승했다(20세기 평균은 0.65이다). 2000년 3월 S&P 500 지수의 PER는 32에 도달했는데, 역사적 평균은 13.2였다. 주식시장이 엄청나게 과열되어 있다는 명백한 신호였던 것이다. 거의 대부분의 인터넷 기업이 적자를 면치 못하고 있었는데도 불구하고 시가총액의 8%나 차지했다. 이제까지와는 반대로 이들이 주가하락을 이끌 차례였다.

그린스펀은 1999년 6월부터 금리를 조금 올려 과열을 진정시키려 했다. 그런데 놀랍게도 2000년 봄, 전자상거래 기업부터 주가가 폭락하기 시작했다. 여름이 끝나갈 즈음에는 전 종목이 모두 곤두박질치기 시작했다. 특히 기술주들이 중심을 이루고 있는 나스닥의 폭락세가 심했다. 2000년 고점 대비 60%나 폭락해 있었다. 우량주로 구성된 S&P 500지수는 20% 정도 떨어져 있었다.

그 정도의 금리인상으로 이토록 심한 조정을 받는다는 말인가? 사실 신경제는 지극히 취약했던 것이다. 2000년 고점에 있을 때 나스닥의 PER는 400 정도의 수준에 있었다. 이것은 돈 놓고 돈 먹기에 다름없었다.

주가하락은 주가상승으로 인한 선순환 과정을 역으로 되감았다. 가계와 기업이 차입을 줄이고, 소비와 투자가 따라서 줄었다. 자산효과도 역으로 작용했다. 거품으로 인해 수요가 팽창해 있을 때는 적절하게 보였던 설비의 규모는 갑자기 과잉으로 변했다. 미국의 통신회사는 당시 장밋빛 전망에 힘입어 광통신망을 새로 구축했는데, 거품이 터진 2001년 4월 통신망 이용률은 겨우 2.5%에 불과했다. 이와 함께 설비를 증설했던 반도체와 컴퓨터 제조업체들도 타격을 받고 구조조정에 돌입했다. 이윤율이 곤두박질치고, 이어 투자가 위축되면서 자본축적률도 급락했다.

★ 이번에는 부동산 버블로 대항하다

IT 버블 붕괴로 위기를 맞은 미국은 어떻게 대응했을까? 그린스펀은 재빨리 엑셀을 밟아 금리를 떨어뜨렸다. 미국이라는 자동차 엔진에 유입되는 휘발유량을 늘리는 것이다. 당시 5.4%이었던 기준금리는 2004년 6월에 1%까지 떨어진다.

그런데 이번에는 1990년부터 서서히 상승하기 시작하던 부동산으로 불이 옮겨붙었다. 1993년에 취임한 클린턴 대통령은 자가 주택 보유율을 높이는 정책을 시행하고 있었는데, 이에 따라 대출 규제를 완화했다. 그러자 신용이 아주 나쁜 사람들도 대출을 받아 집사기에 나선다. 이 대출을 '서브프라임(Subprime Mortgage)'이라고 불렀다.

또한 이 무렵 월가에서는 부동산을 기초자산으로 하는 파생금융상품이 크게 성장하고 있었다. 먼저, 부동산대출을 기초자산으로 해 그 채권을 유동화한다. 그 다음에 그것들을 서로 섞어서 그럴듯한 증권을 만든 다음, 신용평가사의 보증을 받아 미국과 유럽 등으로 판매했다. 신용평가사가 '우수' 도장을 찍어주었기 때문에 겉보기에는 상당히 믿을 만하면서도 수익률이 괜찮은 상품이었다. 그러나 그 속에는 '서브프라임'이라고 불리는 아주 질이 나쁜 상품이 섞여 있었을 뿐 아니라, 부동산가격이 폭락하면 모두 부실화될 수밖에 없는 구조였다.

부동산가격은 닷컴 버블이 붕괴한 것에 때맞춰 급등하면서 미국의 자산경제를 지탱했다. 주가가 떨어지면 이번에는 부동산, 이런 식이었다. 주택을 담보로 하는 금융이 성행했고, 미국의 소비자들은 올라가는 집값을 믿고 거침없이 카드를 긁어냈다. 그 덕에 미국 경제는 그럭저럭 호경기를 유지했다.

미국 부동산가격은 2006년 고점에 이르렀다가 서서히 하락하기 시작한다. 주택인가 수는 조금 빨리 2005년 9월 226만 채를 고점으로 내려가 2007년 7월에는 절반인 138만 채로 줄어들었다. 2007년부터 일반인들은 듣지 못했던 '서브프라임'이라는 말이 처음으로 신문에 등장하기 시작했다. 이후는 걷잡을 수 없었다.

1980년대 이후 미국은 재정적자와 무역적자의 이중적자를 보여왔는데, 2000년대부터는 하나가 더 추가된다. 바로 가계적자다. 재정적자와 무역적자가 정부적자라면, 가계적자는 민간의 적자다. 다만 기업은 주로 내부유보에 의존해 투자했기 때문에 부채규모가 크게 늘지 않았다. 미국인은 저축하는 것을 잊어버린 듯이 소비에 열중하는데, 올라가는 집값은 그것에 기름을 끼얹었다. 그에 따라 가계적자가 급증한다.

6장

2008년 금융위기: 신자유주의가 한계에 봉착하다

2008년의 금융위기는 1929년의 대공황이 반복될 수 있는 폭발력을 가
졌으나, 미국의 적극적인 대응으로 무사히 넘어간다. 금융기관에 대한 구
제금융과 양적완화로 붕괴를 막는 데 성공했기 때문이다. '도드·프랭크법'
을 만들어 은행의 투기행위를 규제하고, G20 회의를 통해 금융정책에 대
한 공조를 했으며, 통화스와프를 통해 달러를 세계경제에 공급했다. 그러
나 결과는 대부분의 미국인은 더욱 가난해지고 0.1%의 슈퍼리치가 미국
부의 1/5을 차지할 만큼 양극화가 심화되었다.

★ 금융위기 :
80년 만에 대공황이 올 뻔하다

2008년 미국에서 시작된 금융위기는 1929년의 대공황에 비유되었으나, 그 정도로 큰 타격을 주지는 않았다. 엄청난 규모의 구제금융과 양적완화 덕분에 금융시스템이 무너지지 않은 탓이다.

그러나 그 기세는 대단했다. 대공황 이후에도 수없이 불황이 찾아왔으나, 결코 이 정도는 아니었다. 리만 브라더스를 위시해 상당수의 대형금융기관들이 공중 분해되거나 타 기관에 인수합병되는 식으로 사라졌다. 다른 금융기관들도 막대한 공적자금을 받고서야 겨우 목숨을 건질 수 있었다. 덕택에 한국에서 유행했던 '대마불사'라는 말이 미국에서도 유명해졌다.

애초에 이처럼 사태가 커진 것은 부동산을 기초로 하는 파생금융상품때문이었다. 미국에서 집을 사는 경우, 저축대부조합이나 모기지대출회사에서 30년 정도의 장기로 대출을 받는다. 그러면 이들 금융기관은 주택을 담보로 하는 대출채권을 가지게 되는 것이다. 그러나 이들은 그토록 오래 돈을 묶어놓을 수는 없으므로, 대출채권을 모기지회사(페니메이[37] 등 국책회사와 민간회사)에게 판다. 모기지회사는 주택저당증권(Mortgage Backed Securities; MBS)을 발행해 증권회사 등에 팔아서 매입 자금을 마련한다. 증권회사는 다양한 등급의 MBS를 섞어서 하나의 부채담보부증권(Collateralized Debt Obligation; CDO)를 만든 다음, 이것을 연기금이나 헤지펀드 등에 판다.

이러한 과정에서 주택담보대출은 여러 번 모양을 바꾸면서 다른 사람의 손으로 넘어간다. 부동산이라는 하나의 실물자산에 기초해 몇 배나 되는 금융자산이 만들어진 셈이다. 부동산에서 시작한 신용이 증권의 형태로 변형되어 마치 블록을 쌓아놓은 것과 같다.

가장 끝 단에 있는 부동산가격이 폭락해 위태위태하게 쌓아놓은 불록이 모두 무너지면 그 충격은 몇 배나 커진다. 신용과 증권에 관계했던 모든 금융기관들은 타격을 받고 움츠려들며, 자금의 중개기능은 올스톱된다. 일부는 부도가 나고 문을 닫을 수도 있다. 은행끼리도 서로를 믿지 못해 자금을 주고 받지 못한다. 금융시스템이 붕괴되는 것이다.

멀쩡하게 돌아가던 회사와 공장은 더이상 금융의 수혈을 받지 못하므로 타격을 받는다. 이들에게 납품하던 회사와 공장들도 대금을 받지 못하고 무너진다. 노동자들도 모두 실직해 거리를 헤매게 된다. 설령 자리를 보존한 사람들도 마음이 불안해 소비를 줄인다. 이것이 공황이 확산되는 과정이다.

그러나 미국정부의 적극적인 개입으로 금융시스템의 붕괴는 막았다. 1929년의 위기는 공황으로 발전했으나, 2008년의 위기는 불황으로 귀결되는 차이를 가져왔다.

금융에 대한 규제가 느슨해졌던 것도 타격이 커진 이유의 하나다. 은행과 증권을 분리하는 1933년의 '글래스·스티걸법'의 해제를 위한 발걸음은 조금씩 진행되고 있었다. 1978년 뱅커스트러스트(Bankers Trust Corporation)가 기업어음(Commercial Paper; CP)을 팔기 시작했으며, 1986년 연준은 은행이 자회사를 설립해 증권에 진출하는 것을 허용했다. 1998년에는 보험과 증권을 위주로 하는 트레벌러스그룹(Travelers Group)이 은행인 시티코프(Citi corp)와 합병해 종합금융사인 시티그룹(Citi group)으로 탄생한다. 그리고 1999년 '금융서비스현대화법(Gramm-Leach-Bliley Act)'이 제정되면서 '글래스·스티걸법'이 그 생을 마감했다.

은행은 다시 아주 위험하지만 고수익이 나는 금융상품에 손을 대기 시작했다. 그 결과, 파도에 쓸려 내려가는 금융기관 중에 은행도 상당수 있었던 것이다. 물론 양적완화와 구제금융 덕택에 일부는 구조를 받았다.

★ 양적완화 : 위기 탈출을 위한 극약처방

2008년 9월 리만 브라더스의 파산으로 전 세계에 그 시작을 알린 금융위기는 어떻게 수습되었을까? 미국정부는 이미 사단이 날 것을 알고 준비를 하고 있었음이 틀림없다. 그 직전에 버냉키(Ben Bernanke)를 연준의장에 임명한 것이 그 증거다. 그는 박사학위 논문을 대공황으로 쓴 공황 전문가다. 그때의 경험을 되새기며, 다시 한 번 공황이 일어나려고 한다면 어떻게 대응해야 하는지 수없이 머릿속으로 시뮬레이션했을 것이다.

미국정부는 우선 엄청난 규모의 공적자금을 조성해 위기에 빠진 금융기관들에게 구제금융을 제공했다. 원래는 이러한 지원을 받을 수 없던 증권회사들도 은행지주회사로 전환해 혜택을 받았다. 대형 증권회사들은 은행에게 인수합병되었다. 은행들에게 인수합병자금이 싼 이자로 제공되었다. 규모가 컸던 AIG(American International Group) 같은 보험회사와 GM(General Motors)은 국유화되었다. 국민소득의 1%에 해당하는 1,500억 달러의 규모의 감세가 이루어졌고, 주택대출을 받은 사람들에 대한 이자감면과 만기

연기가 이루어졌다. 예금보험 한도를 10만 달러에서 25만 달러로 늘려 사람들의 공포감을 누그러뜨리고 뱅크런을 막았다.

이와 함께 파격적인 통화정책도 등장했다. 바로 제로금리와 양적완화다. 원래 중앙은행은 기준금리라는 것을 정해 알리고, 이에 맞추어 통화정책을 시행한다. 그러면 시장금리는 그에 영향을 받아 일제히 움직인다. 금리는 돈의 가격이므로, 이를 가격정책이라고 한다. 그러나 엄청난 경제위기에는 사람들이 모두 단기에만 돈을 운용하려고 한다. 때문에 장기채권은 누구도 돌아보지 않고 하염없이 추락하게 된다. 채권의 가격은 채권의 금리와 정반대로 움직인다. 따라서 장기금리가 수직상승한다. 이것을 막기 위해 중앙은행이 장기국채를 사들이면 시중에 돈이 풀리고 장기금리가 하락한다. 중앙은행은 장기국채의 금리가 얼마가 되어야 한다고 통고한 바가 없다. 그러나 아마도 적절하다고 생각하는 장기금리가 있을 것이다. 그것에 맞추어 장기국채를 사들인다. 그래서 이것을 수량정책이라고 부르지만 그 규모가 엄청나기 때문에 양적완화(Quantitative Ease)라고 부른다.

미국에서 양적완화는 2008년 12월부터 2014년 10월까지 6년에 걸쳐 3회 실시되었다. 그 결과 연준의 자산은 2005년 7,408억 달러에서 2015년 9월 4조 2,329억 달러로 증가했다. 연준의 자산이란, 사들인 국채와 모기지증권이다. 그만큼 시중에 돈이 풀린 것이다. 그러한 자산을 후한 값을 치르고 사들였다. 따라서 연준에 자산을 판 금융기관들은 돈을 꽤 벌었을 것이다.

또한 은행들이 의무적으로 중앙은행에 예치하도록 되어 있는 지불준비금에도 이자를 지불하기 시작했다. 원래 이 돈은 고객이 예금을 찾을 때를 대비하기 위한 것이므로 이자를 주지 않았다. 은행은 잔뜩 돈을 쌓아놓고도 빌려줄 곳이 마땅치 않았다. 그래서 중앙은행에 예치하고 약간의 이자를 챙긴 것이다. 이자는 낮지만 금액이 엄청났으므로 이것도 은행에게는 꽤 쏠쏠했을 것이다. *중앙은행이 돈을 찍어 은행들에게 보조금을 준 셈이었다.*[38]

이 난리통에 미국의 금융산업은 소수의 대기업 위주로 재편되었다. 은행으로는 JP모건(J.P. Morgan Chase & Co) · BOA(Bank of America) · 시티은행(Citibank) · 웰스파고(Wells Fargo & Company)의 4대천왕, 그리고 증권에서는 골드만삭스(Goldman Sachs Group) · 모건스탠리(Morgan Stanley)의 양강이 그들이다. 이들은 부실한 기업들을 인수하고 정부의 공적자금을 받아 더욱 크고 강력해졌다.

이와 함께 다시 규제가 도입되었다. '도드 · 프랭크법'이 제정되었는데, 여기에는 은행이 자기자본을 고위험 자산에 투자하지 못하게 하는 볼커 룰(Volcker Rule)이 들어가 있다. 금융소비자보호국을 만들어 은행대출 · 주택금융 · 학자금대출 · 신용카드 등 대출을 감독했다. 금융안정감시위원회도 만들어 금융시스템에 대한 위험을 상시 점검하도록 했다. 금융에 대한 감시가 강화된 것이다.

국제적인 공조도 가동되기 시작한다. 중앙은행과 재무장관들이 모이던 'G20 회의'를 정상급회의로 격상시켰다. 미국은 금융위기가 터진 직후인 2008년 12월, 20개 국가의 정상들을 워싱턴에 불러모아놓고 협조를 요청했다. 그 뒤로 6개월 정도의 간격으로 회원국을 돌아가면서 회의를 개최해 금융과 경제정책을 조율했다.

미국은 여러 나라와 통화스와프(currency swaps) 계약을 체결했는데, 이는 어떤 한도를 정해 두 나라의 통화를 서로 맞바꾸는 것이다. 그러나 실제로는 이들 나라에 유사시 달러를 공급하는 내용이다. 우리나라와 브라질, 멕시코, 싱가포르도 각각 300억 달러 한도의 계약을 체결했는데, 이 계약은 2010년 종결되었다. 미국이 원래 이렇게 인심이 좋은 나라가 아니었는데 혹시나 너무 많은 나라가 흔들려 금융위기가 확산되거나, 이들이 외환위기에 몰려 미국국채를 매각하는 일이 없도록 사전 조처를 취한 것이었다.

★ 비상수단의 결과로 대중은 더 나빠졌다

다행히 이러한 미국의 긴급조치는 효과를 발휘했다. 금새라도 1929년이 되풀이될 것 같던 공포분위기가 가라앉고, 느리나마 경제는 다시 안정을 찾아갔다. 비록 돌아가는 속도는 눈에 띄게 늦어졌지만. 연준의장이던 버냉키는 세계경제를 구한 영웅으로, 미국 대통령 오바마(Barack Obama)는 금융위기를 극복한 전사로 칭송되었다. 그런데 그 이후에는 어떻게 되었을까?

우선 미국경제는 서서히 안정을 찾았다. 그러나 성장속도는 둔화되었다. 2001~2007년까지 성장률이 3~4%를 오갔는데, 그 후는 2~3%로 떨어졌다. 기업의 투자는 2008년과 비교했을 때 2014년에 31% 감소했다. 실업률은 일시적으로 크게 치솟았다가 다시 하락해 5% 아래로 낮아졌다. 그러나 고용률로 계산하면 거의 그대로였다. 경기가 좋아서라기 보다는 실망실업자들이 완전히 노동시장을 떠난 탓이 컸다. 안정되고 소득이 높은 일자리가 크게 줄어들고 맥도날드의 계산원과 같은 임시직이 크게 늘어났다. 중위 가계소득은 2007년에 비해 2014년 8% 정도 감소했는데, 전체 미국의 GDP가 늘어난 것을 생각하면, 이는 양극화가 엄청나게 심화되었다는 뜻이다.

전반적으로 불평등이 커졌지만, 특히 *슈퍼리치라고 불리는 0.1%의 몫이 크게 증가했는데, 이들은 오늘날 미국 부의 1/5을 차지하고 있다.* 이들의 부는 주로 금융자산에 쏠려 있는데, 금융위기 이후 10년에 걸친 주가상승으로 그 가치가 어마어마하게 커졌다. 양적완화로 풀린 돈은 주식시장으로 흘러들어갔다.

더구나 낮은 금리를 이용해 기업들은 회사채를 발행해 자금을 조달하고 이 돈으로 자사주를 매입해 주가를 더욱 올렸다. 엄청나

미국 상위 1%와 0.1%의 소득 점유율(자본이득 포함)

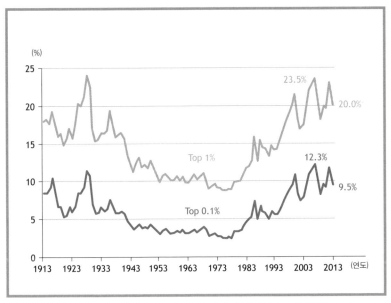

출처: Income inequality in the United States, Piketty&Suez data series

게 풀린 달러를 저리로 빌려 외국에 투자하는 '달러 캐리트레이 드(dollar carry trade)'가 부쩍 늘었다. 신흥국의 주가와 부동산가격 도 크게 올라갔는데, 미국의 투자자들은 시세차이에 더해 달러약 세로 인한 환차익을 얻었다.

금융위기로 압류된 주택을 사모펀드가 사들여 임대주택으로 전환했는데, 그 때문에 자가보급률이 크게 낮아졌다. 부동산가격 도 회복되었지만, 이는 금융위기로 가격이 너무 하락했고, 금리가 낮았으므로 은행에서 돈을 빌려 부동산을 사는 것이 괜찮은 투자 였기 때문이다.

금융기관들은 이전처럼 성장하지는 못했지만 건재했으며, 정부의 보조금을 받아 그럭저럭 유지했다. 이 모든 그림 뒤에 신자유주의는 조금도 변함없이 유지되었다. 미국정부의 국가부채와 중앙은행의 자산이 크게 늘었다. 그러나 미국의 재정적자와 무역적자도 끊임없이 늘어났고, 그 흐름이 바뀔 조짐은 전혀 없었다.

7장

현재 세계경제는
어디에
와있는가?

금융위기를 극복한 대가로 얻은 것은 장기불황이다. 세계경제는 고도성장의 시대를 마무리하고 저성장의 시대로 접어들었다. 미국의 잠재성장률은 1%대로 추락했으며, 장기적인 전망도 밝지 않다. EU는 국가간의 분열로 인해 과감하고 효율적인 정책을 사용하지 못하고 있다. 일본은 고령화와 인구감소로 성장동력이 약화되는 데다가, 엄청난 국채부담으로 인해 위험한 양적완화 정책에 의존할 수밖에 없다. 중국은 기업부채의 증가, 부동산 가격의 폭등, 그림자 금융의 부채라는 삼중고를 앓고 있다.

★ 장기불황에 빠진 세계경제

그러면 현재 세계경제는 어떤 상황이며, 트럼프의 정책은 어떤 영향을 줄 것인가? 세계경제는 미국을 위시한 주요국가의 양적완화와 G20에 의한 공조를 통해 파국적인 위기를 모면했다. 그러나 장기적으로 세계경제의 성장률은 떨어지는 추세가 완연하며, 특히 2008년 금융위기 이후가 그러하다.

세계경제가 정점에 올랐던 1973년에는 세계경제성장률이 6.5%였다. 그러나 글로벌 금융위기가 벌어지기 직전인 2007년에는 4.2%로 활력이 떨어져 있었다. 금융위기가 어느 정도 지난 지금도 2~3%를 왔다 갔다 하고 있다. 세계경제성장률은 추세적으로 낮아진 것이 분명하다.

세계경제성장률

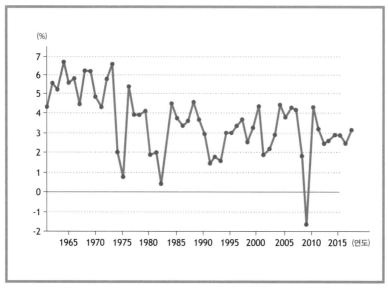

출처: 국제부흥개발은행 IBRD

　또한 각종 정책으로 조절되는 각국의 경제지표와는 달리, 시장
에서 결정되는 세계 전체의 경제지표로서 BDI(Baltic Dry Index)를
보면 그림이 사뭇 다르게 나타난다.[39] BDI는 2008년 9월에 12,000으
로 역사적 정점에 올랐으나 금융위기가 터지자, 1,000 이하로 수직
추락했다. 그 후 2013년 10월 2,300까지 올랐다가 2016년 2월에는
300까지 떨어져 저점을 기록했고, 이후 조금 회복되어 2017년 8월
1,500에 머물고 있다. 우리나라 조선업의 수주량이 반토막이 나는
것을 보면 이를 명확히 알 수 있다.

BDI 추이

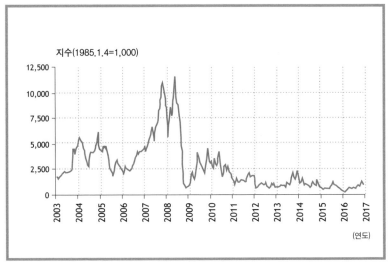

지수(1985.1.4=1,000)

출처: www.kitco.com

★ 미국경제의
현재

미국의 경제는 다른 선진국에 비해 좋다. 2011~2014년간 미국
의 평균 GDP 성장률은 2.4%(PPP 기준)를 기록하고 있으나 다른
G7 국가(미국, 캐나다, 일본, 독일, 프랑스, 영국, 이탈리아)의 성장률 평
균은 0.8%에 불과하다. 미국의 실질 GDP(2012년 가격 기준)는 위기
직전인 2008년 15.6조 달러에서 2009년 15.2조 달러로 약간 감소했

으나, 그 다음해부터 만회하기 시작해 2017년 18.1조 달러에 이르고 있다. 2009년 대비 1.2배 정도 되는 것이다. 부동산과 소비를 중심으로 경제가 그럭저럭 유지되고 있으며, 총투자율[40]도 EU와 일본에 비해 확실하게, 또한 일관되게 높다.

그러나 래리 서머스(Larry Summers) 전 미 재무부 장관이나 폴 크루그만(Paul Krugman) 프린스턴 대학교수 등 미국 주류를 대표하는 경제학자들은 미국경제의 장기적 성장가능성에 대해 좋게 말하고 있지 않다. 그늘에 따르면 미국은 구조적 장기침체(Secular Stagnation)에 빠져있다. 로버트 고든(Robert Gordon) 노스웨스턴 대학교 교수는 미국의 경제성장 역사를 꼼꼼히 분석하고 나서, 향후 미국의 고도성장은 없다고 단언했다.[41]

미국의 잠재성장률이 2000년 이전에는 3% 중반에서 그 후 지속적으로 하락해 2010년에는 1% 중반에 이르렀다. 생산성증가율은 2000~2009년 연간 2.6%씩 증가했으나, 2010~2015년에는 0.9%로 뚝 떨어졌다. 실업률은 최근 4%까지 낮아져 완전고용이라고 자랑하지만, 이는 경제활동참가율이 낮아진 결과일 뿐이고 고용률로 보면 별로 늘지 않았다. 특히 핵심이 되는 24~55세의 남자들의 고용률이 낮게 지속되고 있으며, 고령자와 여성을 중심으로 고용률이 높아지고 있다. 우리나라로 치면 비정규직 위주의 고용이 늘고 있는 것이다.

미국은 이민의 나라이므로 타국에 비해 사정은 낫지만, 인구가 늙고 있는 현상은 피하지 못하고 있다. 따라서 생산할 수 있는 인구는 줄어들고, 연금과 의료보험에 의존해야 하는 인구는 늘어나고 있다.

미국이 다른 유럽국가에 비해 금융위기로부터 빨리 벗어난 것은 미국의 양적완화와 과감한 구제금융 덕분이다. 셰일가스의 개발도 적지 않은 역할을 했을 것이다. 또한 미국은 전례 없이 산업정책을 구사하고 있다. 전임 대통령 오바마는 집권 1기에 금융위기를 수습하느라 정신이 없었으나 어느 정도 사태가 진정된 다음인 집권 2기에는 첨단 제조업과 재생 에너지 사업에 적지 않은 국가자원을 투자했다. 자유기업의 나라 미국답지 않게 전기자동차에 보조금을 주었고, '첨단 정보기술 생태계 구축 계획'이라는 것도 발표했다. 미국이 다음번 기술혁신인 '제4차 산업혁명'에서도 가장 앞서가고 있는 것은 분명하다. 그러나 그 성과는 아직 나타나고 있지 않다.

이러한 상황에서 *인플레이션에 대한 우려 때문에 금리를 조금씩 올리지 않을 수 없다.* 미국은 여전히 2% 정도의 인플레이션을 기록하고 있으나, 인플레이션이 급속도로 가속화될 가능성도 배제할 수 없다.[42] 낮은 금리를 먹고 주식·채권, 그리고 상업용 부동산가격이 장기간 상승해 부담을 주고 있는데, 자산가격의 폭락은 실물경제에도 충격을 줄 수 있다.

미국은 금리를 조금씩 올리고 양적긴축을 완만히 시행하고 있다. 그러나 이는 양적완화와 정확히 반대되는 효과를 가져올 것이다. 더구나 트럼프의 재정확대정책은 국채발행을 증대함으로써 금리를 끌어올릴 가능성이 높은데, 이것 또한 미국경제에 부담을 주는 요소다.

★ EU경제의 현재

유로존은 2013년을 고비로 조금씩 경제가 개선되는 모습을 보이고 있다. 광공업 생산도 2013년부터 늘어나고 있으며, GDP도 조금씩 증가하고, 이에 따라 12%에 이르렀던 실업률도 9%대로 낮아지고 있다.

이것은 그리스 등 남유럽에 대한 지원과 유럽중앙은행의 양적완화정책으로 유럽경제가 어느 정도 안정을 찾았기 때문이라고 볼 수 있다. 그러나 대신 2013년부터 부동산가격이 올라가고 있어 미국과 동일한 문제를 안고 있다. 특히 상업용 부동산가격이 올라가고 있어 정부를 긴장시키고 있다.

미국이 일으킨 위기임에도 불구하고, 그 타격을 제일 심하게 받은 것은 EU였다. 미국이 발행한 독성 금융상품을 가지고 있다가 그것들이 폭발하면서 EU의 위기가 시작된 것이다. 이때까지는 은행의 위기였으나, 그리스가 국채를 갚지 못하게 되는 상황이 발생하면서 국가의 위기로 불길이 번지게 되었다. 이후 남유럽의 여러 나라로 불길이 옮겨붙었으며, EU의 구제금융 덕분에 그럭저럭 불길의 확산은 막아왔다. 그러나 그 대가는 장기간의 침체였다.

사실 EU는 국가 간의 경제동맹에 불과하므로, EU 차원의 과감한 정책을 쓰지도 못했다. 국가 간의 이해관계가 너무나도 다른데, 이것을 조정할 수 없었기 때문이다. 결국 가장 목소리가 큰 독일의 입장이 대체로 반영되어 왔으며, 경제가 괜찮은 독일은 양적완화를 위시한 경제부양 정책에 매우 신중했다.

독일은 전통적인 제조업의 강세에 더해 유로화의 출범으로 통화강세를 막을 수 있었던 데다가, 2000년대 초반 하르츠 개혁(Hartz Reforms)을 통해서 노동시장의 유연화를 달성한 이후 가격경쟁력이 강해졌다. 따라서 위기 이후에도 큰 타격을 받지 않았으나, 그럼에도 불구하고 경제가 결코 활기차다고 말할 수는 없다. 독일이 이 정도이니 나머지 국가는 말할 것도 없다.

EU는 혁신능력이 미국에 비해 뒤지는데다, 국가간의 분열로 강력한 동력을 갖기 어려운 상황이다. 독일과 네덜란드에 비해서 이탈리아·스페인·그리스 등의 남유럽국가들의 경제력은 점차 뒤쳐지고 있다. 이들 나라의 은행들은 부실채권이 그득하며, 국가부채가 많아 국가가 더이상 완충역할을 하기도 어려운 상황이다.[43]

이처럼 어려운 처지에 또 하나의 골칫거리가 더해졌으니, 바로 이민 문제다. 2011년 '아랍의 봄(arab spring)'은 여러 나라에서 전쟁의 불씨를 퍼뜨렸는데, 시리아와 리비아의 내전은 지금까지도 진행중이다.

이민 문제는 이미 영국의 EU 탈퇴로 가시화되었으며, 동유럽은 물론 이탈리아에도 확산되고 있다. 지중해에서 수많은 사람이 바다에 빠져 죽는 비극이 연출되면서, EU는 이들을 받아들이는 입장으로 선회했다. 독일 같이 서가 노동력이 필요한 나라에게는 그리 나쁜 상황이 아니지만, 다른 나라의 입장은 참으로 곤란했다. 이 때문에 동유럽에서는 EU를 탈퇴할 수도 있다는 식으로 나오고 있으며, 이탈리아에는 반이민을 내세운 우파정권이 들어서기도 했다.

현실적으로 EU가 이러한 문제를 해결하려면 정치적인 결정권의 통합과 더불어 재정통합이 필요하다. 그러나 EU는 적당히 타협적인 방안으로 현상을 유지하고 있다. 이제 와서 유로를 깬다는 것은 미국과 중국이라는 강대국들을 외롭게 대면해야 하는 수많은 군소국가의 집단으로 돌아가는 것이다. 그것은 도저히 내키지 않는 상황이지만, 그렇다고 현재의 체제에서 뾰족한 해결책도 찾지 못하는 것이 오늘날 EU의 모습이다.

★ 일본경제의 현재

일본은 어떠한가? 최근에 들리는 이야기는 일본의 기업이 아주 실적이 좋고, 일본의 청년들은 취업할 곳이 많아 어디를 가야 할지 행복한 고민을 하고 있다고 한다. 그러나 금융위기 이후 경제성장률을 보면 독일보다 일본이 나을 것이 없다. 금융위기의 충격을 어느 정도 벗어난 2012년 이후에도 2%를 넘어서는 성장률을 거둔 적도 없다.

일본은 매우 공격적인 양적완화와 마이너스 금리 정책을 시행했는데, 이는 엔화를 낮춤으로써 수출 대기업을 돕는 효과를 가져왔다. 또한 금리를 억누름으로써 국채부담을 낮추는 효과가 있었는데, 확대적인 재정정책이 갑자기 위축되지 않도록 하기 위한 안간힘이었다. 이에 따라 주가가 오르고, 기업의 실적이 좋아졌으며, 아울러 청년인구의 감소가 맞물리면서 취업난이 풀리는 결과가 나타났다. 그러나 경제성장에 가장 중요한 소비와 투자는 여전히 부진하다.

근본적으로 일본의 발목을 잡는 것은 고령화와 인구감소, 그리고 과도

한 국가부채다. 일본의 생산가능인구는 1995년을 피크로 줄어들고 있으며, 2010년에 들어와서는 그 감소속도가 더욱 빨라졌다. 이에 따라 노동력 부족사태가 점점 심각해지고 있다. 구인자 수 대비 구직자 수를 나타내는 구인배율은 1.52배에 이르렀는데, 이는 일본 버블시기의 1.46배를 넘어선 것이다. 일본은 최근 노동시장이 좋다고 하는데, 이는 20년에 걸친 생산가능인구의 감소 덕분이다.

일본은 소재·부품 산업의 경쟁력을 보유하고 있으며, 제4차 산업혁명의 추진에 있어서도 어느 나라보다 적극적이다. 그럼에도 불구하고 일본이 이러한 기술혁신의 경쟁에서 가장 앞서나갈 것으로 보기는 어렵다. IT 산업의 주도권은 오래전에 미국과 한국으로 넘어갔고, 이후 중국으로 옮겨가고 있는 상황이기 때문이다. 일본이 강점을 갖고 있는 분야는 인공지능과 로봇 정도인데, 이것도 미국에 비해 앞서 있다고 말할 수 없다.

일본은 버블붕괴 시기에 발생한 충격을 줄이기 위해 엄청난 국채를 발행해 재정을 확대했다. 금융의 구조조정에도 공적자금이 투입되었는데, 이는 은행의 부채가 국가의 부채로 전환된다는 것을 의미한다. 오늘날 일본의 국가부채는 GDP의 2.4배나 된다.

국가부채의 부담을 줄이기 위해 앞으로도 낮은 금리를 유지할 필요가 있는데, 만약 그것이 어긋나게 되면 매우 곤란한 상황에 직면할 가능성이 크다. 일본은 아베에 의해서 임명된 구로다 일본은행 총재가 2013년 4월부터 양적완화 정책을 시작했다. 국채뿐만 아니라 위험한 주식 ETF(Exchange Traded Fund)[44]도 구매했기 때문에 양적·질적 완화라고 불렀다. 그러나 2016년 9월 연간 80조 엔씩 무조건 구매한다는 정책에서 살짝 물러나 단기금리를 -1%, 장기금리(10년만기 국채금리)를 0%로 수익률곡선을 유지한다는 정책으로 변경했다.

이것은 일본은행이 너무 과도하게 국채를 매입한 나머지 시중에 국채가 말라붙었기 때문에 국채 매입량을 조금씩 줄이지 않을 수 없어서 도입한 정책이다. 장기금리의 상한선을 0%로 정하고, 이 수준에 맞추어 국채 매입량은 시장에서 결정하도록 한다는 방식이다. 다른 말로 하면 테이퍼링(tapering), 즉 양적완화에서 조금씩 빠져나오는 출구전략을 시행하고 있는 것이다.

이에 따라 국채가격이 떨어지고 이자율이 올라간다면 엔화는 다시 강세의 운명을 맞을 수 있다. 뿐만 아니라 국채이자의 부담이 늘어나, 그렇지 않아도 높은 재정적자의 크기를 더욱 키워놓을 수도 있다. 이는 일본 정부를 막다른 골목에 몰아넣을 수 있다.

일본의 입장에서 다행인 것은 그나마 일본 국채의 대부분을 일본인들이 갖고 있기 때문에 외채위기를 겪지는 않을 것이라는 점이다. 또한 과거 잘나가던 시절에 쌓아놓은 외환보유고와 해외자산 덕분에 경제적 충격에 견딜 수 있는 체력을 갖고 있다. 그러나 그럼에도 불구하고 향후 일본경제가 승승장구할 것이라고 예측할 수는 없다.

★ 중국경제의 현재

중국은 그 정도의 덩치를 가진 나라로서는 생각하기 어려운 고도성장을 오랫동안 지속해왔다. 그리고 그 결과로 오늘날 거대한 경제규모를 갖추고 그 존재감을 전 세계에 과시하고 있다. 중국은 2008년의 금융위기도 비교적 잘 넘어왔으며, 오늘날도 비록 속도는 떨어졌을망정 성장세는 이어오고 있다.

그러나 그러한 과정에서 정부의 과잉투자와 통화량 증발이 따라왔는데, 그 결과로 *중국의 기업은 엄청난 부채를 지게 되었고,*[45] *부동산가격이 급등하게 되었으며, 지방정부 산하의 금융기관을 통한 그림자부채가 산더미처럼 쌓였다.*[46] 이것이 현재 중국경제가 지고 있는 3가지 부담인데, 이 때문에 중국을 다음 경제위기의 진앙지로 지목하는 사람도 있다.

이러한 비판은 자유주의적인 자본주의 국가라면 성립하겠지만, 중국 같이 국가가 사실상 경제를 통제하는 나라에서는 적절하지 않다. 중국의 주요분야는 국영기업이 장악하고 있으며, 중국은 이들을 철저히 통제한다. 중국의 금융시장은 완전히 개방되지 않았으며, 외환의 유출입은 꼼꼼하게 감시되고 통제되고 있다.

중국이 과잉투자로 어려움을 겪는 것은 맞지만, 이러한 부분을 국가가 체계적으로 줄이고 있으며, 일대일로 사업 등을 통해 외국에서 출구를 찾고 있다. 또한 정부 차원에서 기업부채 축소를 적극적으로 주도하고 있으며, 은행의 지급준비율을 낮추거나 긴급 유동성을 푸는 식으로 충격을 줄이고 있다.

중국은 현재 전통산업의 축소와 혁신산업의 진흥을 통해 산업의 구조조정을 시행하고 있다. '중국제조 2025'로 대표되는 신산업 육성 계획은 얼마 후 제조업 대국이 아닌 IT산업 강국으로 중국을 부상시킬 가능성이 매우 크다. 중국이 과거와 같은 성장세를 지속하기 어렵다는 것은 맞는 말이다. 따라서 경제성장에서 투자의 비중을 줄이고 소비를 늘리려고 시도하고 있다.

중국은 감세를 통해 대중들의 소비능력을 키워주려고 시도하고 있으므로 수출주도의 성장은 점차 내수를 키우는 정책으로 전환될 것이 분명해 보인다. 트럼프의 미국이 중국에 대해 경제적인 압박을 가하고 있는 것으로 보아 그것은 또한 불가피하게 보이기도 한다.

중국 경제의 성장속도가 떨어질 것은 분명하지만 그렇다고 성장엔진이 멈출 정도는 아니라고 본다. 중국의 근본적인 과제는 이 크고 복잡한 나라에서 얼마나 정치적 안정을 유지할 수 있는가에 달려있다고 볼 수 있다. 경제가 급격하게 충격을 받으면 정치에도 나쁜 영향을 준다. 그러면 정치적 문제가 다시 경제에 타격을 줄 수 있다. 중국에서 벌어질 수 있는 가장 나쁜 시나리오는 바로 이런 악순환일 가능성이 크다. 반면에 이는 미국이 노리는 효과일 것이다.

8장

트럼프 정책은
세계경제에
어떤 영향을 줄까?

트럼프는 글로벌 금융위기와 양적완화로 불만이 팽배해진 미국 대중들을 선동해 대통령이 되었다. 그는 전 세계를 대상으로 무역전쟁을 일으킨다. 그 목적은 첫째로 미국에게 유리하게 교역질서를 재편하고, 둘째로 잠재적인 경쟁국가인 중국을 선제타격하기 위함이다. 그러나 그의 감세정책으로 인해 재정적자가 늘어나면서 양적완화로부터의 탈출이 어려워지고, 이에 따라 경제혼란이 가중되고 있다. 특히 이란에 대한 봉쇄전략은 유가상승을 불가피하게 해, 세계경제의 불황을 더욱 오래가도록 만든다.

★ 무역전쟁 :
중국에 대한 거대한 포위망

　트럼프가 밀고 있는 정책은 세계경제에 어떤 영향을 줄까? 우선 보호무역정책은 현재 한참 진행중인데, 그 끝이 어디에서 멎을지는 예측하기 어렵다. 일단 2018년 11월의 중간선거까지는 계속될 것으로 전망되는데, 선거가 끝나면 곧이어 재선국면으로 들어갈 것이다. 그가 이러한 정책으로 대통령에 당선되고 인기를 얻고 있는 상황에서 그 기조가 바뀌지는 않을 것이다. 혹시 대통령이 바뀐다면 몰라도 말이다.

　미국이 시작한 무역전쟁은 보복을 부르고 있으며 확대일로다. 전 세계가 대상이며 동맹국도 예외는 없다. 그의 목적은 2가지일 것이다. *첫째는 교역규칙을 미국에게 유리하게 만들고 미국으로 제조업 일자리를 가져오는 것, 둘째는 중국을 치는 것이다. 첫째는 미국에서의*

지지 기반을 확충하기 위한 것이며, 둘째는 장기적인 패권경쟁국에게 타격을 가하는 것이다.

미국이 철강·알루미늄에 이어 자동차까지 대상을 넓히는 것을 보면 그가 웬만한 정도로 물러나지 않을 것임을 알 수 있다. 자동차의 경우에는 독일·일본·한국이 주 대상이며, 캐나다와 멕시코에서 생산하는 미국업체도 예외는 아니다. 독일도 역시 NAFTA를 이용해 멕시코에 공장을 가동하고 있으므로, 결국 공장을 미국으로 이전하라는 것이 요구사항이다.

미국은 인건비가 높은 나라인데 왜 이러한 시도를 하고 있는 것일까? 그것은 자동차가 스마트카와 전기차로 상징되는 제4차 산업혁명의 대표산업이기 때문이다. 또한 전후방 산업연관효과가 엄청난 산업 때문이기도 하다. 미국은 자동차 산업에서 독일과 일본에 뒤져 있었으나, 새로운 기술 패러다임의 전환을 타고 다시 주도권을 잡으려고 한다.

미국은 IT에서 절대적으로 우세한데, IT는 공장 자동화의 핵심적인 요소다. 더구나 미국은 로봇에서도 선두를 달리고 있으며, 로봇은 인간의 노동력을 대체할 수 있다. 미국이 자동차산업을 다시 본국으로 가져온다고 해서 반드시 일자리가 늘어날 것인지는 알 수 없다. 그러나 자동차산업의 부흥은 가능할 수 있다. 구글과 테슬라는 모두 미국 회사들이다.

IT제품에 대한 관세는 주로 중국에 초점이 맞추어져 있지만 역시 같은 맥락이라고 할 수 있다. 중국이 이 분야의 가장 큰 도전자이기 때문에 중국에 과녁을 맞추는 것일 뿐이다. 제2차 세계대전 이후를 대표하는 양대 산업이 자동차와 전자인데, 이 두 산업에서 미국은 독일과 일본의 추월을 허용했다.

그러나 IT가 다양한 분야의 하드웨어와 융합하는 추세는 미국이 제조업 경쟁력을 회복할 수 있는 절호의 기회를 제공한다. 예를 들어 사물인터넷(internet of things) 플랫폼을 이용해 가정내의 가전제품과 공장의 시설물들을 컨트롤할 수 있으며, 여기서 수집된 정보는 빅데이터와 인공지능 플랫폼으로 분석할 수 있다. 이 과정을 거쳐 전자제품과 공장의 효율성을 극도로 높인다. 이 부분은 모두 미국이 장기로 하는 분야다. 따라서 미국의 무역전쟁이 단순히 한물간 제조업을 미국에 불러들이려는 의도가 아님을 알 수 있다.

확실한 점은 중국이 타깃이라는 것이다. 그들로부터 얼마만큼의 양보를 얻어낼 수 있는가를 알아야 어디에서 멈출 수 있는지를 예측할 수 있다. 이제까지 중국은 겉으로는 일전불사를 내세웠으며, 심지어 시진핑은 "왼쪽 뺨을 때리면 오른쪽 뺨을 내놓는 것이 미국식인지는 모르지만, 펀치로 대응하는 것이 중국식"이라고 신랄하게 말하기도 했다. 그러나 뒤로는 여러 가지 타협책을 내놓으면서 미국을 달래고 있다.

그들은 미국이 자유무역의 가치를 내팽개친 무도한 나라이지만, 중국은 자유무역을 수호할 뿐만 아니라 시장을 기꺼이 개방할 용의가 있다는 식으로 선전한다. 시진핑은 2018년 4월 보아오포럼(Boao Forum for Asia; BFA)에서 '신개방 시대'를 선언하며 미국이 포기한 자유무역의 주자 역할을 맡겠다고 천명했다. 그리고 6월에는 외국인투자에 대한 네거티브 리스트를 발표하고, 이에 해당하지 않는 것은 개방하겠다고 선언했다.

여기에는 금융·자동차·철도·전력 등이 포함되었는데, 모두 중국의 국영기업이나 기존사업자가 완전히 장악하고 있어 미국기업이 추가로 들어갈 빈틈을 발견하기 쉽지 않은 영역이다. 중국은 미국이 원하는 대로 금액을 정해 무역흑자를 줄이겠다고 약속하지도 않았으며, 기술기업에 대한 보조금을 중단함으로써 기술대국으로 굴기하겠다는 계획을 포기하지도 않았다. 사실 이는 중국이 포기할 수도 없는 사항이다.

중국에 대한 미국의 공세는 쉽게 가라앉지 않을 것이다. 일단 미국이 시작한 전쟁이고, 승산이 있다고 판단했기 때문에 발동을 걸었을 것이다. 양국간 수출입 규모를 생각하면 미국의 승산은 시작부터 분명하다. 이것은 일종의 치킨게임으로 두 나라 모두에게 손해가 가지만, 어느 쪽이 더 손해를 입는가의 게임이다. 미국이 공격적으로 나가는 데 반해, 중국은 겉으로는 맞대응을 하지만 뒤로는 타협하려는 것을 보면 누구에게 유리한 싸움인지는 분명해 보인다.

미국의 목적은 중국이 첨단 제조업 분야에서 미국을 위협할 수 없도록 꺾어놓는 것이라고 볼 수 있다. '제조 2025'에서 거론되고 있는 분야에서 정부가 보조금을 주고 산업을 체계적으로 육성하는 것, 미국 기업의 진출을 방해하거나 기술이전을 강요하는 것을 타깃으로 하고 있다.

또한 중국은 구글이나 페이스북 같은 미국 IT기업의 진출도 막고 있는데, 이러한 기업은 중국에 인권이나 자유 같은 가치를 전파하면서 중국 공산당의 통치에 효과적으로 타격을 가하는 수단이 될 수 있다. 미국은 이러한 방식으로 동유럽과 소련을 무너뜨린 바 있으며,[47] 2011년 '아랍의 봄'에서도 적대적인 국가에서 소요를 가중시키는 데 활용했다고 알려졌다. 중국도 이미 1989년 '천안문 사태'에서 비슷한 경험을 한 바 있다.

중국 자본시장의 개방도 대상이 될 수 있는데, 이 역시 미국이 장기로 하는 부분이다. 강고한 미국의 금융지배가 이루어지고 있는 상황에서 중국 자본시장의 개방은 중국경제를 쑥대밭으로 만들 위험이 있다. 이는 우리나라가 1997년 외환위기에서 이미 경험한 바 있다.

이제까지 미국의 반응도 나쁘지 않다. 미국의 신자유주의 정책은 그동안 노동 계층의 이익을 너무 저해했고, 아울러 지나치게 금융과 IT 등 서비스에 치우쳐 제조업 경쟁력을 약화시켰다는 비판이 있었다. 말하자면 트럼프의 무역전쟁은 일종의 '적폐청산'이라고 할 수도 있다. 앞으로 미국과 중국이 어떤 수준에서 타협하더라도 그것은 임시적인 미봉책일 가능성이 크다. 싸움은 계속될 것이기 때문이다.

미국의 핵심목표 중 하나는 그들의 자리를 위협할 경쟁국을 사전에 제거한다는 것인데, 중국은 그러한 경쟁국들의 후보 중에서도 단연 일등이다. 트럼프는 TPP에서 일단 탈퇴했으나 언젠가 다시 돌아올 수도 있다는 식으로 여운을 남겼다. *그의 복안은 아마도 이러한 무역전쟁을 통해 최대한 교역조건을 유리하게 고친 다음에, 그것을 표준으로 TPP를 뜯어고치는 것일 수 있다.* 그때까지 트럼프는 중국을 마구 때려서 기를 죽여놓고, TPP에서도 배제해 왕따를 시킬 수도 있다.

물론 중국은 대단한 경제대국이지만 그 나라가 저가품을 생산해 미국에 공급한다면 모를까, 기술대국으로 성장해 고급품을 생산하려고 한다면 중국을 TPP에 포함시키는 것이 미국에게 무슨 이익이 있겠는가? 이미 중국은 TPP에 대항하는 '역내 포괄적 경제동반자협정(Regional Comprehensive Economic Partnership; RCEP)'이라는 것을 만들어 대응책에 나서고 있다.

그들은 마치 딴청을 피우는 것처럼 각자의 무역 카르텔을 만들고 있지만 사실은 치열한 공격과 방어가 수면 밑에서 이루어지고 있는 것이다.

미국은 원래 WTO를 통해서 세계교역의 자유화를 추구하려

했으나 여기에는 이미 중국이 들어와 있다. 따라서 미국은 TPP라는 새로운 도구를 통해서 중국을 배제한 무역자유화를 추진할 필요가 있다.

TPP나 RCEP은 모두 그 안에 포함된 나라간에만 혜택이 주어지므로 일종의 네트워크라고 볼 수 있다. 네트워크는 클수록 구성원에게 돌아가는 혜택이 커진다. 이를 네트워크 효과라고 하는데, 미국과 중국은 자신의 네트워크를 키움으로써 상대방의 네트워크를 쪼그라들게 하는 전쟁을 염두에 두고 있다고 볼 수 있다. 두말할 것 없이 이러한 전쟁은 세계 여러 나라에게 줄서기를 강요하고 있으며, 전 세계적인 교역이라는 점에서 후퇴를 가져올 것이 분명하다. 특히 우리나라처럼 교역규모가 크고 미국, EU와 중국의 시장이 모두 필요한 나라에게는 더욱 그러하다.

★ 경제정책 : 한쪽으로 돈을 풀고, 다른 한쪽으로 돈을 거두는 모순

그러면 트럼프가 시행하고 있는 나머지 경제정책은 어떤 효과를 가져올 것인가? 미국은 이미 양적긴축의 단계에 접어들었다. 2014년 10월 양적완화를 중단한 데 이어 2015년 12월 기준금리를

0%에서 인상시키기 시작했다. 미국이 통화정책에서 얼마나 신중한지는 얼마나 오랫동안 완화기조를 유지했는지, 얼마나 조심스럽게 금리를 인상시키는지를 보면 알 수 있다.

미국은 또한 양적완화로 쌓아놓은 국채와 모기지채를 조금씩 방류하는, 양적긴축에 들어가 있기도 한다. 이는 미국의 입장에서 불가피하다. 너무 많은 돈을 풀었기 때문에 인플레이션의 위험이 있기 때문이다. 인플레이션은 다시 말하면 화폐의 가치가 떨어진다는 것, 즉 화폐의 구매력이 떨어진다는 것이다. 이는 화폐에 대한 신뢰가 낮아진다는 것인데, 사람들의 심리가 큰 영향을 미치므로 자칫하면 가속화될 수 있다.

비슷한 사태가 과거에도 있었는데, 1970년대 미국의 악성 인플레이션으로 달러가치가 폭락해 금 1온스 대비 2천 달러까지 내려간 적이 있었다.[48] 볼커가 금리를 20%까지 올리는 강수를 두어 간신히 가라앉혔지만, 실로 '달러의 위기'라고 할 만했다. 지금도 관리를 잘못하면 비슷한 위기가 올 수 있다. 그렇다고 금리를 너무 올리면 가뜩이나 허약한 경제가 충격을 받을 수 있다. 미국은 살얼음판을 걷는 심정으로 통화정책을 조심스럽게 운용하고 있는 것이다.

그런데 트럼프의 감세와 인프라투자, 그리고 군비를 중심으로 하는 확장적인 예산은 미국의 재정을 악화시킬 수 있다. 미국은 이미 상당한 재정적자가 누적되어 있고, 그 덕분에 국가부채가 만만치 않다. 그런 상황에서 세금은 오히려 깎아주었으니 들어오는 돈은 적고, 인프라투자와 군비로 나가는 돈은 늘어났다. 그 간격을 국채를 발행해 메우고 있으며, 그 결과 국가부채가 늘어나고 있다.

미국은 2018년 들어 국채 발행량을 늘리고 있으며, 특히 만기 2년짜리 단기국채를 증가시키고 있다. 이는 상대적으로 단기국채가 금리가 낮으며, 만기가 짧아 수급 조정이 용이하고, 또한 양적완화로 쌓아놓은 국채가 대부분 장기채이기 때문이다. 이 때문에 단기채의 가격이 떨어지고, 단기금리가 올라가고 있으며, 장단기 국채 간 금리의 차이도 좁혀들고 있다. 이로 인해 장단기금리의 역전이 일어나며, 또한 이 때마다 위기가 찾아왔다는 식의 이야기가 나오는 것이다.

위기가 찾아올지 아닐지는 알 수 없지만, 확실히 미국은 위험한 정책을 수행하고 있다. *한쪽에서는 양적긴축으로 돈을 거두어들이고 다른 한쪽에서는 국채발행을 늘려 돈을 풀고 있다.* 따라서 미국의 통화정책은 상당히 혼란스러운 상태다.

현재 일본과 EU 등은 양적완화를 조금씩 축소시키는 단계로 접어들고 있으나 여전히 진행중이다. 이에 따라 진작부터 양적완화를 중단한 미국의 달러가 이들 나라의 돈에 비해서 강세를 보이는 것은 충분히 이해가 가는 상황이다. 더구나 미국은 송환세 감축을 통해서 미국 기업이 해외에 놓아둔 돈을 다시 미국으로 불러들이고 있으며, 미국기업은 물론이고 외국기업에 대해서도 미국에 투자하라고 압력을 넣고 있다. 외국 기업이 미국에 공장을 세우는 기공식에 트럼프가 삽을 들고 기념사진을 찍는 장면을 심심치 않게 볼 수 있다. 이는 달러에 대한 수요를 불러 일으키며, 고스란히 달러의 강세로 이어진다.

미국 중앙은행이 풀어놓은 달러의 상당수는 은행을 통해서 다시 준비금의 형태로 중앙은행에 다시 돌아왔다. 그러나 나머지 돈은 미국이나 외국의 어떤 자산을 매입하는 데 사용되었다. 다시 말해서 묶여 있다는 뜻이다. 따라서 미국이 금리를 올리고 양적긴축을 조심스럽게 시행하는 과정에서 오히려 달러 부족현상이 나타날 수 있다.

기초적인 증권을 바탕으로 만들어놓은 파생금융상품 또한 엄청난데, 이것에 더해 주식과 채권 등 사실상 부채증서인 증권과 비교하면 화폐인 달러가 부족하다는 뜻이다. 만약 채무의 불이행이 어떤 식으로든 일어나면 모두들 달러를 찾아 헤매는 사태가 벌어질 수도 있다. 이것이 달러가 그토록 많이 풀렸음에도 오히려 달러난이 발생하는 이유다. 그 때문에 이미 상당수 신흥국가들은 외환위기를 겪고 있으며, 그들의 나라로부터 탈출하는 달러로 인해 주가가 폭락하는 아픔도 당하고 있다.[49]

양적완화정책을 주도한 전직 중앙은행장 버냉키는 트럼프의 정책에 대해서 대단히 비판적이다. 그는 지금과 같이 경기가 호황인 상황에서 재정적자를 늘리면 2020년경에는 큰일이 일어날 수 있다고 경고한다. 다시 말해서 그가 조심스럽게 작성해놓은 출구 계획을 트럼프가 어지럽혀 놓음으로써 위험을 자초하고 있다는 것이다. 이것이 미국 경제엘리트의 입장이다.

그러나 트럼프는 이런 위험을 무릅쓰고 변화를 시도하고 있다. 그는 미국이 강력할 때 그 힘을 이용해 미국에 제조업 기반을 강화시켜야 한다고 믿는다. 그는 감세와 송환세 인하를 통해 미국기업의 이익을 증대시키고, 이를 통해 자사주 매입 등을 유도해 주가상승을 이끌었다. 또한 '도드·프랭크법'을 개정해 미국금융기관을 묶어 놓은 규제를 풀어주고 있다. 이렇게 미국 지배층에게도 떡을 던져주어 타협하고 있는 것이다. 이와 함께 연준의 인적 교체를 통해서 연준이 그의 정책을 최소한 방해는 하지 않도록 대응하고 있다.

미국은 현재 기축통화국인 EU·영국·일본·스위스 등과 통화스와프(currency swap) 협정을 맺고 있으며, 양적완화 등 통화정책에 있어서도 긴밀하게 공조하고 있다. 더구나 미국을 제외한 나머지 국가들이 모두 미국에 군사적으로 종속되어 있다는 점을 감안할 때 이러한 공조에 균열이 생길 것으로 보기 어렵다. 따라서 달러를 그토록 많이 찍었으니 달러가 금세 무너질 것이라고 주장하는 것은 적절하지 않다.

미국뿐 아니라 이들 나라들도 화폐를 많이 찍기는 마찬가지다.

이는 또한 기축통화국에 유리하기도 하다. 양적완화를 통한 통화 증발은 이들 나라의 화폐가치 절하를 통해서 수출을 증대하는 효과가 있다. 또한 대부분의 나라가 이들 기축통화국의 화폐를 외환준비금으로 갖고 있다는 점을 감안하면, 이는 이들 국가의 대외부채 가치를 낮추는 효과도 있다. 이 화폐 동맹의 맹주는 물론 미국이지만, 나머지 구성원들도 혜택을 누리고 있는 것이다. 다른 나라는 억울하지만 그저 지켜볼 수밖에 없는 형편이다. 현재 국제교역과 거래에서 이들 나라의 화폐를 사용하지 않을 방도가 없기 때문이다.

이러한 용의주도함에도 불구하고 트럼프의 정책은 확실히 위험한 요소를 안고 있다. *무역전쟁은 미국을 고립시키고 있기 때문이다.* 이슬람과 중국 등 미국의 타깃이 되는 세력은 물론이고 EU나 일본 같은 전통적 맹방들의 가슴에도 미움이 커지고 있다. 현실적인 이해관계를 무시하고 EU나 일본 같은 국가들이 미국의 편에서 이탈하기는 힘들겠지만, 미국으로 잡아당기는 힘은 점차 약화되고 있는 것이 분명하다. 그들도 대안을 찾으려 할 것이기 때문이다.

키신저 같은 전략가들은 독일과 프랑스가 러시아에 접근하는 시나리오에 대해서 경고한 바 있다. 소련이 무너진 후 30년간 미국은 사실상 황제국으로 전 세계를 다스렸다. 그러나 지금은 중국과 러시아, 그리고 이슬람을 중심으로 반대세력의 사슬이 눈에 띄게 형성되고 있다. 30년 전과 비교하면 미국의 상대적 힘은 약화되어 있으며, 미국의 전성기는 지나간 것처럼 보인다.

★ 안보정책 : 유가 상승의 우려

트럼프의 안보정책은 경제정책과 맥을 같이 한다. 둘 다 '위대한 미국을 다시'가 목표다. 경제적 이익을 극대화하기 위해 군대로 위협하는 것이 안보정책이다.

본래 경제정책과 안보정책은 완전히 분리하기 어렵다. 과거 제국주의 시절을 회고해보면, 그들은 먼저 무역을 요구했고, 자신의 뜻이 거부되면 이내 군사적으로 공격했다. 강제로 시장을 개방시키고 자신에게 유리한 교역질서를 만든 다음, 이익을 수취했다. 오늘날 같은 전 세계적인 자본주의 체제에서 군사는 유리한 교역체계를 수립하고 지키기 위한 수단이다.

북핵의 문제에서 미국은 일단 한걸음 물러섰다. 북한이 중국과 러시아와 한편이 되어 미국에 대항하고 있기 때문에, 미국이 북한에게 상응하는 혜택을 주지 않는다면 북핵을 조기에 해체하기는 어려울 것이다. 2018년 6월 북미 정상회담에도 불구하고, 미국은 먼저 비핵화를, 북한은 먼저 종전선언을 요구하며 뒤로 물러서지 않고 있다. 북한은 체제보장과 경제발전을 원하지만, 미국이 중국에 대한 공격을 완전히 포기하지 않는 다음에는 북한을 순순히 놓아줄 수는 없다. 이런 지정학적 위치 때문에 한반도에서는 긴장이 완전히 풀어지기 어렵다.

지금 중국은 남중국해에서 인공 섬을 만들고 그곳에 군사기지를 세우고 있다. 이것은 페르시아만에서 시작해 말라카 해협을 거쳐 중국으로 건너오는 석유수송로를 지키기 위한 조치다. 중국은 내륙으로도 다양한 수송로를 개척해 수입원을 다변화하고 있으나, 여전히 80%의 석유가 이곳으로 흘러들어온다.

과거 제국주의 일본은 만주와 중국에서 도발하다가 미국에게 제재를 당한 바 있다. 미국은 미국·영국·중국·네덜란드를 의미하는 ABCD(America·Britain·China·Dutch) 포위망을 구축해 일본으로의 석유 및 원자재 수송을 차단했다. 일본의 경제는 고사직전으로 몰렸으며, 심지어는 목탄으로 움직이는 자동차까지 등장했었다. 일본은 절체절명의 상황을 돌파하기 위해 하와이 진주만의 미군기지를 공격했으나, 이는 어떻게 보면 미국이 쳐놓은 덫에 걸린 것이라고 볼 수도 있다.

미국은 중국에 대해서도 유사한 방식으로 포위망을 구축하고 있는데, 중국은 남중국해에서 포위망에 구멍을 내려고 하고 있다. 따라서 이 지역을 중심으로 군사적 충돌이 심화될 가능성이 높다.

그리고 이것이 다시 한반도에 나쁜 영향을 줄 가능성을 배제할 수 없다.[50]

중동에서는 이란에 대한 제재가 강화되고 있는데, 이는 또 하나의 불씨가 되고 있다. 미국은 중동에서도 이이제이 전략을 구사하는데, IS를 치기 위해서 이란을 동원한 바 있다. 이제 IS라는 골칫거리가 제거되었으므로 이란을 손볼 차례가 되었을 것이다. 미국이 경제 제재를 다시 가동하기 때문에 이란의 핵개발도 다시 시작될 터인데, 이 문제가 어떻게 처리될지는 단언하기 어렵다. 미국은 북한의 핵에 대해서는 타협하는 대신, 이란에 대해서는 강경대응으로 전환했다.

이란이 순순히 포기할 리가 만무하므로 이를 둘러쌓고 엄청난 긴장이 쌓일 것이다. 예를 들어 이스라엘 공군이 이란 핵시설을 타격하는 시나리오가 계속 사람들 입에 오르내리고 있다. 만약 그렇게 될 경우 이란이 어떻게 대응할 것인지가 문제가 된다. 이스라엘은 이란의 핵 시설을 공습할 수는 있겠지만, 이란과 장기전을 수행할 능력은 없다.

따라서 이란 정권을 무너뜨리기 위해서는 대규모의 미 육군이 동원되어야 하는데, 이는 2003년의 이라크전 때와 달리 미국의 상대적 힘이 약화되어 있다는 점을 고려할 때 쉽지 않을 것이다. 당시는 미국에 도전할 강대국이 없었으나, 지금은 중국과 러시아가 상당한 세력을 가지고 있다.

더구나 이란은 지형적으로 험준한데다 중동의 다른 나라와 달리 유구한 전통을 가진 민족국가이며, 그 규모도 상당히 크다. 따라서 미국이 이란을 전면적으로 공격하기는 어렵다. 그러므로 경제 제재를 강화해 이란 내부의 불만세력을 선동하고, 이를 통해서 내부적으로 붕괴하는 것이 유일한 선택지다.

이란에 대한 경제 제재로 이곳에 투자를 했거나 하려고 했던 EU와 일본, 그리고 한국의 기업들은 손해를 봤다. 그러나 더욱 큰 문제는 석유다. 이란의 석유가 차단되면 당연히 유가는 오르게 될 것이다. 이 지역의 분쟁이 심화되면 유가는 더욱 오를 가능성이 있다.

문제는 이러한 상황이 미국에게 그렇게 나쁘지 않다는 것에 있다. 미국은 셰일가스를 개발하고 있는데, 유가의 상승은 그들 업체에 도움이 되기 때문이다.

또한 서비스 경제화(service economization)가 되어 있어 유가상승의 타격이 적다. 유가가 미국 대중들 사이에서 반발이 나오지 않는 수준에서 적당히 올라가는 것은 결코 트럼프에게도 나쁘지 않을 것이다. 또한 사우디와 러시아 같은 산유국도 싫어하지 않을 것이다. 다만 중국 같이 석유의 대부분을 수입에 의존하는 나라에게는 좋은 소식이 아닐 것이다.

유가의 상승은 당연히 세계경제에도 타격을 준다. 과거 오일쇼크 같은 정도는 아니라고 하더라도 오늘날의 산업은 석유에 절대적으로 의존한다. 이것도 향후의 경제에 불안을 던져주는 소식이다. 특히 우리나라처럼 제조업, 그리고 수출에 의존하는 나라가 그러하다.

3부

위기의 한복판에 선
한국경제의
미래

INRTO

한국은 기본적으로 미국에게 종속된 정치와 경제를 갖고 있다. 또한 수출에 대한 의존도가 과하며, 자본시장도 완전히 개방되어 있다. 따라서 트럼프의 정책이 불러일으킬 금리와 환율의 변동에 매우 취약하다.

더구나 한국의 주력 산업은 쇠퇴기를 맞고 있으며, 세계적인 불황과 중국과의 경쟁으로 가동률이 저하되고 있다. 장기간의 저금리와 부동산 규제완화로 부동산거품과 가계 부채가 산처럼 쌓여 있어 위태롭기 짝이 없다.

한국에 경제위기를 가져올 수 있는 리스크를 살펴보면, 첫째는 금리 상승으로 인해 부동산가격이 폭락하고, 가계에 거액을 빌려준 금융기관이 타격을 받는 것이다. 둘째는 보호무역으로 인해 수출이 줄어들고 제조업의 불황이 더욱 심화되는 것이다. 셋째는 미국의 자산가격이 붕괴해 해외자본이 한국의 자산시장에서 철수함으로써 주식과 채권의 가격이 폭락하는 것이다. 물론 이러한 리스크는 동시에 발생할 수 있다.

어떤 방식으로 현실화될지는 알 수 없지만, 우리나라의 장기불황은 불가피하다. 그러나 이미 한계에 도달한 한국의 성장방식을 뜯어고치는 기회로 이를 활용할 수도 있다. GDP 성장률에 매달리지 말고, 장기적으로 성장할 수 있는 산업을 개척하며, 과감하게 혁신을 시도할 수 있는 사회적 안전판을 마련하면 위기는 오히려 기회가 될 것이다.

트럼프의 정책변화는 강달러와 부채위기를 가속화시켜 자산시장에 큰 타격을 줄 수 있다. 이에 따라 개인은 보수적인 투자를 통해 피해를 입지 않는 것이 중요하다. 더 나아가 우리보다 앞서서 비슷한 경험을 한 일본의 사례를 연구하면, 어떻게 불황기를 잘 지나갈 수 있을지에 대한 해답을 얻을 수 있다.

1장

미국이 강요하는
한국경제의 미래

트럼프는 무역전쟁으로 개별국가들을 각개격파하고 있지만, 궁극적인 목표는 TPP를 통해 미국에게 유리한 교역질서를 만드는 것이다. 그리고 중국을 배제하고, 경제적으로 고립시키는 것 또한 목표다. 이러한 전략은 대외경제에 절대적으로 의존하는 한국경제를 지극히 곤란하게 만든다. 한국은 미국과 중국이라는 가장 큰 시장에서 밀려날 위기에 마주쳤다. 또한 트럼프의 무리한 정책은 금융위기의 가능성을 더욱 높임으로써 한국경제에 주는 충격을 키울 수 있다.

★ 미국의 의도는 무엇인가?

미국은 1960년대 이래 유럽과 일본에 의해 경쟁력이 잠식되고 있었는데도 달러를 찍어 외국으로부터 물자를 조달했다. 그에 대한 도전으로 금에 대한 인출이 시작되었고, 미국은 1971년 금태환 중지를 선언해 아예 금의 굴레를 벗어던졌다. 이후로 미국은 펌프질을 하듯이 달러를 찍어 국내외로부터 물자를 조달했는데, 이는 폭발적인 인플레이션을 불렀다. 즉 달러위기가 발생한 것이다.

미국은 석유를 달러로만 구매할 수 있도록 하는 동시에, 금리를 올리는 방식으로 이 위기를 진화했다. 그러나 이는 제조업을 결정적으로 몰락시켰고, 또한 수익성이 하락하는 문제도 해결할 수 없었다. 이 때문에 1980년대부터는 신자유주의로 전환한다.

세계화와 금융화를 양축으로 하는 신자유주의 체제하에서 세계의 금융시장은 개방되었고, 미국의 금융자본은 세계 각국의 금융시장에 투자하는 방식으로 수익성을 끌어올렸다. 고수익을 올리기 위해서 복잡하지만 터무니없는 파생상품을 만들어 팔다가 대형사고가 터진다.

그럼에도 불구하고 사고의 장본인인 금융자본에게 구제금융을 제공하고, 양적완화로 자산가격을 끌어올림으로써 오로지 부유층에게만 유리한 정책을 시행했다. 더구나 중국으로부터 저가상품을 수입하고, 멕시코로 생산기지를 옮기고, 멕시코의 저렴한 이민노동자를 받아들임으로써 미국 노동자의 생활을 압박했다. 미국 대중의 불만이 속으로 끓고 있는데도 이를 대변해줄 정치인이 없었다.

이 과정이 아웃사이더인 트럼프가 출현한 배경이다. 그러나 그는 대통령이 되기 전부터 이미 백만장자이며, 미국을 대표하는 부자였다. 따라서 트럼프가 버니 샌더스(Bernie Sanders)처럼 미국 부유층에 도전하는 사람이라고 보기 어렵다. 또 부유층들에게 도전해서는 집권이 불가능하다는 것을 알고 있기 때문에 트럼프는 그들을 회유하려고 한다. 감세 정책, 낮은 금리를 통한 주가부양정책, 그리고 '도드·프랭크법'의 규제 완화는 모두 이 때문에 나오는 것이다.

그러나 트럼프의 반세계화 정책은 지배층의 이익과 충돌한다. 그동안 미국 지배층은 세계화를 통해 이익을 얻었기 때문이다. 미국의 주류 지배층과 의견이 충돌하는 부분이 여기다. 물론 소수이기는 하나 그의 의견에 동조하는 사람들이 지배층에도 존재한다.

신자유주의를 통한 지배층의 이익 추구는 한계에 이르러 대중의 반발을 부르고 있으며, 또한 중국이라는 강력한 경쟁자에게 굴기할 수 있는 기회를 제공하고 있다. 따라서 세계화와 금융화로 대표되는 신자유주의정책을 지금과 같은 방식으로 계속 유지하는 것은 오히려 위험하다고 생각한다. *트럼프의 생각은 대중의 분노를 외국, 특히 중국에 돌림으로써 중국에 대한 경제적 포위망을 구축하고, 제4차 산업혁명으로 대표되는 첨단제조업에 있어서 미국에 대한 투자를 촉진하는 것이다.* 결국 국력의 차이는 첨단제조업의 실력에 좌우될 것이 분명하기 때문이다.

미국은 이러한 조건이 충족되는 상황을 유도하도록 무역질서를 새로 짠다. 중국을 굴복시킨다면 제일 좋겠지만, 그들이 말을 듣지 않으면 새로 짠 판에서 배제시키고 포위망을 좁혀 경제를 압박한다. 지금 이란이나 북한에 대한 경제제재를 이미 시행하고 있지만, 그보다 좀더 큰 차원에서의 경제제재를 가하는 것이다.

트럼프는 외국이 부당하게 미국을 이용하고 있다며 미국인들을 선동하고, 군사력과 경제력으로 외국을 압박하면서 강압적으로 판을 바꾸려고 한다. 보복관세전쟁을 시작함으로써 전 세계를 무역전쟁의 판에 끌어들인 다음, 각개격파 방식으로 무역조건을 개선한다. 미국은 TPP를 탈퇴했지만, 각국과의 FTA의 개정을 추진하면서 TPP의 기준을 참고하고 있다.[51] 이미 TPP를 주도하고 있는 일본은 물론 영국과 인도 등도 끌어들여 거대한 무역동맹체제를 구축하려고 한다. 그리고 나서 EU와 제휴해 하나의 경제서클을 완성시킬 것이다.

이미 오바마 때부터 미국과 EU는 '범대서양 무역투자동반자협정(Transatlantic Trade and Investment Partnership; TTIP)'에 대한 협상을 추진해왔다. 이러한 미국의 구도를 보면 중국과 러시아, 그리고 이란과 북한 등 석성국가들이 배제되어 있다는 것을 알 수 있다. 냉전 시대 소련과 동유럽에 대한 경제 포위망은 이제 새로운 적성국가를 둘러쌓고 거대하게 펼쳐지고 있다. 결국 새롭게 짜여지는 무역질서는 철저히 미국의 전략에 따르고 있다는 것을 알 수 있다.

★ 미국에게 종속된 한국경제

한국경제는 미국이 짜는 구도에 종속되어 있다. 회고해보면 박정희 시대의 고도성장은 미국이 자신의 시장을 한국에게 개방하는 정책이 없었다면 불가능했을 것이다. 당시 미국은 한국의 경제성장에 별 관심이 없었다. 한국이 크게 성장할 것이라고 생각하지도 않았다. 단지 대륙에서 밀고 내려오는 공산주의의 거센 파도를 막아주는 방파제로 잘 기능하도록 하기 위한 정도의 경제발전을 기대했을 것이다. 또한 가발이나 옷 정도의 제품을 싸게 공급해주는 것은 미국에게도 나쁜 일이 아니었다.

그러나 놀랍게도 아주 짧은 시간 동안 한국이 상당한 제조국가로 발전했다. 1980년대는 홍콩·싱가폴·대만과 더불어 '아시아의 4마리 용'으로 거론되었다. 그러나 홍콩과 싱가폴은 도시국가로 제조업보다는 무역과 금융의 거점이었으며, 대만이 한국과 비슷한 제조업국가였다. 그러나 대만에 비해 한국은 월등히 큰 나라였으며, 현대 국가가 필요로 하는 대부분의 공업제품을 생산할 수 있는 역량을 갖추게 되었다. 이렇게 되면서 한국은 미국의 세계경제전략에서 꽤 중요한 나라가 되었다.

1980년대는 미국이 신자유주의로 선회한 시대다. 이에 따라 한국도 서서히 신자유주의로 전환해갔는데, 당시에는 이것을 분명하게 인식하지 못했다. 박정희 대통령은 정부가 주도하는 계획경제를 신봉했고, 이것으로 큰 성공을 거두었기 때문에 그 방식에 확신을 가졌다. 그러나 1970년대부터 시작된 중화학공업은 워낙 경쟁력이 없어 가동률이 형편없었고, 과잉투자의 부작용이 현저했다. 참모들이 이같은 문제를 제기하고 방향 조정을 요구했으나 박정희 대통령은 들으려고 하지 않았다.

1979년 박정희가 서거하고 신군부가 들어서면서 통화량을 줄이고, 공급을 축소하며, 정부의 인위적인 개입을 자제하는 시장주의가 채택된다. 당시는 잘 인식하지 못했지만, 오늘날 돌이켜보면 이것이 신자유주의 노선의 첫걸음쯤 된다고 볼 수 있다. 당시는 계획경제에서 시장경제로의 전환이라고 불렀다. 당시 전두환 대통령이 김재익 경제수석에게 "경제는 당신이 대통령이야"라고 했다는 이야기는 유명하다.

1993년 김영삼 대통령이 집권하면서 군부통치는 청산되었으나 경제정책은 계승되었다. 재벌기업에 의존하는 수출주도 정책은 여전히 유지되었고, 정부가 관리하는 은행들을 통해 이들에게 값싼 자금을 공급하는 시스템도 크게 달라지지 않았다. 김영삼 정부 때는 '세계화'가 중심 슬로건이었는데, 당시 정부가 신자유주의를 의식하고 이런 말을 했는지, 아니면 우물 안 개구리가 되어서는 더이상 성장할 수 없다고 판단해서 그런 말을 했는지는 알 수 없다.

그러나 OECD 가입을 추진하면서 금융시장을 먼저 개방한 것은 위험한 정책이었다는 것이 곧 판명되었다. 한국은 1998년 외환위기를 맞고 미국이 의도하는 신자유주의 체제에 완전히 편입된다. 미국이 요구하는 시스템으로 사회를 개조하고, 그 후 20년간 그러한 틀에서 움직였다. 그 후에 좌파정부도 들어섰고, 우파정부도 집권했지만 정책의 기조는 똑같았다.

★ 신자유주의는 한국경제를 어떻게 변화시켰나?

그러면 신자유주의로 한국경제는 어떤 변화를 겪었는가? *신자유주의 편입의 가장 큰 전환점은 외환위기다.* 이제 외환위기는 극복된 것으로 생각하며, 오래전 젊은 시절에 겪었던 실연의 상처 정도로 기억에서 멀어졌다. 평소에는 잊고 사는 사건이 되어 버렸다. 그러나 과연 그러한가? 우리는 잘 느끼지 못하지만, 외환위기를 계기로 결정적으로 바뀐 것이 있다.

첫째, *노동시장의 변화다.* 한국은 1987년 '6월 항쟁'에 이은 '노동자 대투쟁'으로 인해 인건비가 크게 증가했는데, 당시는 3저 호황으로 경제가 좋았기 때문에 당장 큰 문제가 되지 않았다. 그러나 1990년대 들어 호황의 빛이 꺼지고 불황의 그늘이 찾아오면서 노동개혁이 큰 화두가 된다. 특히 1995년 '역 플라자 협정'이 체결되면서 한국의 수출품 가격이 일본에 비해 상대적으로 급등하게 되었다.

한국은 수출이 급감하면서 바야흐로 외환위기를 맞는다. IMF의 개혁 프로그램을 받아들이는 과정에서 파견근로·변형근로·정리해

고의 3종 세트가 도입되었다. 이것은 이미 김영삼 정부 시절부터 추진했으나 강력한 사회적 저항을 받아 주춤하고 있던 것이었다. 그러나 외환위기의 파도와 함께 완벽한 형태를 갖추고 한국 사회에 쓸려들어왔다. 이를 계기로 비정규직의 비중이 극적으로 늘어났으며, 노동시장의 양극화가 심화되었다.

아울러 본체에는 핵심인력만 보유하고 단순·반복적인 업무는 자회사나 하청기업에 넘기는 방식으로 인건비를 절감하는 구조조성이 확산되었다. 외국인 근로자를 적극적으로 수용하기 시작했으며, 이것은 내국인이 중소기업에 근무해서는 버티기 어려운 수준으로 임금을 끌어내렸다.

둘째, *금융의 변화다.* 그동안 사실상 정부가 소유하던 은행들은 구조조정을 거치며 그 소유권이 외국인들에게 넘어갔다. 대형은행들을 보면 외국인 지분이 70%에 이른다. 정부가 소유하고 있는 우리은행도 민영화를 추진하고 있는데, 정부는 은산분리 규제 때문에 외국으로 넘기는 방안을 두고 골몰하고 있다.

외국인들의 지분이 분산되어 있고, 정부가 보유한 지분을 이용해 실질적인 경영권을 행사하고 있지만, 외국인 주주의 집합적인 요구를 무시할 수 없다. 그것은 높은 수익에 대한 요구다. 외환위기 전까지 은행들은 수익성을 무시하고 대기업의 수출과 투자에 자금을 대는 역할을 했다. 그 때문에 대기업의 공격적인 투자가 가능했다. 그러나 그 후로는 부동산담보대출과 프로젝트 금융 등 고수익을 가져오는 투기자금으로의 대출비중이 높아지고 있다. 오늘날 1,500조 원으로 거대하게 부풀어오른 가계 부채도 실은 이때부터 시작된 것이다. 이러한 대출을 타고 부동산의 거품이 엄청나게 부풀어올랐다.

셋째, *대기업이 매우 글로벌화되었으며 세계화에 확실하게 편입되었다.* 외환위기 이후에 외국인은 나락으로 떨어진 한국기업 중에서 옥석을 가려 저가에 좋은 주식을 매입했다. 금융시장도 완전히 개방되었으므로, 이후 삼성전자와 현대자동차 같은 대기업들은 외국인들이 주요 주주로 자리잡게 되었다.[52] 현재 한국은 2세에서 3세로 넘어가면서 지배구조의 개편이 불가피한 상황인데, 외국인 투기자본에 의해 상당히 시달리고 있다.

대기업은 인건비를 낮추면서 해외시장을 적극적으로 개척하기 위해 해외에 공장을 지어왔다. 오늘날 삼성전자의 최대 스마트폰 공장은 베트남에 있으며, 현대자동차는 중국과 미국에 공장을 짓고 있다. 이에 따라 GDP가 성장해도 고용이나 전후방 연관산업의 성장으로 연결되는 효과가 크게 낮아졌다. GDP가 성장하면 수출 대기업만 좋고, 대부분 사람의 삶은 별로 달라지지 않게 되었다. 낙수효과가 사라진 것이다.

넷째, *미국식의 단기 수익 위주의 경영체제가 확립되었다.* 아직도 재벌시스템으로 인해 배당이나 자사주 매입이 미국보다 적기는 하지만, 그 비중은 점차 높아지는 추세다. 주식시장에서 분기별로

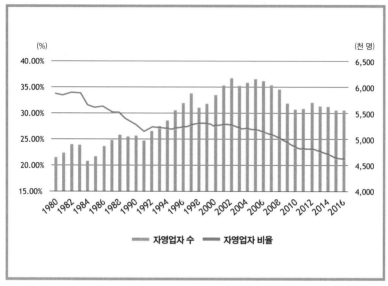

(%)   (천 명)

출처: 통계청, 경제활동연구조사

실적을 평가해 단기 수익성을 높이라는 압박이 가해졌다. 이에 따라 인건비 절감이 핵심적인 경영목표가 되었다. 정규직 인력을 줄이고, 비정규직을 늘렸으며, 자회사나 외주화를 통한 인건비 절감을 대대적으로 시행했다. 그 결과 1987년 14%에 달했던 제조업 매출액 대비 인건비 비중이 외환위기 이후 10% 수준으로 떨어져 이 수준에서 고착되었다.

직장에서 밀려난 사람들은 영세자영업에 뛰어들 수밖에 없었는데, 이 비율은 2000년 취업자의 28%까지 올라갔다. 그러나 너무 과밀해지면서 도저히 견딜 수 없는 사람들이 다시 영세자영업에서 밀려났다. 이에 따라 비율은 다시 21%까지 내려오고 있다. 주가가 큰 화두가 되었으며, 'SK 소버린 사태'에서 보듯이 재벌이라고 하더라도 외국금융자본의 위협에 노출되는 일이 빈번하게 일어났다.

우리나라 기업의 투자는 외환위기 이전 GDP의 35%에서 30%로 낮아졌다. 특히 설비투자는 외환위기 이후 중단되다시피 했고, 이후 서서히 늘어났으나 여전히 위기 전의 수준을 만회하지 못하고 있다.

외환위기 다음으로 신자유주의로의 편입을 상징하는 두 번째 사건은 한미 FTA다. 참여정부는 예상치 못하게 2006년 한미 FTA의 추진을 발표했는데, 결국 2012년 이명박 정부에 들어와서야 협정이 발효되었다. 한국이 수많은 나라를 놔두고 하필이면 최대강국인 미국을 첫 번째 상대로 양자간 협상을 시도했는지는 지금도 미스터리다.

그 후 양국의 무역량은 다른 국가에 비해 늘어났으며, 상대 국가 시장에서 차지하는 점유율도 늘어났다. 한국은 자동차와 휴대폰 등 상품시장에서 2011년 116억 달러에서 2016년 232억 달러로 2배 가까이 대미 수출이 늘었다. 반면 미국이 강세인 서비스 부문에서는 대미 무역적자가 2011년 109억 달러에서 2016년 142억 달러로 늘어났다. 우려했던 농축산물의 경우에는 대미 무역적자가 2011년 83억 달러에서 2016년 71억 달러로 오히려 감소했는데, 이는 광우병 파동과 더불어 호주·뉴질랜드로 수입선이 옮겨간 효과로 보인다. 따라서 이러한 성적표로만 보면 한미 FTA는 그리 나쁘지 않은 협상처럼 보인다.

그러나 물론 이 협상으로 이득을 본 대기업이 농민과 서비스 업종의 종사자들에게 손해를 보전해준 것은 아니다. 따라서 양극화 심화의 또 다른 요인이 되었다. 또한 반도체 제조용 장비와 집적회로 반도체 등 보다 기술집약적 부문에서는 완전히 수입에 의존하게 되면서 산업구조 고도화에 필요한 핵심분야의 개발을 포기한 측면도 있다.

가장 큰 문제점은 투자자-국가소송제(Investor State Dispute; ISD)[53] 같은 제도를 허용함으로써 한국 정부가 산업을 육성하고 보호할 수 있는 정책의 여지를 축소시키고, 외국금융자본이 국내 시장에 분탕질을 칠 수 있는 근거를 허용했다는 것이다. 이것은 물론 한국 정부가 협상을 잘못했기 때문이라기보다는 한미 FTA가 지니는 불가결한 속성 때문에 포함된 것이다.

오늘날 한국경제를 수직적인 구조로 보면, 최상층부에는 외국인 기관투자가 등 국제금융자본이 있고, 그 아래에 수출위주의 재벌그룹과 은행이 있으며, 이들이 다시 관계회사나 협력회사라는 이름으로 다수의 중소기업들을 지휘하고 있다. 그리고 맨밑에 최하층에는 영세기업과 자영업자가 강변의 모래처럼 무수하게 존재하고 있다.

프랜차이즈를 예로 들면 가맹점주와 알바생이 최저임금을 놓고 다투면서 아주 작은 수익을 얻고 있으며, 본사는 대부분의 수익을 가져간다. 대기업의 지분은 50%가 넘게 외국자본이 가지고 있는 경우가 많은데, 이들은 단기적인 이익을 강조하면서 수익경영을 압박하며, 상당한 비율을 배당으로 수취해간다. 장기적인 관점에서 산업을 육성하고 당장 적자를 무릅쓰면서 투자한다는 발상은 사라졌다. 금융시장이 완전히 개방되어 있고 그 규모도 제법 커서 핫머니가 ATM처럼 이용하고 있다.

신자유주의 체제는 한국인들이 낮은 임금으로 열심히 일해 수출한 이익을 재벌과 국제금융자본에게 제공하는 구조를 만들었다. 어떤 사람은 이러한 상황을 보고, 한국인이 '노동자 민족'이 되었다고 탄식하기도 한다.

★ 트럼프가 가져올 충격

트럼프가 던진 돌멩이는 파장을 그리며 호수 전체로 퍼져나가고 있다. 어떤 나라도 피할 수 없다. 특히 한국처럼 세계경제에 완전히 노출된 나라는 더욱 그러하다. 이제 신자유주의 시대는 끝난 것이다. 우리가 탄 배는 익숙하지 않은 바다로 접어들었다. 이와 같은 때에 우리는 어떻게 해야 하나?

트럼프의 보호무역정책의 목적은 단순히 무역적자를 줄이려는 것이 아니다. 그것은 쇠락해가는 미국의 패권을 다시 부흥시키기 위한 필사적인 노력이며 잠재적인 경쟁국가인 중국을 미리 치려는 시도다. 무역적자를 어느 정도 줄이려고 하는 것이라면 중국도 미국에게 적당히 양보하고 타협할 수 있다. 그러나 중국의 기술 발전을 억제하고 만년 후진국으로 눌러놓는 것이라면 그것은 참을 수 없다. 따라서 이 싸움은 둘 중 하나가 결딴날 때까지 계속된다고 봐야 한다. 물론 때로는 급하게, 때로는 완만하게 진행되지만 흐름의 방향은 바뀌지 않을 것이다.

미국이 TPP를 중심으로 세계의 경제질서를 재편하려고 한다면 한국도 그 안에 들어가야 하며, 따라서 중국은 더이상 시장으로 기능하기 어렵게 된다. 또한 이미 중국은 첨단 제조업으로 산업구조를 바꾸겠다고 선언했으며, 반도체의 자급자족을 위해 막대한 투자를 단행하겠다는 의지를 밝힌 바 있다. 이미 시장이 아니라 경쟁국이 된 것이다. 이에 따라 한국의 수출은 더이상 성장하기 어렵게 될 것이다. 인도와 동남아 등지에서 대안을 찾으려고 하겠지만, 충분한 상쇄가 이루어지지 못할 가능성이 높다. 또한 미국은 자국에 대한 투자를 요구하면서 한국의 대미 수출을 견제하고, 반대로 IT와 서비스에 대한 개방을 더욱 강하게 요구할 것이 명백하다. 이와 같이

266

수출을 통한 성장은 향후 매우 곤란해질 것이다.

그런데 트럼프의 정책은 상당히 무리한 것이기도 하다. 그는 지지층을 유지하기 위해 무역전쟁을 일으키고 있으나, 한편으로는 그로 인해 손해를 보는 지배계층을 달래기 위해 감세를 단행했다. 세수가 줄어드는데도 한편으로는 인프라투자를 단행하기 위해 국채발행을 늘렸다. 그 결과 금리 상승의 압력이 매우 높아졌다. 그럼에도 불구하고 트럼프는 자신의 무역정책을 지지하기 위해 약달러를 요구하고, 경기를 부양하기 위해 금리를 낮게 유지하기를 바란다.

이미 양적완화로 풀린 돈으로 주가와 상업용 부동산가격이 10년 동안 올랐는데, 과연 이러한 추세가 계속될 수 있을까? 미국의 실물경제가 그만큼 성장하지 않았다면 그 가격이 거품임은 분명하다. 따라서 자산가격의 폭락 가능성은 항상 잠재해있는 셈이다. 어느 순간 자산가격이 폭락한다면 그에 대한 지지율이 떨어질 가능성이 높다. 그는 높은 주가를 자신의 업적으로 자랑하고는 했기 때문이다. 그의 정적들은 그것을 은근히 기대하고 유도할 수도 있다.

트럼프는 연준을 압박해 금리를 계속 낮게 유지하라고 요구하겠지만, 아무리 연준이 들어주고 싶어도 그럴 수 없는 것이 미국의 현실이다. 자산가격의 폭락은 즉시 한국에도 전달되어 충격을 줄 것임에 틀림없다. 한국은 뜨거운 화산과 차가운 빙하 사이에서 노심초사하며 고민하고 있다.

2장

한국경제 :
가라앉는 주력산업과
사방에 깔린 리스크

트럼프의 정책은 곤란에 직면한 한국경제를 더욱 궁지에 몬다. 한국은 이미 주력산업들이 줄줄이 쇠퇴기에 접어들어 구조조정이 불가피하며, 공급과잉으로 제조업 가동률이 계속 낮아지고 있다. 여기에 더해 산처럼 쌓인 가계 부채와 하늘까지 올라간 부동산가격으로 위태롭기 짝이 없다. 트럼프의 압박으로 환율정책은 제약을 받고 있으며, 미국이 금리를 올리니 자본유출을 막기 위해 따라 올려야 하는데 가계 부채에 불이 붙을까봐 전전긍긍하고 있다. 더군다나 북한과의 핵 협상은 한국경제에 돌파구를 열어주기보다는 부담으로 작용할 가능성이 크다.

★ 한국을 먹여 살리던 주력산업의 쇠퇴

2017년부터 '제4차 산업혁명'이 화두가 되기 시작해 신문·방송이나 도서시장을 휩쓸고 지나가고 있다. 그러나 그 내용을 살펴보면 과연 이것이 빠른 시간 내에 손에 만져지는 형태로 구체화될 수 있을 것인가 의문이 들지 않을 수 없다. 아직 담론 수준을 벗어나지 못하고 있다.

스마트폰 같은 대박 시장이 나타날 것이라는 조짐은 없다. 2009년 아이폰의 출시로 스마트폰이 큰 시장을 형성했으나 그 후 성숙기에 들어서서 더이상 커다란 기술적인 진보를 이루지 못하고 있다. 다만 사물인터넷·인공지능·빅데이터·클라우드의 IT기술로 구현되는 자동화는 급속하게 진전되고 있는데 이는 생산을 효율화하겠지만, 큰 시장을 창출하지는 못할 것으로 보인다.[54]

박근혜 정부가 내세운 공약은 '창조경제'였지만, 효과가 나타난 것은 오로지 공장 자동화뿐이었다. 그 결과 생산성은 향상되었지만, 동시에 일자리를 줄이는 효과를 가져왔다. 이렇게 제4차 산업혁명이 시장을 창출하는 효과가 아니라 비용을 줄이는 효과로 나타나면서 정부는 딜레마에 빠진다.

그에 비해 전통적인 제조업의 상품은 포화상태이며, 수요는 정체되어 있다. *우리나라는 반도체의 선전에 가려져 있지만, 사양산업이라고 볼 수 있는 산업들을 제법 많이 안고 있다.* 조선·해운·철강·건설·화학이 5대 구조조정 산업으로 선정되어 정부의 지도하에 재편되거나 축소되고 있다. 해운처럼 크게 말썽을 부렸으나, 규모가 작아 큰 타격으로 이어지지 않은 산업도 있지만, 조선처럼 규모가 크고 아직 한참 더 조정이 필요한 산업도 남아있다. 조선은 글로벌금융위기 직전인 2007년 2,364만 톤(CGT)에서 2009년에는 141만 톤으로 급감하더니, 이후에도 1천만 톤 수준에서 왔다갔다하고 있다. 이에 따라 20만 명에 이르렀던 고용인원이 10만 명으로 반토막이 났으며, 아직도 정부 지원으로 유지하고 있는 상태다. 철강과 화학은 비교적 좋은 편이지만, 그것은 경쟁국인 중국 등이 감산한 영향이 크며, 더욱이 트럼프의 미국정부가 한국에 관세라는 철퇴를 휘둘러 앞길이 어두컴컴한 상황이다.

그런데 생각하지 않았던 자동차까지 업황이 부진해 고민이 크다. 자동차의 경우 현대자동차는 2011년을 정점으로 계속 매출액과 영업이익이 미끄러지고 있다. 직접적인 원인은 2012년부터 시작된 아베의 양적완화 때문에 엔저가 나타나고, 그동안 가격대비 성능으로 어필했던 한국 자동차의 매력이 사라졌기 때문일 것이다. 그러나 자동차 자체의 경쟁력도 이전 같지 않다는 비판이 없지 않다. 또한 한국의 자동차회사들은 전기차와 스마트카라는 큰 흐름에서 뒤쳐지고 있다.[55]

가장 걱정스러운 것이 건설이다. 이미 이명박·박근혜 정부에서 주택규제완화를 통해 부동산경기를 부양했으며, 이는 저금리와 맞물려 엄청난 주택 건설 붐을 일으켰다. 이미 수도권과 지방은 공급과잉으로 미분양이 나는 등 어려움을 겪고 있는데 마땅한 방법이 없다. 그나마 부동산가격이 완만하게 하락하면 견딜만할 터인데, 만약 폭락한다면 타격이 클 것이다. 더구나 부동산은 금융과 맞물려 있다. 부동산가격 하락은 그것을 담보로 잡은 은행에게 타격을 줄 수 있다. 정부가 오래 전부터 걱정해 대응해왔지만 과연 충분할지는 장담할 수 없다.

우리는 이미 생산가능인구가 감소하고 있으며, 앞으로는 절대인구도 감소할 것이다. 투기가 아닌 주택의 실수요는 줄어들 것이 틀림없다. 인구가 몰리는 서울은 몰라도 다른 지방은 타격을 피할 수 없다. 과연 유동성만 가지고 부동산가격이 계속 유지될 수 있을지는 지켜봐야 할 것이다.

★ 제조업 가동률 저하 :
점차 느려지는 톱니바퀴

한국경제는 2008년의 금융위기를 무사히 극복했으나, 2011년 부터는 다시 침체에 빠져든다. 금융위기를 수출로 극복하기 위해 이명박 정부는 원화가치를 낮게 유지했는데, 이는 당장 수출의 급락을 막는 데는 성공했으나, 불필요하게 투자가 확대되는 부작용도 발생했다. 이 때문에 재고가 쌓이고, 재고 때문에 설비가동률을 낮추는 연쇄효과가 나타났다.

2017년 국내 제조업 평균 가동률은 71.9%로 외환위기 직후인 1998년 67.6% 이후 가장 낮은 수치를 기록했다. 제조업 가동률은 2011년 80.5%를 고점으로 이후 6년 연속 감소추세인데, 만약 반도체의 호황이 없었더라면 더 낮게 나타났을 것이다.

이렇게 설비가동률이 낮으니 투자가 일어나기 어렵다. 기껏해야 노후화된 설비를 교체하려는 소극적인 투자가 일어날 가능성이 높다.[56] 한국은행이 발표하는 저축률 및 투자율 추이를 보면 역시 2011년을 기준으로 투자율은 뚝 떨어지는 데 반해 저축률은 지속적으로 상승하고 있어 상당히 많은 돈이 생산적인 부분으로 흘

한국 제조업 가동률

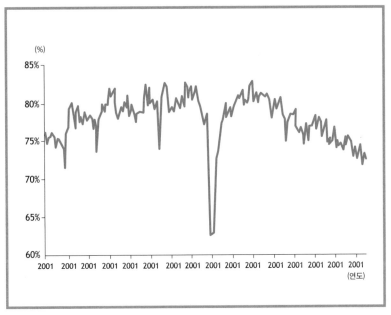

출처: 통계청, 연간 산업활동동향

러가지 않고 있다는 것을 알 수 있다.

제조업 설비가동률의 저하는 한국경제가 설비의 공급과잉에 있다는 것을 나타낸다. 다른 말로 하면 수요가 부족한 것인데, 내수야 워낙 미약했으니, 수출이 잘 안된다는 말과 동일하다. 이런 상황이기 때문에 고용도 덩달아 부진하다. 이는 일본경제가 버블로 무너지기 시작한 1990년대를 연상하게 한다.

당시 일본은 부동산과 주가의 버블이 심했기 때문에 이것이 무너지면서 공급과잉의 현상을 더욱 증폭시켰다. 이에 따라 장기간에 걸친 구조조정이 불가피해졌으며, 공급과잉이 어느 정도 정리된 2000년대 이후에야 회복기에 접어들었다. 그럼에도 불구하고 고용시장은 계속 좋지 않았는데, 생산가능인구가 크게 줄어든 요즘에 들어서야 노동시장도 호전되기에 이른다.

한국의 경우에는 제조업 과잉이 이제 시작된지 얼마 되지 않았고, 수출로 이것을 만회하기도 어려우며, 막대한 가계 부채와 부동산버블이 압력으로 작용하고 있다. 따라서 장기간의 부진은 불가피하다.

2017년은 전반적으로 한국경제가 좋게 나타났지만, 사실은 반도체의 슈퍼호황에 나머지 모습이 가려진 것이다. 한국은 수출로 먹고사는 나라인데, 세계경제가 저성장 기조로 빠지면서 심각한 과잉설비를 안게 된 셈이다.

특히 조선과 자동차 등에서 심각한 공급과잉이 일어나고 있다. 국내 자동차산업의 생산은 2017년 411만 5천 대로 전년보다 2.7% 감소했는데, 여기에 한국GM 군산공장 폐쇄, 현대자동차의 실적 악화 등 악재가 쌓여 있어 장기화 조짐을 보이고 있다. 앞으로의 상황을 보면 가동률이 더 떨어지면 떨어졌지, 올라갈 것으로 보이지 않는다. 반도체의 슈퍼호황이 끝나면 화장에 가려진 본얼굴이 드러날 것이다.

★ 산처럼 쌓인 가계 부채 : 위기의 진앙지

한국경제가 타격을 받는다면 그 진앙지는 가계 부채가 될 가능성이 높다. 은행이 외국계 은행처럼 되어 단기 수익성 위주로 운영하게 되면서 나타난 것이 가계 부채다. 이미 한국경제는 고도성장기를 지났으므로 거대한 자금수요도 없었고, 빚잔치를 벌였다가 혼이 난 한국 대기업도 내부유보에 의존하는 비율이 높아졌다. 따라서 비교적 안전한 부동산담보대출이 은행에게 나름의 훌륭한 수익원이 된 것이다.

마침 세계적인 저금리로 시중에 돈이 풍부해진 것도 부동산 투기를 부추겼다. 너도나도 은행에서 돈을 빌려 주택을 사는 투기 경쟁에 나서게 된다. 정부도 부동산 규제완화를 통해 경기진작을 했는데, 이렇게 정책과 금리가 맞물리며 부동산가격이 올라갔고, 이와 함께 가계 부채도 늘어났다.

한국의 가계 부채는 2018년 3월 1,468조 원에 이르러 현기증이 날 지경이다. 처분가능소득 대비 가계 부채 비율이 2018년 1분기 말 기준 160.1%에 이르고 있으며, GDP 대비로는 84.1%이다. 정부는 그동안 변동금리를 고정금리로 바꾸는 등 대응에 나섰으나, 기본적으로는 부동산대출을 촉진하는 정책을 사용했으므로 가계 부채는 늘기만 했다.

가계 부채 상승률이 꺾이기는 했지만 지금도 계속 늘고 있는 중이다. 부채는 이제 한쪽 편에서 재깍거리며 초침이 움직이는 시한폭탄 같은 존재가 되어, 우리의 가슴을 서늘하게 하고 있다. 2018년 2월 〈월스트리트 저널(The Wall Street Journal)〉이 국제결제은행(BIS)과 옥스퍼드 경제연구소의 통계를 바탕으로 2008년 미국의 주택시장거품 붕괴와 비슷한 부동산 거품 붕괴가 일어날 위험이 있는 '세계 10대 위험국'에 한국을 포함시킨 바 있다.

★ 환율 : 올라도 문제, 내려도 문제

우리나라는 1997년의 외환위기 이후 절치부심하며 더욱더 수출에 매달렸다. 나라에 달러가 부족해서 수모를 당했다고 생각했기 때문이다.

수년 동안 연속으로 경상수지는 흑자를 기록했고, 달러는 한국에 차곡차곡 쌓였다. 더구나 2008년 금융위기 이후 미국에서 양적완화로 풀린 돈이 한국의 주식과 채권시장에 몰려드는 바람에 때 아닌 달러홍수를 만끽했다. 한국의 외환보유고는 2018년 7월 기준으로 4,024억 달러에 이른다. 1997년 외환위기 직전의 40억 달러에 비하면 상전벽해 수준이다. 외환보유액 대비 단기외채(1년 미만)의 비중도 30%에 불과하다.

그러나 한국처럼 외롭고 약한 나라는 언제든지 바람이 불면 꺼지는 촛불과 같은 처지에 놓여있다. 2008년 글로벌 금융위기 때에도 원화가치가 급락하면서 이를 막느라고 달러를 풀어야 했는데, 6월부터 11월까지 5개월 사이에 외환보유고가 2,600억 달러에서 2천억 달러로 급감한 바 있다.

한국 정부는 아세안(Association of South-East Asian Nations, 동남아시아 국가연합)과 '치앙마이 이니셔티브(Chiang Mai Initiative)'로 384억 달러의 통화스와프 계약을 체결했다. 또한 중국과 위안화로 통화스와프를 체결한 것에 이어, 2018년 들어서는 캐나다(무제한)·스위스(106억 달러)와 통화스와프를 체결했다. 이렇게 애썼음에도 불구하고 항상 마음 한 편은 불안하기 짝이 없다. 스위스를 제외하고는 기축통화국이라고 할만한 국가가 포함되어 있지 않으며, 스위스의 경우에도 106억 달러로 금액이 너무 적기 때문이다. 그러나 만일의 경우 미국이나 한국경제가 급격한 충격으로 소용돌이에 휘말린다고 하더라도 외환위기 때처럼 순식간에 무너지지 않을 정도는 된다고 보인다.

오랫동안 한국은행은 외환시장에서 달러를 사는 방식으로 원화가치가 올라가지 못하도록 억눌렀다. 이것이 수출가격을 낮추어 수출물량을 늘림으로써 성장한 우리의 방식이었다. 이런 방식 덕에 수출이 잘되어 경상수지 흑자가 생긴 것까지는 좋은데, 그렇게 들어온 달러에 더해 주식·채권에 투자하기 위해서 외국에서 몰려온 달러까지 외환시장에 밀려오면서 원화가치가 올라가는 상황이 되었다.

한국은행은 부지런히 외환시장에서 달러를 매입해 원화가치를 억눌렀으나, 이것도 미국이 압력을 가하면서 어렵게 되고 있다. 트럼프 정부 들어서는 미국도 수출을 늘리겠다고 나서면서 우리를 환율조작국으로 지적하겠다고 위협하고 있다.[57] 이에 따라 한국 정부는 환율시장에 대한 개입상황을 공개하겠다고 양보할 수밖에 없었다.[58]

최근에는 중국과 미국이 보호무역전쟁을 벌이면서 한국도 유탄을 맞고 있다. 중국이 타격을 받으면서 위안화가 떨어지고 있는데, 이는 중국 당국이 어느 정도까지는 유도한 바다. 그렇게 하는 것이 자신들의 수출을 촉진하면서 보유하고 있는 미국 국채의 가치를 유지하는 방안이기도 하기 때문이다. 그러나 이에 따라 한국의 원화도 함께 가치가 떨어지고 있다.[59] 환차손을 우려하는 자금이 한국의 주식시장에서 빠져나가기도 한다.

최근 한국과 중국이 경제적으로 상당히 통합되면서 원화와 위안화가 동반해 움직이는 경향이 나타나고 있다. 어떤 방향으로 환율이 튄다고 해도 환율변동성이 커지는 것은 한국에게 그다지 바람직하지 않다. *원화가치가 올라가면 수출이 타격을 받을 것이고, 원화가치가 내려가면 자본유출의 위험이 다가온다.*

★ 줄타기를 해야 하는 금리

우리나라의 기준금리는 금융위기가 한창이던 2008년 8월에 5.25%로 근래 들어 최고치를 기록했다. 미국이 한참 금리를 낮추고 있었지만, 워낙 세계의 자금이 안전한 곳을 찾아 미국으로 달려가다 보니, 섣불리 기준금리를 낮출 수도 없었다. 그러나 점차 세계경제가 안정을 찾아가면서 미국과 금리를 동조화해 2016년 6월에는 1.25%로 미국과 똑같은 수준에 맞추어 놓았다. 그러나 미국이 기준금리를 올리자, 우리도 2017년 11월 1.5%로 올릴 수밖에 없었다.

이것은 기준금리의 움직임이고, *시장금리는 이미 상승을 예상하고 먼저 대출금리부터 이를 반영하기 시작했다.* 전국은행연합회에서 주요은행의 대출금리를 기준으로 가중평균해 매달 발표하는 코픽

한국과 미국의 기준금리

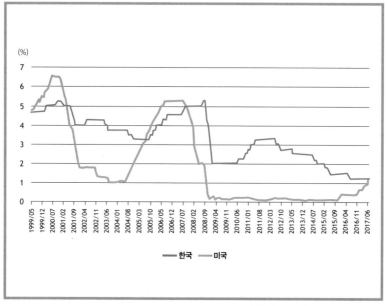

출처: 하나국은행, 미국 연방준비제도

스(COFIX) 금리는 2018년 8월 신규기준으로 1.84%를 기록해 연속 오름세를 보이고 있다. 코픽스 금리는 주택담보대출금리의 기준이 된다는 점에서 주목할 필요가 있다.

그러면 장기금리의 추이는 어떠한가? 2018년 8월 기준으로 국고채 금리는 3년 만기 2.07%, 10년 만기가 2.55%, 20년 만기 2.53%로 오름세를 계속하다가 최근에는 무역전쟁의 풍파 속에서 안전자산을 찾는 수요로 주춤하고 있다. 미국의 장기금리는 어떠한가? 3년물, 10년물, 20년물이 각각 2.77%, 2.96%, 3.05%로 올라가는 추세다.[60]

이렇게 미국 금리가 더 높은데도 불구하고 막대한 자금이 환차익을 노리고 들어와 있다.

한국은 20년 만기 국고채 금리를 보면 미국·중국·일본·독일 등에 비해서 낮다. 또한 수익률곡선도 미국에 비해 평탄하다. 장기이자율은 현재와 미래 단기이자율의 가중평균이라는 점을 감안할 때, 이는 투자자들이 한국의 미래 경제성장에 대해서 어둡게 보고 있다는 표시다. 한국의 성장을 이끌던 중후장대산업들이 수요정체를 맞아 더이상 성장을 이끌 수 없고, 상당한 규모 축소가 불가피하다는 현실을 반영하는 것이다. 또한 한국의 고령화가 빨리 진행되고 생산가능인구의 규모가 줄어든다는 걱정거리도 반영하고 있다.

한국은 이미 기준금리에서 미국을 추월했으나, 인상에 매우 조심스럽다. 물론 아직도 환차익으로 인한 수익 때문에 머물러 있지만, 주식 같은 경우에는 원화약세에 따라 외국인 자금이 상당히 빠져나가기도 했다. 자칫하면 외국인의 달러가 한꺼번에 빠져나갈 우려가 있다. 그렇다고 금리를 올리자니, 가계 부채 부담의 급증으로 인한 부동산가격의 폭락과 그에 따른 금융기관의 충격이 걱정된다. 한국은행은 양쪽의 낭떠러지 사이에 난 좁은 길을 따라 조심스럽게 운전하고 있는 중이다.

★ 큰 기대를 할 수 없는 북한 경협

마주 보며 달려오면서 충돌할 것 같던 미국과 북한은 극적으로 타협했다. 미국이 군사적으로 북한을 공격하는 것이나, 북한이 미국을 향해서 핵 미사일을 날리는 것이나 무모하기는 마찬가지이므로 예상되었던 귀결일 수도 있다. 그러나 이로 인해 절체절명의 긴장 국면에서는 벗어나게 되었으며, 다른 한편으로는 북한이 정체에 빠진 한국경제에 새로운 돌파구가 될 것이라는 전망도 부상했다.

북한이 미국과 타협한 가장 큰 이유는 미국의 군사위협에서 벗어나기 위한 것이겠지만, 다음으로는 경제발전이 중요할 것이다. 북한은 전쟁 이후 빠르게 복구해 상당히 앞서나가는 경제를 구축했으나, 1970년대 이후 정체에 빠졌다. 이는 폐쇄적인 자급자족경제에 기인하는 바가 컸으나, 상시 전시체제에 따른 군사비의 압박도 컸을 것이다. 이로부터 해방될 수 있다면, 중국이나 베트남 방식의 경제발전을 도모할 수 있다.

과거 '유격대 국가' 시절의 지배계층과 달리 김정은은 실용적이며, 경제발전에 관심이 많다. 또한 그것이 북한이 살길이기도 하다. 따라서 핵을 포기하는 대가로 요구하는 가장 큰 보상이 체제의 안전보장과 더불어 경제발전의 환경조성이다. 그것을 위해서는 미국·유럽·일본·한국 등의 선진기업들이 자금과 기술을 가지고 들어오는 것이 필요하다. 그러나 정치적으로 위험하고 언제 어떻게 사업이 중단될 지도 모르는 환경에서 누가 과연 북한에 들어갈 것인가? 개성공단을 보면 알 수 있다.

미국의 안전보장이 필요한데, 일차적으로는 대북경제제재를 풀어주는 것부터 시작할 것이다. 그러나 현재의 추세는 비핵화와 경제제재 완화가 나란히 가는 방식이므로, 경제제재가 일거에 풀릴 가능성이 낮다. 다른 나라는 매우 조심스럽게 관망할 것이므로 결국 남는 것은 중국과 한국의 자금이라고 봐야 할 것이다. 중국은 북한과 국경을 맞대고 있으며, 이미 그 지역에 설치된 특구가 있으므로 대북제재가 해제되고 비핵화가 진행되면 투자를 크게 늘릴 가능성이 있다.

그 밖에 러시아가 시베리아의 개발 차원에서, 일본이 북한에 대한 긴장완화 차원에서 들어갈 수 있겠지만 큰 기대를 하기 어렵다. 러시아는 돈이 없고, 일본은 북한에 대한 제재완화에 가장 강하게 반발한 나라다. 더구나 북한은 매우 작으며, 투자가치도 낮다. 해외의 기업이라면 그들의 광산자원이나 낮은 인건비에 관심을 가질까, 시장으로는 높이 평가하지 않을 것이다. 따라서 한국이 개성공단을 다시 가동하거나 금강산 관광을 재개하는 것이 일차적 출발점이 될 가능성이 크다.

현재 북한은 전력·도로·철도 등 기본적인 인프라가 부족하다. 한국의 개발역사를 봐도 이 부분이 선행되어야 한다는 것을 알 수 있다. 그러나 이 분야는 막대한 자금이 들어가며 당장의 수익성도 기대하기 어렵다. 민간기업이 들어가기 어려운 분야라는 뜻이다.

만성적인 식량난에 시달리는 농업도 북한의 입장에서 관심사일 것이다. 그러나 한국의 자금이 대규모로 들어갔을 때, 만약 국제적인 환경이 급변하면 오도가도 못하는 상황에 처할 수 있다. 또한 미국의 눈치도 봐야 한다. 개성공단처럼 한국 정부가 보전해줄 수 있는 차원이 아니므로 이러한 부분의 투자는 매우 조심스럽게, 또한 매우 장기적으로 진행될 것이 틀림없다. 따라서 북한에 대한 경제협력이 한국기업에게 당장 큰 기회가 된다고 주장하는 것은 성급하다.

한국의 김대중 정부에서 개성공단의 모델을 제시한 바 있다. 그러나 이는 한국의 중소기업들이 노동집약적 산업을 들고 들어가서 낮은 북한의 인건비를 활용한 측면이 크다. 북한에게 달러를 제공했으나, 대단한 기술이나 노하우를 제공했다고 보기 어렵다. 북한의 지도부가 핵을 담보로 어렵게 얻은 기회를 그런 식으로 낭비하지는 않을 것이다. 중국처럼 현존하는 기술을 뛰어넘어 전기차나 드론 같은 차세대 기술로 점프하는 모델을 구상하고 있을 가능성도 있다. 물론 북한에 기반 인프라와 현대적 공업이 미비한 상태에서 북한의 요구가 비현실적일 수는 있다. 그러나 바로 그러한 이유 때문에 선진국이 걸어간 경로를 그대로 따라가는 식의 발전전략을 채택하는 것은 좋은 방식이 아닐 수 있다.

외국 기업이 북한에 좀더 과감하게 들어가려면 미국의 안정보장이 필요하다. 그것은 경제제재의 완화와 수교뿐만 아니라, 미국이 지배하는 국제금융기구로서 IMF 및 세계은행이 개발자금을 대출하거나 지불보증을 하는 방식이 될 것이다. 이러한 자금을 이용해 외국기업이 투자한다면, 미국이라고 하더라도 함부로 행동하기 어렵다. 스스로 만든 질서에 금을 내는 것이기 때문이다. 하지만 미국의 입장에서 과연 그렇게까지 해주려고 할 것인지는 의문이다.

중국은 아시아 인프라 투자 은행(Asian Infrastructure Investment Bank; AIIB) 같은 국제적 기구의 자금을 통해 북한에 투자할 수 있다. 물론 중국의 입장에서 리스크를 지는 것이지만, 이쪽이 보다 가능성이 높아 보인다.

트럼프는 북한과의 협상을 통해서 북한을 한국처럼 잘 살게 해주겠다고 말했다. 어떻게 보면 모욕적인 발언이지만, 북한에게 가장 아쉬운 것이 무엇인지를 잘 이해하고 하는 발언이다. 그런데 미국은 북한에 대한 투자에 미국이 참여하겠다는 이야기를 하지 않았다. 결국 북한의 핵 위협으로부터 어느 정도 벗어났으나 완전히 벗어나지는 못한 한국과 일본에게 투자하라는 것처럼 들린다. 미국을 때릴 수 있는 대륙간미사일을 폐기하더라도 한국과 일본을 공격할 수 있는 중단거리 미사일은 상당기간 보유하고 있을 가능성이 크기 때문이다. 미국은 1994년 제네바협정에서도 북한에 경수로를 지어주기로 하고는, 그 비용을 한국에게 전가한 바 있다.

북한의 핵 폐기가 평화롭게 추진된다고 하더라도 그 자체만으로 적지 않은 비용이 들어간다는 것도 유념해야 한다. 어떤 분석에 따르면 북한의 비핵화에 10년간 29조 원이 들어간다고 한다.

소련이 망한 후, 1994년 카자흐스탄의 핵 물질을 폐기하는 데 미국이 참여했다. 대형수송기에 수십 명의 연구진이 타고 와서 핵 물질을 철저히 검증하고 미국에 가져가 테네시주 오크리지(Oak Ridge)에서 폐기했다. 우크라이나에 보관되었던 수 백기의 대륙간 미사일도 비슷한 방식으로 처리되었다. 미국은 이 과정에서 상당한 금액을 소련에게 제공했다고 한다. 그러나 소련이니까 가능한 일이였지, 북한이라면 그렇게 할 것인가?

미국은 불가피한 금액만 지불하고 나머지는 모두 한국이나 일본에 떠넘길 가능성이 크다. 자칫 우리는 상당한 돈만 북한에 제공하고 그로부터 별다른 수익을 얻지도 못하면서 정치적 위험만 질 수도 있다.

평화롭게 잘 진행되기를 바라야 하는 입장이지만, 매우 조심스럽게 접근해야 하는 것도 사실이다. *미국이 패권을 포기하고 중국과*

북한을 완전히 놔주기 전에는 언제든지 손바닥을 뒤집어 그들을 압박할 수 있다. 또는 미국에서 트럼프와 다른 성향의 정권이 들어서면 모든 것이 거꾸로 돌아갈 수도 있다. 과거 클린턴에서 부시로 정권이 바뀌면서 이미 실감했던 상황이다. 이때 미국과 동맹관계인 한국은 자연스럽게 대치국면으로 들어가게 되며, 이미 투자된 사업, 투자되고 있는 사업은 올스톱이 된다. 따라서 북한으로부터 열릴 경제적 기회는 정치적 안정이 어떻게 이루어지는가를 함께 살펴보면서 판단하는 것이 합리적이다.

3장

한국이 맞을
경제위기 리스크

한국경제는 외환위기 이후 20년만에 최대의 위기를 맞고 있다. 3개의 폭풍이 서로 마주친다는 점에서 퍼펙트 스톰이라고 부를 만하다. 첫째는 미국을 따라 금리인상을 하다가 가계 부채가 부실화되고, 이것이 부동산과 주식시장의 붕괴로 이어지며, 이어 외국자본의 유출이 따라가는 것이다. 둘째는 미국의 보호무역으로 한국의 주력산업이 더욱 타격을 받고 구조조정에 들어가며, 이에 따라 실업이 늘고 소비가 줄어드는 장기불황이 찾아오는 것이다. 셋째는 미국의 자산시장이 붕괴하면서 달러가 썰물처럼 본국으로 돌아가고, 한국의 자산시장도 덩달아 무너지는 것이다.

★ 3가지 태풍이 만나는 퍼펙트 스톰

한국은 국가신용등급도 높고 외환보유고도 많지만 위기를 맞으면 모두 무용지물이 될 수도 있다는 것을 우리는 경험으로 알고 있다. 중심 국가에서 벗어난 주변 국가의 숙명이다. 1998년 외환위기 때에도 펀더멘털은 괜찮다는 말을 입에 달고 살았으나, 결과는 참담했다. 정부도 물론 그것을 잘 알고 있으므로 부지런히 이것저것 대책을 내놓으며 준비해왔다.

여기서는 최악의 경우를 한번 상상해보기로 한다. 반드시 그렇게 된다는 것이 아니라 그렇게 될 경우를 대비해 준비를 해야 한다는 점 때문이다.

★ 리스크 요인 1 : 금리 상승으로 인한 위기

미국 금리는 기본적으로 올라가는 추세다. 이미 미국은 과도한 양적완화를 시행했으므로, 그것을 거두어들이지 않으면 달러의 위기가 찾아올 것이다. 인플레이션의 우려는 사실 달러가치 하락에 대한 우려다. 종국적으로 달러의 신뢰성에 대한 위기로 번지기 때문이다. 그렇기 때문에 최근 미국 금리는 상승기조를 보이는 것이다.

미국이 금리를 올리면 어떻게 될까? 우리도 어느 정도 보조를 맞추어 금리를 올리지 않을 수 없을 것이다.[61] 과거 한국과 미국의 기준금리가 역전된 적이 몇 번 있었다. 그러나 기준금리의 격차만으로 그것을 설명할 수는 없으며, 외국인은 환율과 미국의 정책, 그리고 포트폴리오를 고려해 결정한다.[62]

그렇더라도 금리차이가 너무 벌어지면 돈이 빠져나가는 것은 명백하다. 돈은 오로지 높은 수익률을 찾아 흐르기 때문이다. 미국의 자금은 한국의 공업시설에 투자해 장기적인 수익을 추구하려고 들어온 것이 아니다.

양적완화로 막대한 달러를 해외로 풀어놓았는데, 우리나라에도 그 자금이 들어와 주식과 채권의 가격을 올려놓았다. 또한 미국에서 시작된 저금리는 우리에게도 저금리를 강요했다. 그렇지 않으면 원화가치는 올라가고, 우리 수출이 파탄날 것이 분명했기 때문이다. 그렇게 낮아진 금리로 막대한 자금은 부동산시장과 주식시장으로 흘러들어 갔다.

외환위기 이후 사실상 외국계 기업으로 변한 일부 은행은 부동산자금에 엄청난 대출을 해줌으로써 이를 조장했다. 이명박·박근혜 정부가 경제성장률을 높이기 위해 부동산규제를 풀어준 것도 한몫했다. 그렇게 가계 부채가 1,500조 원까지 쌓이게 되었다. 그 결과 서울은 재건축 붐이 불었고, 수도권과 지방은 과잉공급이라는 거품을 안게 되었다.

우리나라 금리가 올라가면 그 역순으로 진행될 것이다. 부동산 가격은 떨어진다. 이미 문재인 정부의 부동산억제정책으로 규제가 강화되고 대출이 조여지고 있다.[63] 그러면 건설회사가 일차적으로 압박을 받을 것이다. 미분양이 늘고 자금압박을 받으면 부도나는 회사가 나올지 모른다.

또한 가계 부채의 연체율은 높아지고 부동산담보가치가 떨어지면서 은행이 압박을 받게 된다. 2017년 은행은 11조 원의 당기순이익을 거두면서 좋아졌다. 그러나 그 순항의 기조에는 부동산활황이 있었음을 잊으면 안 된다. 부동산담보대출은 오늘날 한국의 은행들에게 가장 중요한 수익원이다. 그러니까 부동산이 침체에 빠지면 덩달아 은행도 수익에 압박을 받는다는 뜻이다.

문재인 정부는 추경을 통해서 경기부양을 시도하고 있다. 최저임금제, 일자리 확대, 사회복지자금의 증대 등에 필요한 돈을 마련하기 위해 국채를 찍는 것이다. 아직 미국과 유럽에 비해 낮은 국가부채비율[64]을 보이고 있지만, 이러한 기조에다가 금리까지 올라가면 순식간에 상황이 나빠질 수 있다.

현재 정부는 케인즈주의적 정책을 쓰고 있는데, 그것의 가장 취약점이 국채발행의 한계다. 모든 빚이 그러하듯이, 빚의 규모가 커지면 이제 빚을 갚기 위해 빚에 의존해야 하는 상황이 발생한다. 일본의 경우가 대표적이다. 아직은 아니지만, 국채를 외국인이 보유하는 비중이 높아질수록, 국채규모가 커질수록 그리스와 비슷한 운명을 맞을 수도 있다. 이미 우리가 1998년 외환위기 때 경험했던 상황이다.

한국은 6대 통화국 중 스위스와 캐나다 등 변두리 국가와는 통화스와프 계약을 맺었지만 미국·영국·일본·EU 같은 핵심국가와는 선을 대고 있지 못하다. 중국은 정치적인 목적으로 통화스와프를 허락하고 있지만, 반대로 일본은 정치적인 대가를 요구하며 한국의 면전에서 통화스와프라는 미끼를 흔들고 있다. 그 밖에 4천억 달러에 가깝게 쌓아놓은 외화보유고[65], 한·중·일 3국과 아세안이 체결한 '치앙마이 이니셔티브'[66]가 있지만 장담할 수는 없다.

이것으로 충분할지는 알 수 없다. 2017년 말 순대외채권은 4,567억 달러이며, 경상수지 흑자도 2012년 3월 이후 70개월이 넘게 이어지고 있다. 그러나 위기가 닥치면 이렇게 충분할 것만 같던 외환보유고도 무척 부족하게 느껴진다는 것을 우리는 이미 2008년 금융위기 때에도 여실히 경험했다.

역사는 반복되지만 같은 형태로 반복되지는 않는다고 한다. 한국이 1998년식의 외환위기를 맞지는 않겠지만, 상당히 시달릴 것은 틀림없다. 미국의 달러 약세정책에 따라 한국의 원화는 밀려 올라가겠지만, 상황이 위급해지면 오히려 원화가치가 하락할 가능성이 높다. 이것이 기축통화국이 아닌 나라가 겪는 운명이다. 위기가 닥칠 때 기축통화국이 아닌 나라의 화폐는 가치가 하락하고, 세계에 풀린 돈은 모두 안전한 달러를 찾아간다. 이에 따라 외국자금이 빠져나가고 이를 막기 위해 금리를 더욱 올려야 하는 상황이 발생할 수 있다. 그러면 경기침체는 더욱 심화된다.

외국의 국내채권 투자액은 100조 원(2018년 1월)으로 조금씩 늘고 있다. 환헤지(Foreign Exchange Hedge)를 하지 않고 원화 채권에 투자할 경우, 원화 강세에 따른 환차익을 기대할 수도 있다. 달러화 현물을 팔고 선물을 사는 방식으로 환헤지를 한다고 해도(달러당 8원에 가까운) '무위험 차익'을 거둘 수 있다. 외국인들에게는 국가신용등급(AA0) 대비 금리 수준이 높은 원화 채권만한 것이 없다. 단, 현재가 그렇다는 것이다. 금리가 올라가고 만약 원화가치가 하락한다면 모든 것이 되감기로 들어갈 것이다.

외국인의 국내 상장주식 투자액은 658조 원(2018년 1월)으로 전체 시가총액의 32%에 달한다. 거대한 규모로, 이 역시 시세차익과 환차익을 노리며 물밀듯이 들어와있다. 미국의 금리인상과 더불어 미국의 자산가격이 폭락한다면, 외국에 나와있는 미국자금은 우선 신흥국 주식부터 청산할 가능성이 크다. 특히 ATM이라고 불릴 만큼 크고 거래량이 많은 한국자산시장은 크게 타격을 받을 수 있다.

★ 리스크 요인 2 : 보호무역과 산업쇠퇴로 인한 위기

트럼프 정부의 가장 중요한 정책이 보호무역이다. 그런데 그것이 모든 나라가 일제히 관세장벽을 높인다는 뜻이 아니다. 미국의 관세장벽만 높이고, 다른 나라에게는 낮추라고 하는 것이다. 즉 높낮이를 조절한다.

그러면 물이 높은 곳에서 낮은 곳으로 흘러가듯, 미국의 상품은 다른 나라로 흘러가고, 한국의 상품은 그럴 수 없게 된다. EU와 중국 같이 힘이 센 나라는 미국과 보복관세를 매기며 난타전을 한다고 위협할 수 있겠지만, 우리는 그럴 처지가 아니다. 미국을 피해 다른 곳으로 간다고 한들, 전반적으로 높아진 무역장벽은 수출에 의존하는 우리를 어렵게 할 것이다.[67]

그러나 트럼프가 완전히 세계화에서 등을 돌리는 것은 아니다. 트럼프는 이미 2018년 2월 TPP에 다시 가입하는 안을 검토하도록 지시했다. 이것이 웬 변덕인가? 그가 보호무역을 주장하며 TPP를 탈퇴한 것이 1년도 되지 않았는데 말이다. 그는 이미 한미 FTA의 재협상을 통해 교역조건을 유리하게 만드는 작업을 했다. 이렇게 해서 미국에게 유리한 조건을 만든 다음, 이것을 TPP에 관철시키려고 할 것이다.

그렇게 하면 어쨌건 미국 노동자에게도 떡고물이 떨어질 것이고, 트럼프의 지지율은 올라갈 것이다. 그러면서도 세계무역이 완전히 졸아드는 것도 막을 수 있다. 자국의 댐 높이를 올려 물의 흐름을 막는 것이 아니라, 상대방과의 댐 높이를 조절해 물이 흐르는 방향을 바꾸는 것이 트럼프 무역정책의 본뜻이다.

이러한 국면에서 우리는 어떤 상황을 맞게 될까? 우선 *수출을 이끌던 산업들이 줄줄이 어려움을 겪을 것이다.* 이미 자동차는 직격탄을 맞고 있는데, 이제 반도체도 타격을 받을 것이다. 반도체는 이미 호황의 정점을 지나 하향국면으로 들어가고 있다. 더구나 중국은 반도체의 자급자족을 위해 엄청난 투자를 하고 있다. 또 한국산 수입을 줄이고 미국산을 늘리겠다고 미국을 달래고 있다. 중국은 보호무역의 추세를 빌미로 슬금슬금 삼성을 압박할 것이다. 이미 중국은 한국의 반도체기업이 부당하게 높은 가격으로 팔고 있다며 반독점조사를 진행하고 있다. 삼성전자의 압도적 경쟁력으로 당분간 추월 당하지는 않겠지만, 미래를 장담할 수는 없다. 한미 FTA의 개정에 따라 바이오 등 의약품 산업도 타격을 받을 것이다. 글로벌 제약사는 더욱 세차게 국내에 진입할 것이며, 국내제약사는 그들과 힘겨운 싸움을 벌여야 할 것이다.[68]

트럼프의 관세장벽을 피해 해외로의 직접투자가 늘어날 것이다. 모든 나라가 자국으로의 투자유치를 위해 법인세를 낮추면서 유혹할 것이다. 우리나라는 수출대기업을 중심으로 해외로의 생산기지 이전이 활발했는데, 이것이 더욱 심화될 것이다. 양극화를 막기 위해 공공부조를 늘리는 상황에서 법인세를 낮추기도 어려우니, 우리 정부도 어려움을 겪을 것이다.[69]

현재 조선·해운·철강·건설·화학의 5대 산업에 대한 구조조정이 진행중이다. 이 중 해운은 이미 완료되었고, 조선은 진행중이며, 건설은 큰 파도를 앞두고 있다. 철강과 화학이 그럭저럭 괜찮은 상황이지만 자동차가 위기를 맞고 있다. GM의 철수 논란은 빙산의 일각이다. 현대자동차는 2011년을 정점으로 내리막길을 걷고 있으며, 특히 거대한 자동차 생태계를 버티고 있는 2차 협력업체는 심각한 상황이다.

정치와 경제는 한 몸으로 굴러간다. 현 정부의 정책기조는 과감한 구조조정을 어렵게 할 것이다. 그러나 앞으로 대대적인 구조조정이 불가피하다. 대규모 매각과 인수합병, 실업은 어느 정도 감수해야 하며, 그러면 정부의 지지율이 떨어지면서 반대파의 총공세가 시작될 것이다. 이어서 과감한 구조조정을 통해서 생산성을 높이라는 목소리가 높아진다. 지금은 노동시간을 줄이고 임금을 올릴 때가 아니라, 반대로 허리띠를 조르고 날밤을 새우며 일해 경쟁력을 높일 때라고 말이다. 규제완화의 압력이 더욱 고조될 것이라고 예상할 수 있다.

이에 따라 일자리의 증가는 주춤하고, 제조업의 감소를 정부가 만드는 서비스업의 증가로 상쇄하려고 하지만, 역부족일 것이다. 이렇게 만들어진 서비스업 일자리에서는 저임금을 받으므로 구매력이 크게 늘어나지 않을 것이기 때문이다. 청년들은 일자리를 찾기가 더욱 어려워질 것이다.[70]

과도한 가계 부채로 인해 부동산으로 경기 부양하는 것은 어려울 것이다. 그동안 정부는 이런 방식으로 경기를 부양해왔으나 한계에 부딪혔다. 더구나 정부는 부동산억제정책을 쓰고 있다. 이에 따라 특히 수도권과 지방을 중심으로 부동산가격 하락이 나타나면서 건설부문은 타격을 받을 것이다. 건설부문은 전후방 연관효과가 매우 크므로 이로 인해 관련분야가 함께 어려움에 빠질 것이며, 저임금 건설근로자를 중심으로 실업이 광범위하게 확산될 것이다.

중국과 일본도 마찬가지이지만, 우리도 낡은 산업을 줄이고 신산업을 늘리는 구조조정에 목을 매달고 있다. 그러나 IT와 바이오라는 양 축의 신산업은 그 개화에 오랜 시간이 걸릴 것으로 예상된다. 말은 요란하지만, 신산업에 대해 대대적 투자가 아직 일어나고 있지 않기 때문이다. 거대한 시장으로 이어질 만큼 기술이 발전되고 있지도 않다.

그 과정에서 국가간 경쟁이 치열해지고, 우리도 가혹한 시련을 겪을 것이다. 모처럼 최저임금제의 인상과 사회복지의 확대, 그리고 기본소득의 논의로 양극화를 완화하려는 흐름이 나타나고 있지만, 구조조정은 다시 한 번 자본의 목소리를 높일 것이다. 공장 자동화에서 시작된 제4차 산업혁명은 복지에 대한 혜택을 잠시 유예하고 다시 한 번 파이를 늘리는 경쟁에 나서야 한다고 주장할 것이다.

★ 리스크 요인 3 : 미국과 세계의 자산시장 붕괴

양적완화의 가장 큰 문제는 그것이 자산의 가격을 엄청나게 올렸다는 것이다. 물론 실물경제는 나락에서 떨어지는 신세를 모면했고, 그 덕분에 그럭저럭 세계는 일상생활을 유지할 수 있었다.

그러나 양적완화로 풀린 돈은 자산시장으로 흘러들어갔다. 미국의 주가를 보면 무려 10년 동안 꾸준히 올랐는데, 그 바탕이 되는 기업의 성과가 그처럼 좋았던 것은 아니라는 점에서 분명 유리처럼 깨지기 쉬운 것이 분명하다.

채권의 경우는 그처럼 무한대로 올라갈 수 있는 것이 아니다. 그러나 미국의 국채는 금리가 매우 낮은데, 이는 다시 말해서 국채의 가격이 매우 높다는 뜻이다.

더구나 이러한 기본적인 금융자산을 바탕으로 층층이 파생적인 금융상품이 만들어지고 있다는 것이 문제다. 가장 간단한 것이 바로 ETF인데, 특정한 업종의 평균주가지수를 따르도록 만들 수 있다.

주가가 만에 하나 폭락한다면 ETF도 마찬가지로 폭락한다. 2017년 전 세계에는 이러한 ETF에 4조 달러가 몰려 있다고 한다. ETF는 기계적으로 시가총액의 비중에 따라 주식을 구매하므로 투자의 쏠림을 가중시키는 경향이 있다. 또한 레버리지 ETF 같은 것은 파생상품이나 차입을 통해 주가의 변동폭보다 몇 배나 되는 수익을 노리는데, 만약 주가가 떨어지면 손실도 몇 배가 된다. 이것들은 현재 미국주식시장의 경우 10%나 된다고 하는데, 주가가 하락하면 충격을 가중시킬 우려가 있다.

미국의 주가 추이

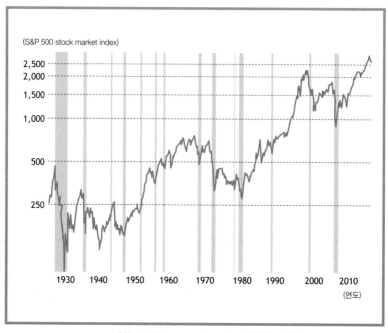

출처: http://www.macrotrends.net/2324/sp-500-historical-chart-data

　그 외에도 파생상품은 셀 수 없이 많으며, 종류와 가짓수는 손
으로 꼽을 수 없을 정도다. 이러한 파생상품의 금액은 기초자산
의 금액과 비교할 수 없을 정도로 크다. 그러나 파생상품에 묶인
끈을 잡아 타고 내려가면 결국 기초자산이 나온다. 기초자산이
무너지면, 그 줄로 연결된 파생상품도 곤두박질치게 된다.

　이러한 파생상품들은 생산적이지 못하다. 유용한 무언가를 만
들어내기 위해서 투자되는 것이 아니라, 기왕에 만들어진 것 중
에서 보다 많은 몫을 가져오려는 시도에서 고안된 것이기 때문이

다. 또한 극도로 투기적이다. 투기적인 상품들은 불안에 매우 민감하게 반응한다.

파생상품의 붕괴되면 단순히 누군가가 손실을 보는 정도로 끝나는 것이 아니라, 그 파고가 점차 커지며, 나중에는 집채만하게 된다. 한 사람의 부도는 줄을 타고 다른 사람의 부도로 연결되며, 부도의 파도는 점차 확산된다. 신용으로 연결된 끈이 끊어지면 그것을 붙잡고 있는 사람들의 마음에 공포의 물결을 일으키기 때문이다.

미국과 유럽의 국가에서는 베일인(bail-in)이라는 제도를 도입했는데, 이것은 말하자면 주인에게서 자산을 차압하는 것이다. 예를 들어 은행이 부도나면 이제까지는 정부가 공적자금을 투입해 국유화하거나, 아니면 다른 은행으로 하여금 인수하도록 했다. 이것을 베일아웃(bail-out)이라고 한다.

이로 인해 손해를 보는 사람은 일차적으로 은행의 주주다. 예금자의 경우도 손해를 보지만, 예금자보호제도를 통해서 일정 금액은 보장해준다. 그러나 베일인에서는 은행의 예금자에게서도 일률적으로 일정액을 압류한다. 예를 들어 2012년 키프로스에서 은행의 부도가 났을 때 EU는 구제금융의 조건으로 고객의 예금 중 일부를 압류하도록 요구했다. 10만 유로가 넘는 예금은 강제로 배드뱅크(Bed Bank, 부실 채권 전담 은행)로 편입되거나, 주식으로 전환되었다.

예금과 달리 주식이 되면, 언제가 될지 모르는 미래에 은행이 수익을 낼 수 있게 될 때 조금씩 배당으로 돌려받게 된다. 요즘 우리나라에서도 이런 종류의 신종채권이 꽤 많이 발행된다. 채권으로 발행했으나, 경우에 따라서는 주식으로 전환할 수 있다. 구조조정에서도 많이 사용된다. 어떤 회사에 빌려준 돈을 돌려받지 못하게 되면 주식으로 전환하는데, 사실당 채권 회수를 당분간 정지시킨 것이다.

이런 방식은 2015년 7월 그리스에서 반복되었다. 그리스는 발행한 국채를 제대로 갚지 못해 유럽의 골칫거리가 되었는데, 독일과 그리스 간에는 밀고 당기는 갈등이 치열했다. 독일은 연금축소 등 허리띠를 조르라고 핍박했고, 그리스는 그런 식으로 나오면 EU를 탈퇴할 테니 순순히 구제금융을 달라고 버텼다. 국채의 만기가 다가오면서 독일은 아예 그리스를 EU에서 도려내겠다는 식으로 나왔고, 분위기를 파악한 그리스는 이전보다 더 가혹한 조건을 받아들일 수 밖에 없었다.

그리스 재정적자의 근본적인 원인이 은행의 부실이라고 판단한 독일은 아예 덤으로 그리스에게 은행 개혁을 요구한다. 이 무렵 그리스 은행의 신용대출 중 무려 40%가 부실에 이르렀다. 은행의 운명이 안개에 가려 불투명한 동안, 은행은 ATM을 위시한 예금의 인출을 동결했는데 이로 인해 고객은 현금을 구하지 못해 헤매는 곤경에 처했다.

왜 이런 식으로 하는가? 그것은 이미 이전의 방식으로 감당하기 어려울 정도로 부채의 규모가 커졌기 때문이다. 정부가 구제금융을 제공한다는 것은 정부의 돈을 투입한다는 것인데, 정부가 무슨 돈이 있겠는가? 결국 세금을 걷거나 국채를 발행해야 하는데, 세금을 걷는 것은 저항이 크다. 따라서 국채가 최후의 수단이 되는데, 그 결과 미국과 유럽, 일본의 국가부채는 현기증이 나게 커져버렸다.

경제가 좋다면 앞으로의 조세를 통해서 또는 인플레이션을 일으킴으로써 이러한 부채를 없애버릴 수 있다. 그러나 지금과 같은 침체기가 계속 되면 앞서 말한 방식은 가능하지 않다. 따라서 이제까지 사용했던 것이 아닌 새로운 방식을 궁리해야 하는 것이다.

예를 들면 마이너스 금리가 그러하다. 원리는 이전과 동일하다. 이전에는 인플레이션을 통해 돈의 가치를 떨어뜨리는 방식이 동원되었다. 이렇게 하면 화폐를 보유한 누구에게나 조금씩 돈을 떼가는 방식으로 부담을 골고루 나눌 수 있다. 반대로 마이너스 금리를 부과하면, 은행에 돈을 맡기는 누구에게나 역시 조세를 부과할 수 있다. 물론 저항이 상당히 클 것이다. 인플레이션과 달리 마이너스 금리는 내 손에서 빠져나가는 돈이 눈으로 보이기 때문이다.

미국의 자산시장 붕괴는 전 세계로 확산될 가능성이 높다. 미국 밖에서 문제가 생기면 밖으로 빠져나간 돈이 다시 안전한 본국으로

돌아갈 가능성이 있다. 그러나 그 충격은 그 나라에 국한된 것이다. 미국의 금융기관 입장에서는 저가매수의 기회가 될 수도 있다. 공포 분위기에 무차별하게 폭락한 자산 중에서 옥석을 가리는 기회가 될 수 있다.

그러나 미국의 자산시장이 무너진다면 과연 어떻게 될까? 또 그에 기반해 쌓아놓은 파생상품 시장이 무너진다면 과연 어떻게 될까? 해외로 나간 달러는 다른 이유로 본국에 돌아가야 할 것이다. 불황에는 현금이 최고다. 결국은 현금으로 결제해야 하기 때문이다. 이것이 화폐와 신용(또는 금융자산)의 차이다. 그토록 흔해 보였던 달러는 눈을 씻고 보아도 찾을 수 없을 만큼 귀하게 될 것이다.

미국 밖으로 가면 더욱 심할 것이다. 외국에 나가 있던 달러가 썰물처럼 빠져나가면 이제 그 나라의 자산이 붕괴한다. 도미노와 같이 거대한 파산의 행렬이 이어진다. 장관일 것이다. 투기적 이익을 목적으로 하는 자산시장의 투자는 사람의 마음을 매우 민감하게 한다. 극도로 예민한 신경은 조그마한 소문이나 누군가의 행동에 발작적으로 반응할 수 있으며, 마치 양떼처럼 전 무리에 파장을 일으키며 패닉으로 몰고 갈 수 있다.

★ 자욱한 연기 속에 있는 한국경제

이러한 시나리오는 동시에 섞여서 일어날지도 모른다. 언제, 얼마나 큰 강도로 찾아올지, 아니면 슬그머니 다가와 우리 옆에 앉아 있다가 소스라치게 놀라게 할지도 모른다. 그러나 분명한 것은 한 번은 온다는 것이다. 따라서 미래에 대한 준비가 필요하다.

현재 한국은 외환위기 이후에 본격화된 신자유주의 체제에 들어가 있다. 자의반 타의반으로 우리가 살도록 결정된 곳이다. 그 결과 대기업은 세계적인 수준으로 성장해 한국경제를 견인하고 있다. 하루가 다르게 솟아오르는 화려한 빌딩과 백화점을 가득 채우는 사치품들은 한국의 번영을 상징한다. 케이팝과 한류 드라마는 한국인들에게 긍지를 심어준다. 오늘날 우리나라는 선진국의 문턱쯤에 와있다.

그러나 햇빛 찬란한 대로의 한쪽 구석에는 어두운 그늘도 있는 법이다. 양극화가 그러하다. 키 높은 대기업의 나무 그늘 아래서 성장하지 못하고 항상 똑같은 상태인 중소기업과 자영업자들, 겨우겨우 하루를 살아가는 수많은 빈곤 대중, 취업과 결혼이 힘들고 저출산과 고령화에 기여하는 청년들, 어느덧 육신은 늙었으나 벌어놓은 재산도 없고 의지할 사회보험도 갖지 못한 노인들이 그 늘 아래에 가려져 있다.

1980년대 이후 시작된 신자유주의로 한국경제는 우여곡절을 겪었다. 외환위기로 큰 충격을 받았으나 난파하지 않고 다시 본류로 진입했으며, 글로벌 금융위기도 무사하게 넘어갔다. 그러나 신자유주의는 큰 저항에 부딪혀 선회하고 있다. 트럼프의 등장을 일시적인 현상으로 보면 안 된다. 그의 정책에 열광하는 미국인들은 설령 정권이 바뀐다고 하더라도 미국의 정치에 엄청난 압력이 될 것이다.

이미 2008년 금융위기가 터졌을 때도 보호무역과 반이민의 바람이 곧이어 불어올 것이라고 예언하는 사람들이 있었다. 그것은 신자유주의의 한계를 선언하는 일대 사건이었다. 이후 미국의 주류는 오히려 이것을 기회로 자신의 이익을 더욱 증대시켰다. 그래서 나타난 결과가 바로 트럼프의 당선이다.

트럼프는 외국을 희생시켜 미국의 문제를 해결하려고 한다. 이와 함께 중국에 대한 경제공세를 강화하고 있다. 설령 북핵에 대해 전향적인 모습을 보였다고 해서 중국을 압박하는 전략이 달라졌다고 볼 수 없다. 그런데 불행하게도 한국은 바로 중국에 인접한 나라로서, 더구나 미국의 동맹국이자 미국의 군사기지다. 평택은 미국이 중국에 들이대는 비수와 같다. 일시적으로 평화분위기가 찾아왔지만, 언제든지 반전될 수 있다. 얼굴은 웃지만 등뒤에는 칼을 들고 있다.

우리는 수출주도형 성장전략으로 큰 성공을 거두었으며, 미국의 신자유주의 정책에서도 적지 않은 혜택을 입었다. 그러나 앞으로는 장담할 수 없다. 미국 자신이 자유무역과 보호무역을 오가면서 갈팡질팡할 가능성이 적지 않다. 현재 미국에서 벌어지는 치열한 정치 갈등은 그것을 증거한다.

중국에 대한 미국의 공세는 이제까지 경제는 중국에 안보는 미국에 의존하던 한국의 양다리 작전을 어렵게 한다. 한국은 경제 정책에 있어서도 신중하게 진로를 결정해야 하는 국면에 처한 것이다.

현재 우리의 처지는 불이 난 건물에 있는 사람에 비유할 수 있을 것이다. 정보는 제한되어 있다. 소방관이 언제 도착할지, 얼마나 빨리 불을 끌 수 있을지 알 수 없다. 이런 상황에서 나는 옥상으로 올라가야 할지, 계단을 통해서 지상으로 내려가야 할지, 아니면 인내심을 가지고 지금 위치를 고수해야 할지 판단이 서지 않는다. 이 판단의 옳고 그름은 생과 사로 연결될 것이다.

4장

한국경제,
무엇을
할 것인가?

한국은 어떻게 이 위기를 돌파할 것인가? 우선 당황하지 말고 우리가 처한 현실을 냉정하게 직시할 필요가 있다. 부채를 일으켜 무리하게 성장하려던 방식이 결국은 참극을 빚었고, 그로 인해 장기불황은 불가피해졌다. 그러나 위기는 위험인 동시에 기회. 우리는 GDP의 고도성장이라는 굴레에서 벗어나 성장의 잠재력을 높이는 방식의 구조조정을 시행해야 할 것이다. 양극화를 줄이고, 대중들의 소득을 늘려주며, 기업이 신사업에 장기적으로 투자할 수 있도록 하고, 청년들이 과감한 혁신에 도전할 수 있도록 사회적 안전망을 구축할 수 있다면 먼 훗날에 지금을 좋은 시절로 기억할 수도 있을 것이다.

★ 장기불황을
피할 길이 없다

한국경제는 외환위기 이후 20년만의 위기를 맞았다. 세계경제를 주도하던 미국은 신자유주의를 통해서 한계를 돌파했으나, 새로운 한계에 봉착하자 다시 그 육중한 몸을 돌리고 있다. 다른 나라는 안중에 없으며 오로지 자산의 안위에만 관심이 집중되어 있다. 그에 따라 집채만한 파도가 솟구치고 물보라가 머리 위로 쏟아지면서 우리는 일엽편주처럼 흔들리고 있다. 도대체 어디로 가야 할지 방향을 잡지 못하고 방황하고 있다.

지금 올바른 방향을 잡지 못하면 낙엽처럼 뒤집혀 바다에 가라앉는 신세를 면하기 어려울 것이다. 호랑이에 물려가도 정신만 차리면 살 수 있다고 했다. 가장 먼저 할 것은 지금의 상황을 냉정하게 바라보는 것이다.

장기불황은 피할 길이 없다는 사실부터 가장 먼저 인식해야 한다. 지금 미국경제를 선두로 해 세계경제가 대체로 회복세를 보이는 것은 사실이다. 2008년 금융위기의 충격이 서서히 가라앉으면서 정상으로 돌아오고 있기 때문이다. 그러나 위기 이전과 비교하면 확실히 성장률은 한 단계 내려갔다. 부채라는 기름을 끼얹어 성장률을 높였으나, 그것이 폭발하면서 더이상 그런 방식을 쓰기는 어렵기 때문이다.

낮게 떨어진 장기성장 추세선을 둘러싸고 단기적인 성장률은 오르락 내리락 하는데, 그것을 가지고 '호황이다, 불황이다' 하며 논란을 벌인다. 우리는 시시각각 경제뉴스가 전해주는 숫자에 파묻혀 현재 어디쯤 와있는지 길을 잃기 십상이다. 깊은 숲 속에 들어가 있어 나무는 잘 보이는데, 숲의 모습은 전혀 감을 잡지 못하고 있다.

현재의 회복세에서 주의할 점은 수요 회복이 양적완화와 재정 확대에서 힘을 얻고 있다는 것이다. 자연스러운 시장의 성장에 따른 것이 아니라 영양제를 맞고 크고 있는 셈이다. 그러나 양적완화로 풀어놓은 돈은 다시 걷어들이지 않을 수가 없다. 경기가 진정으로 회복된다면 악성 인플레이션으로 이어질 가능성이 높기 때문이다.

억지로 눌러놓아 낮아진 금리는 주식과 부동산가격의 상승으로 이어졌으며, 실물경제와 괴리된 이러한 움직임이 계속될 수는 없다. 결국 버블이 터지면 그나마 미약하게 회복되는 수요를 더욱 줄일 것이 틀림없다.

재정 확대도 한계를 맞고 있다. 선진국 정부들은 금융위기의 충격을 완화하기 위해 엄청난 재정을 풀었는데, 이는 고스란히 국가부채의 상승으로 연결되었다. 늘어난 국가부채는 막대한 이자 지출을 불가피하게 하며, 이는 또다시 국채를 찍어야 하는 악순환으로 이어진다. 양적완화를 되돌리면서 이루어지고 있는 금리인상은 국가채무 부담을 가중시킨다. 결국 정부의 정책수단은 아주 좁은 영역으로 제한되어 있는 것이다.

이와 같은 상황에서 트럼프는 무역전쟁의 불을 당겼다. 그가 바라보는 시선의 끝에는 미국에게 더욱 유리한 무역규칙이 놓여 있다. 아무리 봐도 우리에게 유리한 구석은 보이지 않는다. 우리는 미국이 설계하는 새로운 질서에서 살길을 찾아야 하는 상황인 것이다. 그러나 *우리의 강점인 전통 제조업에서는 성장할 공간이 없고, 그나마 중국시장에서도 배제되고, 미국이 더이상 소비시장으로서 기능하지 않는다면 도대체 어디에서 돌파구를 찾을 것인가?*

더군다나 고령화와 인구감소, 양극화와 가계 부채의 누적으로 내수시장은 크게 성장할 기미가 보이지 않는다. 이것은 이미 1990년 대 이래로 일본이 부딪힌 상황이며, 우리는 거의 동일한 상황에 봉착했다. 세계경제에 장기불황이 지속되면서 더 나쁜 처지에 놓여 있다는 것이 냉정한 현실이다.

따라서 먼저 이러한 현실을 인정해야 한다. 그렇지 않으면 허리띠를 졸라매고 밤잠을 줄이면서 앞으로 돌격해야 한다는 식의 황당한 대응책이 나온다. 일본인들이 말하는 '옥쇄', 옥이 되어 부서진다는 자살전법이 아닌 다음에야 그런 길로 갈 수는 없다.

★ 위기를 기회로 이용하자

위기는 위험과 기회가 합쳐진 말이다. 그러니까 위험과 기회는 공존한다는 뜻이다. 우리가 여러 가지 위험에 놓여 있는 것은 틀림없다. 주력산업의 쇠퇴, 신산업의 부재, 양극화, 고령화와 인구 감소, 가계 부채와 부동산 버블 등등 열 손가락으로 꼽기가 어렵다. 그것은 지나간 시대가 빚은 산물이다. 박정희 대통령의 앞만 보고 달리는 고도성장정책, 그리고 그 뒤를 이어 한국을 덮친 신자유주의가 그려놓은 그림이다. 이제 뒤틀린 그림을 조금씩 바로 잡을 시간이 다가왔다.

주력산업의 쇠퇴는 불가피하다. 그것은 세계시장이 축소된 탓도 있지만, 우리가 가지고 있던 경쟁력이 사라진 탓이 크다. 조선을 예를 들면 한때 한국 수출을 이끌다시피 했다. 노동집약적인

318

이 산업에서 한국의 낮은 인건비, 잘 발달된 수직계열화, 정부의 적극적인 산업정책 덕분에 2000년대 이래 세계 1위의 자리를 유지했다. 그러나 그것은 한때 유럽, 그리고 일본의 자리였다. 중국이 이제 우리가 가졌던 조건을 차지하고, 우리보다 훨씬 큰 규모로 산업을 육성할 때 우리의 자리는 존재하지 않는다.

무인선박, 크루즈, 친환경 선박 등 고급제품으로 가지 않으면 한국 조선산업의 자리는 존재하지 않을 것이다. 해운·철강·화학도 마찬가지 운명이며, 자동차 역시 새롭게 바뀌는 기술조류에서 빨리 제자리를 잡아야 할 것이다.

그러나 그것은 쇠퇴라기 보다는 끊임없이 바뀌는 세계의 분업체제하에서 우리의 자리가 조금씩 이동하는 것으로 봐야 한다. 우리는 우리만의 경쟁력이 있는 분야를 자꾸 발굴해 특화시켜야 하며, 중국에게 빼앗기는 시장을 조금씩 선진국에서 빼앗아와야 하는 처지에 놓인 것이다.

한국에는 이미 세계적인 반열에 오른 대기업도 존재하기 때문에 기업 자체도 이러한 흐름에 분주하게 적응하고 있을 것이다. 그러나 그들은 수익성이 있는 분야에는 눈에 불을 켜고 달려들겠지만, 당장 돈이 되지 않는 분야는 관심을 전혀 갖지 않는다. 더구나 신자유주의에 편입되어 분기별 수익과 주가의 압력을 받고 있는 상황에서 장기적인 시각과 행동을 기대하기 어렵다. 이러한 부분은 국가의 영역이다.

그러나 외환위기를 겪고 한미 FTA를 체결하면서 국가의 산업 정책은 극히 미약해졌다. 우리는 부품·소재·정밀기계·정밀화학 등 범용제품이 아니면서 매우 부가가치가 높은 분야는 진출하지 못하고 있다. IT 강국이라고 하지만 고수익을 가져가는 소프트웨어 분야는 매우 약하다. 그런데 불행하게도 제4차 산업혁명은 바로 이 소프트웨어 분야의 혁신을 기초로 이루어지고 있다. 이 영역은 적자를 무릅쓴 장기간의 투자와 연구개발, 그리고 인력양성이 불가피하다. 따라서 기업이 해결할 수 없으며 국가만이 해결할 수 있는 부분이다. 그러한 점에서 국가와 재벌은 협조할 수 있는 여지가 충분히 있다.

재벌은 산업화 과정에서 정부의 지원을 독차지했으며, 이후에도 자신의 이익 극대화를 위해 일감 몰아주기, 총수의 사익 편취, 소액주주에 대한 부담전가, 중소기업에 대한 착취 등 여러 가지 적폐를 저질렀다. 그러나 오늘날 재벌대기업의 존재를 부정해 버린다면, 국가경제를 유지할 수 없다. 따라서 재벌대기업의 폐단을 줄이면서 국가에 도움이 되는 방향으로 순치시키는 것은 현재 불가피하다.

재벌은 국가경제로부터 막대한 이익을 얻기는 하지만 동시에 국제금융자본으로부터 많은 이익을 갈취당하며, 끊임없이 경영권 위협에 시달리고 있다. 국제금융자본의 하위 파트너인 셈이다. 아직 경영권 자체를 빼앗긴 사례는 많지 않지만, 그러한 처지를 이용해 자본시장에서 상당한 이익이 빠져나갔다. 이 부분이 재벌과 국가가 협조할 수 있는 영역이다. *재벌은 자신의 사익 중 상당한 부분을 국가경제에 돌려주고, 대신 국가는 그들에게 경영권을 보장해주는 것이다.*

국제금융자본이 가하고 있는 단기 수익성과 주가상승의 압력을 줄여주고, 장기적인 시각에서 국민경제에 도움이 되는 방향으로 투자가 이루어질 수 있도록 하는 것이 정부의 과업이 될 것이다. 그렇게 되면 지금처럼 중소기업을 압박하고 인건비를 최소화하도록 하는 압력은 줄어들 것이다.

새로운 산업이 빨리 성장하지 않을 것이기 때문에 이러한 과정은 긴 세월이 필요하다. 신산업의 발전은 거북이 걸음처럼 더딜 것이다. 제4차 산업혁명이 금세 가시적인 성과를 낼 부분은 공장자동화뿐인데, 이것은 이미 정부에서도 추진하고 있는 것이다. 게다가 오히려 고용감소로 이어지고 있다. 다른 산업은 말만 요란하지 완전히 새로운, 거대산업으로 부상한 경우는 선진국에서도 찾을 길 없다.

기술의 발전은 느리고, 더구나 상업화에는 더욱더 시간이 필요하다. 그런데 이처럼 성과가 금방 나타나지 않으면 금새 언론은 정부의 무능을 질타한다. 그리고 쓸데 없는데 돈을 쓰지 말고, 쉽게 이윤으로 연결될 수 있는 구조조정이나 규제완화를 주장하기가 십상이다. 규제는 필요한 것도 있고, 현실에 맞지 않는 것도 있지만, 그러한 구분 없이 규제는 모두 나쁜 것이라는 식으로 여론을 몰아간다.

그 와중에 주력 제조업의 쇠퇴는 구조조정을 불가피하게 하며, 이는 고용에 다시 압박을 준다. 이미 높은 청년실업률에 비명을 지르고 있는 상황에서 나쁜 소식이 아닐 수 없다. 그러나 마술처럼 일자리를 만드는 비법이 존재하지 않기 때문에 이 문제는 재정으로 해결할 수밖에 없다.

신자유주의자들이 말하는 식으로 신속하고 과감한 구조조정으로 경쟁력이 없는 부분을 전부 잘라 버린다면 살아남을 기업이 얼마나 되겠는가? 그런 방식이라면 대기업 자체를 떠받치고 있는 계열화된 기업들을 모두 몰락시킴으로써 스스로의 존재기반을 허물어버리는 결과를 가져올 수 있다. 구조조정의 와중에 국제금융자본과 국내의 사모펀드들은 매물을 사고 팔며 막대한 이익을 취하면서 실업자들을 사회에 쏟아낼 것이다. 그러나 그들을 수용할 새로운 산업이 과연 빠른 시간 내에 만들어질 수 있을까? 이미 미어터지고 있는 자영업에서도 그들을 받아줄 공간이 없다. 황금알을 낳는 닭의 배를 갈라버리는 어리석음과 같다.

기업은 오로지 자신의 단기적 이익에 집착하는 경향이 있다. 정부가 할 일은 그러한 근시안적인 시각에 휘둘리지 않고 중심을 잡는 것이다.

저출산과 인구감소, 가계 부채와 부동산가격은 모두 양극화와 동전의 양면 같은 관계에 있다. 청년들이 제대로 된 일자리를 잡기 어려우니 결혼을 하지 못하고, 그러니 저출산과 인구감소가 심화된다. 왜 청년들이 중소기업을 기피하는가? 부모시대의 어려움을 겪지 않고 곱게 자란 바람에 나약해서 그러한가? 그러나 오늘날 상당수 중소기업은 비정규직과 외국인에 의해서 지탱되는데, 그들이 받는 임금으로는 가정을 꾸리기 어렵다.

그러나 한편에서는 자신의 재산을 더 불리고 싶어하는 부유층과 중산층들이 부동산 투기에 몰두하는데, 이는 양극화를 심화시켰을 뿐만 아니라 언제 터질지 알 수 없는 버블을 만들어놓았다. 따라서 소득재분배 정책을 통해 대중들의 소득을 올려주면서 부동산가격을 잡는 것은 양극화를 줄이기 위해 불가피하다.

이러한 방식으로 사회적 통합을 이루지 않는다면 '내가 살면 네가 죽고, 네가 살면 내가 죽는' 식의 투쟁이 벌어질 것이다. 공동체 의식은 사라지고, 현재 남미의 브라질이나 멕시코에서 벌어지는 살벌한 풍광들이 매일매일 우리 눈 앞에서 벌어지는 현실이 될 수도 있다.

우리는 황금처럼 주어진 이 기회를 통해 벌어진 균열을 메우고 도약의 발판을 다질 수 있다. 브라질이나 멕시코가 아니라 덴마크나 스웨덴으로, 그리고 독일 같은 제조강국으로 갈 수도 있다.

★ 성장률의 굴레에서 벗어나라

국내총생산(Gross Domestic Product, GDP)이라는 것은 오늘날 경제의 기본이다. 그러나 그 역사는 길지 않다. 1929년의 대공황으로 경제가 파탄이 났는데, 실제로 경제가 얼마나 나쁜 것인지, 또는 과연 정책의 효과로 좋아지고 있는지를 파악하기 어려웠다. 그래서 미국 상무부는 러시아 출신의 경제학자이자 통계학자인 쿠츠네츠(Simon Kuznets)로 하여금 경제를 객관적으로 평가할 수 있는 지표를 개발하도록 했다. 그것이 바로 GDP이다. 개인·기업·정부가 한 해에 생산한 재화·서비스를 모두 합쳐 하나의 지표로 만든 것이다.

그는 그 업적으로 노벨 경제학상을 받았다. 당연히 GDP가 올라가면 경제가 좋아진 것이고 국가 전체가 부유해진 것은 두말할 나위 없다. 그러나 분배가 얼마나 잘 공평하게 되어있는지, 생활의 질은 얼마나 높은지는 파악할 수 없다. 또한 이것은 오로지 시장에서 생산된 것만을 계산하기 때문에 모든 경제가 시장화된 나라에서 높게 나타난다. 미국은 세계에서 가장 GDP가 높은 나라이지만 유아사망률은 유럽보다 크게 높으며, 매일매일 벌어지는 총기사고로 사람들은 공포 속에서 살아간다.

제2차 세계대전 이후에는 GDP를 가지고 나라들을 비교하는 것은 당연한 관습이 되었으며, 우리의 경우도 GDP 상승은 박정희 정부 이래로 국가전체의 목표가 되어 버렸다. '국민소득 1천 불, 수출 100억 불'은 1960년대 한국의 국가목표였는데, 수출은 GDP를 높이는 수단이며, GDP를 인구수로 나누면 일인당 국민소득이 된다.[71]

GDP는 장점이 매우 많은 지표다. GDP가 높은 나라가 부국임에는 틀림없다. 그러나 아무리 페달을 밟는다고 하더라도 GDP가 올라갈 수 있는 상황이 아니다. 우리처럼 수출로 세계경제에 통합되어 있는 나라는 더욱 그러하다. 세계경제가 느리게 성장하고, 미국과 중국 같은 대국들이 우리의 수출에 문을 닫는 상황에서 그것이 어떻게 가능하겠는가?

이제 새로운 시장을 발견하는 방식의 성장은 불가능하며, 기술개발을 통해 시장을 새롭게 조금씩 개척하거나 남의 것을 빼앗아오는 방식의 성장밖에 남지 않았다. 이미 고도화된 경제에서 아무리 연구개발에 자금을 쏟아 붓더라도 빠른 시간 내에 산업화할 수 있는 기술이 나오기 어렵다. 따라서 장기 저성장은 불가피하다. 다른 말로 하면 장기불황은 피할 수 없는 미래다.

그러나 이미 커진 경제규모에서 낮은 성장률도 거대한 진보를 의미하는 것이다. GDP가 100억 원일 때 1% 성장은 1억 원 어치의 증가이지만, 1조 원일 때의 1% 성장은 100억원 어치의 상승이다. 숫자로 나타낼 수는 없지만, 가발 하나 더 생산하는 것과 자동차 1대를 더 생산하는 것은 그 의미에서 차이가 엄청나다.

그것을 무시하고 성장률에 집착해 무슨 수를 써서라도 높이려고 한다면 무리가 따를 수밖에 없다. 예를 들어 미국과 유럽·일본의 선진국이 국채를 발행해 정부수요를 만들고, 소비자금융을 통해 개인의 수요를 촉진시키고, 대출과 증권을 통해 투자와 투기를 촉진한 결과 그 나라들은 모두 거대한 부채경제에 살고 있으며, 언제나 금융위기를 달고 산다. 빨리 성장하도록 쉬지 않고 영양제 주사를 주입하는 셈이다. 성장은 하지만, 비대해진 몸은 살이 출렁거리고 고혈압과 고지방으로 병들게 된다. 탄탄한 근육질의 몸이 아닌 것이다.

부채는 언제가 되든 갚지 않으면 안 되는 것이다. 인플레이션을 일으키든, 아니면 가끔씩 폭락하는 자산가격을 통해서 조정을 하든, 그리스처럼 세금을 늘리고 사회복지비를 줄이든, 부작용을 일으키는 것은 불가피하다.

우리가 GDP의 굴레에서 벗어나 그것이 나타내지 못하는 측면에 관심을 돌린다면 할 일은 무궁무진하게 남아있다. 성장의 측면에서 보더라도 좀더 부가가치가 높고 고도의 기술이 필요한 소재·부품·정밀기계·정밀화학 등의 산업에 장기투자할 수 있을 것이다.

그렇게 하면 일시적인 성장률은 둔화될지 모르지만 한국경제는 아주 단단해질 것이며, 금융위기나 환율의 변동에 흔들리지 않게 될 것이다. 세계시장에서 가격경쟁력을 갖기 위해 인건비를 낮추고 장시간근로를 강요하지 않더라도 안정적인 수익흐름을 가져올 수 있는 기반을 만들게 될 것이다. 소득분배에 좀더 신경을 씀으로써 사회적 갈등을 줄이면 오히려 성장의 동력은 높아질 것이다. 사회복지를 통한 안전판이 구축되면 혹시나 실패해 낙오자가 되는 것이 아닌가 하는 두려움에서 벗어나, 과감하게 새로운 사업에 도전할 수 있는 분위기가 조성될 것이다. 분기별로, 월별로 올라오는 숫자로 조바심을 내지 않고 보다 길고 침착한 안목으로 올바른 결정을 할 수 있을 것이다. 그러한 방향으로 사회를 바꾸는 것이 지금 국가가 해야 할 일이다.

5장

위기를 헤쳐나가는 개인의 대응

국가와 함께 개인도 위기에 대응할 필요가 있다. 무모한 욕망에서 벗어나 위험에 처한 우리의 현실을 직시해야 한다. 내가 가진 부동산가격이 올라간다고 좋아하지만 말고, 전 세계에 공통적으로 쌓여가는 부채와 그로 인해 다시 한번 닥칠 금융위기를 준비해야 한다. 부풀어오른 가계 부채와 부동산가격이 반대방향으로 돌아서면서 닥칠 충격에 대비해 보수적으로 자신의 자산을 운용해야 한다. 일본은 그에 대해 좋은 선례를 제시해주고 있다. 철저히 수익성 위주로 움직이는 부동산시장, 그리고 가격대비 성능이라는 실용성 위주의 생활방식이 우리가 마주칠 미래를 보여준다.

★ 강달러와 부채위기에 준비하자

세계정세가 다시 한번 요동침으로써 우리나라는 일엽편주처럼 흔들리는 운명을 맞고 있다. 이러한 때 우리는 각자 무엇을 해야 하는가?

국가는 조심스럽게 풍랑을 헤쳐가며 올바른 방향으로 배를 몰아야 할 것이다. 개인들도 역시 침착하게 사태의 추이를 주시하면서 자신과 가족들을 지켜야 할 것이다. 무엇보다도 현재가 어떤 흐름에 놓여 있는지, 그리고 앞으로 어떤 변화가 일어날 것인지를 정확히 판단하는 것이 중요하다.

전 세계는 2008년의 글로벌 금융위기를 고비로 새로운 단계로 접어들었다. 미국 연준의 과감한 구제금융과 양적완화로 위기는 넘겼으나, 그렇다고 문제가 해결된 것이 아니다. 양적완화로 가두어놓은 국채와 모기지채권은 연준의 댐 뒤에서 시퍼런 빛을 내며 찰랑거리고 있다.

시간이 지나면서 조용히 증발해 사라지는 것이 아니다. 결국은 조금씩 물을 퍼내지 않으면 안 된다. 연준의 기준금리인상과 양적긴축은 거의 동시에 이루어지고 있다. 기준금리인상은 주로 단기금리에, 양적긴축은 장기금리에 영향을 줄 것이다. 그러나 공통적으로 금리가 올라갈 수 밖에 없는 상황이다. 물론 그 추세는 거북이걸음처럼 느리다. 그러나 그 방향에는 흔들림이 없다. 미국은 대체로 1년에 1%씩 기준금리를 올리는 추세다.

현재 미국의 금리인상에 맞추어 다른 나라들도 금리를 올리고 있다. 달러가 갑자기 빠져나가거나 자국의 통화가치 하락을 막기 위한 조치인데, 그 결과 글로벌 유동성이 빠르게 줄어들고 있다. 남아프리카공화국의 은행 '네드뱅크(ned bank)'는 연준의 총통화(M2)에 대응해 30대 경제국들이 시중에 공급한 달러 환산 유동성을 조사했는데, 2017년 말부터 달러 유동성이 급속하게 감소하고 있는 것으로 파악되었다. 모든 지표들이 달러 강세를 예고하고 있다. 그리고 달러강세는 대체로 신흥국의 위기로 이어지고는 했다.

이러한 상황에서 금융위기가 재발할 가능성이 높아지고 있다. 무엇보다도 금융위기 이후 잠시 주춤했던 부채가 다시 늘어나고 있기 때문이다. 맥킨지에 따르면 전 세계 회사채 규모는 2007년 4.3조 달러에서 2017년 11.7조 달러로 크게 증가했다. 더구나 미국 회사채의 40%

글로벌 달러 유동성

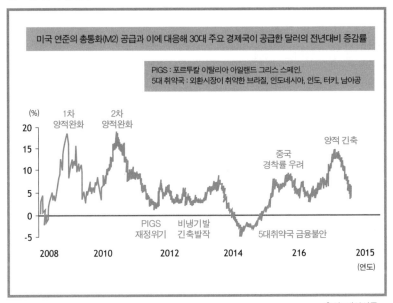

미국 연준의 총통화(M2) 공급과 이에 대응해 30대 주요 경제국이 공급한 달러의 전년대비 증감률

PIGS : 포르투칼 이탈리아 아일랜드 그리스 스페인.
5대 취약국 : 외환시장이 취약한 브라질, 인도네시아, 인도, 터키, 남아공

(%)
20
15
10
5
0
-5

1차 양적완화
2차 양적완화
양적 긴축
중국 경착륙 우려
PIGS 재정위기
비냉기발 긴축발작
5대취약국 금융불안

2008   2010   2012   2014   216   2015
(연도)

출처: 내일신문

가 정크본드(junk bond)나 다름없는 BBB 등급의 채권이다. 미국의
가계 부채도 다시 빠르게 늘어나고 있다. 가계 부채 총액은 2018년
8월 3조 8,600만 달러에 이르며 2018년 안에 4조 달러를 넘어설 것
으로 보인다. 현재 모기지부채에 이어 2위를 기록하고 있는 것이
학자금 대출이다. 2006년에는 5천억 달러 미만이었는데, 2018년에
는 벌써 1.5조 달러를 넘어서서 무려 3배나 늘어났다.[72] 신용카드
부채도 빠르게 늘어나고 있다.

미 의회 예산국(CBO)은 미국의 재정 적자가 2020년에 1조 달

러를 넘어설 것으로 전망하고 있다. 현재 21조 달러를 돌파한 미국의 국가부채는 2028년 33조 달러 이상으로 급등해 GDP의 96%에 도달한다고 한다.

이처럼 부채의 규모가 다시 늘면서 금리의 인상이나 자산가격의 추락, 또는 예상치 못했던 사건의 발생은 다시 한 번 엄청난 소용돌이를 몰고 올 가능성이 크다. 미국의 최근 역사를 보면 생각보다 자주 금융위기가 왔음을 알 수 있다. 따라서 그 폭과 길이가 문제이지, 금융위기가 다시 한 번 발생한다고 해서 크게 놀랄 일이 아니라는 것이다.

★ 보수적인 투자가 불가피하다

과거 양적완화와 저금리는 세계 모든 나라에 '자산가격 상승'이라는 동일한 결과를 빚어냈다. 보통 주식과 채권 가격은 반대로 움직이는 경향이 있지만 과거 10년간은 같은 방향으로 움직였다. 워낙 풍부한 돈이 풀렸기 때문이다. 미국에서는 금융위기 이후 10년의 주가상승세가 이어졌으며, 한국은 그 정도는 아니지만 주가는 이전 수준을 회복해 완만한 상승세를 보여왔다.

오늘날 외국인들은 한국의 주식시장을 좌우하는 거대한 세력이다. 그들은 한국뿐만 아니라 글로벌 시장, 특히 미국을 기준으로 판단한다. 미국의 자산가격이 영원히 올라갈 수 있을까? 아마도 그런 일은 불가능할 것이다.

현재 미국은 감세 덕분에 기업의 이익이 늘고 있다. 그러나 특별히 사업이 잘되고 실적이 크게 좋아서 그렇게 된 것은 아니다. 오히려 미국의 설비가동률은 장기적으로 내리막길을 걷고 있다. 미국의 기업들은 이자와 세금이 낮을 때 자사주를 사들여 소각함으로써 주식의 공급량을 줄이고 있다. 따라서 이러한 수급상황 때문에 주가가 올라가는 것은 당연한 일이다. 그러나 기업의 매출액과 영업이익이 크게 늘어나지 않는 한, 영원히 계속될 수 있는 흐름이 아니다.

지금 미국을 강력하게 끌고 가는 기업은 많지 않다. 구글·애플·페이스북·아마존·넷플릭스 등 인터넷을 기반으로 하는 기술기업들의 실적은 나쁘지 않지만, 그렇다고 거대한 시장을 형성할 수 있는 새로운 서비스를 내놓지는 못하고 있다. 그럼에도 불구하고 주가만 높기 때문에 오히려 불안감을 던져주고 있다.

금리는 주가와 반비례 관계에 있다. 워낙 조심스럽게 올리고는 있지만, 그것은 주가에 나쁜 영향을 줄 것이 분명하다. 따라서 미국 자산시장의 조정은 불가피하다. 시점과 크기만이 문제가 될 것이다. 그 기폭제가 금리인상이 될 수 있다.

기준금리보다는 오히려 10년 만기 국채금리 등 장기금리가 경제에는 더욱 중요하다. 그러나 그것은 꾸준히 올라가는 추세이며, 주식시장은 그 움직임에 매우 민감하게 반응한다. 2018년 2월에도 국채금리가 급격히 올라 3%에 접근하면서 주가가 잠시 폭락하기도 했다.

이러한 세계적인 조류에 더해 한국 고유의 문제점도 있다. 바로 가계 부채다. 우리나라는 2008년의 금융위기에서 직격탄을 맞지는 않았다. 그때까지는 그처럼 가계 부채가 많지 않았기 때문이다. 그러나 위기를 극복하는 과정에서 부동산을 통한 경기부양을 시도했으며, 그 과정에서 금리를 낮추고 대출규제를 풀었다. 그 결과 오늘날은 감당하기 어려울 정도로 가계 부채가 늘어났다. 지금도 가계 부채는 줄어들지 않고 조금씩 늘어나고 있다.

이렇게 부풀어버린 가계 부채가 스스로 가라앉을 수 있을까? 부동산가격이 올라 집을 팔아 갚거나, 아니면 소득이 올라 조금씩 갚아나가야 한다. 과연 우리나라가 그러한 방식으로 가계 부채를 해결할 수 있을까?

부채는 절대로 저절로 없어지지 않는다. 따라서 정부가 할 일은 부동산가격을 폭락시키지 않으면서 가계 부채를 조금씩 줄여나가는 것이다. 이것은 결코 쉬운 일이 아니다. 왜냐하면 우리나라 자체의 변수뿐만 아니라 미국이 주도하는 세계경제의 변수에 크게 영향을 받기 때문이다.

한 예로 미국이 기준금리를 계속 올리면 한국도 어쩔 수 없이 올려야 하는 것이다. 금리를 올리지 않고 계속 버티면 원화가치가 추락하고, 한국 시장의 메리트가 떨어지며, 한국처럼 개방된 자본시장에서 외국자본은 순식간에 빠져나갈 수 있다. 그러나 금리인상은 부동산을 담보로 돈을 빌린 사람들에게 참으로 부담스럽다. 1,500조 원에서 금리가 1%만 올라도 1년에 15조 원의 이자를 더 내야 한다.

현재 정부의 기조도 부동산가격을 잡겠다는 것이다. 사실 엄청나게 쌓여 있는 가계 부채를 쳐다보면 그렇게 하지 않을 수도 없다. 대출규제도 강화되고 있다. 더구나 이미 지방의 아파트는 과잉공급으로 몸살을 앓고 있으며, 서울에도 재건축물량이 대규모로 입주를 기다리고 있다.[73]

수요는 억제되고 공급은 느는데, 다만 시중의 유동자금만 넘쳐흐르고 있다. 이러한 상황을 감안하면 한국의 부동산이 결국 조정을 피하기 어렵다는 것을 짐작할 수 있다. 물론 정부는 시장상황을 보면서 규제의 끈을 풀었다 조였다 할 수 있다. 그러나 미국이 정한 바운더리 안에서 그 수단을 찾아야 한다는 점을 기억할 필요가 있다.

지금 미국은 이제까지의 기조를 바꾸고 있다. 그 흐름이 계속되는 한, 우리도 결국 그쪽으로 갈 수 밖에 없는 것이다.

★ 일본의 선례를
참고하자

　시대와 상황이 다르기는 하지만 일본의 선례는 매우 도움이 된다. 역사는 동일하게 반복되지 않는다고 하지만, 그렇다고 비슷하게 반복되지 않는 것은 아니다. 그들이 1990년대 겪었던 상황과 현재 우리의 상황이 너무나도 비슷하기 때문이다.

　비록 일본처럼 자산가격이 단기간에 급등하지 않았지만, 우리도 상당히 오랫동안 가격이 올랐다. 수출로 먹고 살았는데, 미국의 강요에 의해서 수출이 타격을 받고 있는 점도 동일하다. 당시 일본은 지금과는 비교도 되지 않을 정도로 수출 의존도가 컸다.

　또한 일본은 제조업 강국이었다. 그러나 오랜 불황을 거치면서 일본의 제조업 비중은 극적으로 줄어들었고, 반대로 서비스업의 비중은 크게 늘어났다. 한국은 그 정도는 아니지만, 주력 제조업은 더이상 성장을 하지 못하고 구조조정의 압력에 시달리고 있다.

　또한 저출산과 고령화, 그리고 인구감소가 일본에서는 우리보다 20년 빨리 진행되었다. 아직 실감을 못해서 그렇지 우리는 일본이 걸은 길의 초입쯤 와있는 것이다. 그러한데 우리가 무슨 근거를 가지고, 그들과 다른 길을 갈 수 있다고 주장하는 것인가?

그러나 너무 비관할 필요도 없다. 일본은 비록 세계경제에서의 위상은 낮아졌지만 여전히 3위의 경제대국이며 기술강국이고, 강한 산업기반을 가지고 있다. 일본은 오랜 불황을 거치면서 새로운 환경에 적응할 수 있도록 산업구조와 기업경영, 그리고 사람들의 소비생활이 변화했다. 미국을 제외한다면 일본을 비웃을 수 있는 나라는 존재하지 않는다.

일본의 부동산은 폭락했지만, 본격적인 상승이 이루어지기 이전인 1985년과 비교하면 낮아진 것도 아니다. 그러니까 거품이 빠지고 원래의 모습으로 돌아왔다고나 할까? 대신 인구감소와 맞물려 변화는 있었다. 도쿄 등 대도시로 인구가 몰린 것이다.

상당한 기간 동안에는 일본정부가 재정을 풀어 도로와 다리를 지으면서 지방의 일자리를 만들었다. 그러나 너무나도 늘어버린 국가부채 때문에 그것도 한계에 봉착했다. 그나마 지방에 사는 노인들을 대상으로 하는 의료와 돌봄 서비스로 버텨왔으나, 이제 노인들 인구마저 줄어들어 그런 일자리도 감소하고 있다. 이에 따라 젊은이들이 도시로 탈출하고 있다.

우리나라 분당·일산신도시를 개발할 때 참고하던 다마뉴타운이라는 곳이 있다. 일찍이 일본정부가 작정하고 개발한 곳이다. 유럽식 거리풍광과 자연의 풍부한 녹지 등 매력적인 전원도시로, 누구나 선망하던 곳이었다. 그러나 이제 노인들이 주민의 반 이상을 차지한다. 오로지 역에 붙은 높다란 아파트에만 젊은 부부가 노부모에게 아이를 맡기기 위해서 거주할 뿐이다. 그렇지 않은 사람들은 굳이 비싼 전철요금을 매일 내면서 출퇴근할 이유가 없기 때문이다.

따라서 도쿄는 고밀도로 재개발될 수밖에 없었다. 실제로 2000년대 들어 롯본기힐스를 비롯해 초고층복합빌딩을 세우는 재개발이 대대적으로 이루어졌다. 요즘 우리가 시도하는 도심재생계획과 비슷하지만 규모는 일본이 훨씬 크다. 일본 정부가 시도하는 경기부양책의 하나이기는 했지만, 낮아진 토지가격을 보고 들어온 외국자본의 역할도 적지 않았다. 일본의 부동산시장은 이 무렵부터 매우 글로벌화되었다. 일본의 도심은 아주 밀도 높고 효율적이며 화려하게 재개발되고 있다. 그리고 거대한 자본이 투자되고 있다.

그러나 경제가 저성장에 시달리고 인구가 감소하니, 주택가격이 올라갈 수는 없다. 그렇다고 부동산에 대한 수요가 없어질 리는 만무하다. *일본은 철저하게 수익성을 기준으로 하는 부동산 투자로 재편되었다.* 끊임없이 변화하는 주택시장에서 니즈를 찾아 그것에 맞는 형태의 부동산을 공급하고, 건물을 잘 관리해 임대수익을 높이려고 노력한다.

우리로 치면 2호선인 야마노테선을 중심으로, 철저히 역세권 위주의 재개발이 이루어지고 있는 점도 주목할 만하다. 또한 부

340

동산 유형별 수요분석과 미래가치에 대한 평가 등 정밀한 투자가 요구되면서, 리츠 같은 부동산펀드의 비중이 늘어난 점도 눈여겨 볼 필요가 있다. 지금의 우리처럼 개인이 감에 의존해서 단타치는 방식으로 투자해서는 성공할 수 없기 때문이다.

장기간 지속적으로 투자할 수 있어야 하며, 안정적인 수익흐름을 얻을 수 있어야 하고, 건물의 관리가 매우 중요해졌다. 이것은 개인이 하기 어렵기 때문에 집합투자에 돈을 투자하는 사람들이 늘어난다. 한마디로 일본의 경우 부동산은 안정적이고 장기적인 투자로 변모하고 말았다. 또한 주식시장에 이어 부동산시장에 있어서도 기관의 역할이 훨씬 중요해졌다.

사치와 거품은 사라지고 '가격 대비 성능'이라는 실용성이 생활의 척도가 되었다. 백화점의 매출은 줄어들고, 반대로 유니클로와 무인양품 같은, 거품을 빼고 대신 가격을 낮춘 '적당히 괜찮은' 제품들이 잘 팔려나갔다.

유니클로는 역사가 오래된 기업이지만, 1997년에야 미국 GAP의 전략인 SPA[74]를 채택해 대성공을 거두었다. 그들은 파리에서 디자인하고, 일본에서 기술을 개발하고, 중국에서 생산하는 방식으로 철저히 세계화된 전략을 구사했는데, 그 덕분에 상당히 저렴하면서도 괜찮은 브랜드를 만들어낼 수 있었다. 폴라폴리스 재킷 '플리스'와 보온 내의 '히트텍' 등 새로운 기술의 제품, 유럽의 디자이너·스포츠 스타와의 콜라보레이션 등 매력적이면서도 실속 있는 제품을 만들어낸다.

무인양품은 MUJI라는 '브랜드가 없는 브랜드'로 유명하다. 식품, 생활용품, 의류 등 700여종의 품목을 판매하지만, 모두 두드러지지 않고 심플하면서도 쓸모가 있다. 이 회사는 불필요한 것은 철저히 배제한다는 원칙하에서 운영되고 있다. 표백 등 없어도 되는 공정을 줄였기 때문에 색상도 베이지 색 위주로 단순하며, 포장도 하지 않는다. 모두 쓸만한데 값이 싸다.

일본의 경우 한 가지 더 생각해볼 만한 점은 이 시기 일본의 자산이 은행예금과 같이 안전한 곳에 몰리거나, 아니면 해외자산에 몰렸다는 것이다. 일본 엔화는 낮은 금리 때문에 캐리-트레이드용 돈으로 유명하다. 엔화를 빌려서 달러로 환전한 다음에 이를 해외자산에 투자하는 것이다. 일본의 기업들이 크게 성장을 하지 못하고, 국내자산가격도 부진을 면치 못하니 불가피했을 것이다.

한국의 경우에도 일본과 마찬가지가 될 것이다. 아마도 자산가격의 조정을 겪으면서 자금의 흐름도 양극화될 것이다. 자신의 자산을 안전하게 지키려는 사람들은 은행예금이나 수익형부동산을 찾고, 그렇지 않고 모험을 감수할 용의가 있는 사람들은 해외시장을 찾을 것이다. 해외투자는 정보도 어둡고, 외환거래에 따르는 리스크도 크며, 수수료도 높아 부담스럽다. 그럼에도 불구하고 국내에서 가능성을 찾지 못한 사람들은 해외의 문을 두들길 가능성이 크다.

이미 국민연금도 낮은 국내주식 투자수익률 때문에 해외투자의 비율을 높이고 있다. 이에 따라서 위험을 분산하기 위해 국내를 벗어나 여러 나라에 투자하는 글로벌 자산배분과 환율관리가 중요해질 것이다.

| 각주 |

1. 미국·캐나다·멕시코가 체결한 NAFTA는 원래 아버지 부시가 추진한 정책이라는 사실을 잊으면 안 된다. 원래 자유무역은 공화당의 트레이드 마크다. 민주당 출신의 클린턴 치하에서 NAFTA가 의회 비준을 얻기는 했지만, 그것을 주도한 사람들도 공화당 의원들이었다. 당시 하원에서 찬성표를 던진 234명 중 공화당 출신이 132명, 상원에서는 61명 중 34명이었다. 이런 탓에 트럼프의 보호무역주의는 민주당보다는 공화당에서 비판을 받고 있다.

2. 오늘날에는 공화당에도 유대인들이 다수 참가하고 있다. 우선 네오콘이 그렇다. 또한 〈폭스〉 같은 보수주의 뉴스채널도 유대인인 머독(Rupert Murdoch)이 가지고 있다. 코크 형제(Koch Familiy) 같은 석유자본가들도 공화당의 큰손이다.

3. Breitbart News Network의 준말이다. 2007년에 창설된 웹사이트로, 자신들을 '우파의 허핑턴 포스트'로 자칭한다.

4. 외국에 직접 공장을 설립하는 경우도 있지만, 오늘날에는 현지의 기업 주식을 매수하는 방식의 진출이 많이 일어난다. 완전히 경영권을 장악하는 경우도 있고, 단지 경제적 이익만 얻는 재무적 투자자로 참여하는 경우도 있다. 그도 아니면 기관 투자가를 통해서 증권에 투자해 시세차익과 환차익을 얻는다. 어쨌건 오늘날은 실물자본이 아니라 금융자본이 이동하는 것이다.

5. 2008년 9월 리먼브라더스 사태가 발생하고, 이를 수습하기 위해 의회는 7천억 달러의 구제금융안을 편성한다. 이른바 '부실자산 구제프로그램(Troubled Asset Relief Program; TARP)'으로 알려진 것이다. 이어 2009년 2월 오바마가 '주택소유 안정화 계획'을 발표해 900만 명의 주택소유자에게 압류를 피할 수 있도록 지원했다. 그러자 〈CNBC〉 방송의 릭 샌텔리(Rick Santelli)가 '티파티 운동(Tea Party movement)'을 통해서 이 정책에 반대하자고 제안했다. 이어 〈폭스〉 등이 호응해 미국 전국에 수백 개의 티파티 조직이 만들어졌다. 그들은 TARP나 오바마케어를 주도한 정치인의 낙선운동을 전개했다. 이 운동에 석유재벌인 코크 형제들이 지원하고 있다. 티파티는 2016년 대선중에 크루즈 상원의원을 밀었다. 이 도움으로 크루즈는 2012년 텍사스에서 상원의원에 당선되었다. 티파티에는 기독교 우파인 복음주의 세력까지 가세해 세력이 커졌으며, 2013년

연방정부 폐쇄를 주도하기도 했고, 2015년 미국 하원의장인 존 베이너(John Boehner)를 끌어내려 세력을 과시했다.

6. 2018년 3월 이탈리아 총선에서 오성운동과 동맹이 승리해 정권을 쟁취했다. 그들은 이민을 반대하는 것은 물론이고 심지어 EU 탈퇴까지 언급했는데, 그들에게도 스티브 배넌이 조언을 아끼지 않았다고 한다.

7. 유대인 네오콘의 이론적 스승으로 꼽히는 인물이 있는데, 레오 스트라우스(Leo Strauss, 1899~1973)라는 학자다. 그는 국가가 안정적인 질서를 유지하기 위해서는 외부의 적을 공격해야 한다는 논리로 선공론을 주장했는데, 이는 부시 정부의 국방부 부장관을 지낸 월포위츠(Paul Wolfowitz)에 의해서 계승되었다. 일반적으로 미국의 추진해온 봉쇄론에 비해 상당히 공격적이다. 미국기업연구소(AEI) 마이클 레딘(Michael Ledeen) 연구원은 그의 책 『테러 전문가들과의 전쟁(The War Against the Terror Masters)』(2002)에서 '민주화 도미노 이론'을 주장한 바 있다. 이 이론에 따르면 이라크 후세인 체제를 먼저 치고, 그 다음에는 이란과 시리아를 무너뜨리는 것이 효과적이라고 주장하고 있다. 2003년 미국의 공격으로 이라크가 무너지고, 2011년 '아랍의 봄'을 계기로 시리아가 무너진 것, 그리고 이제 이란으로 창끝을 돌리는 것을 보면 이 계획은 지금도 추진되는 것으로 보인다. 부시 정부의 더글러스 페이스(Douglas Feith) 미국방차관 등이 작성한 정책보고서에는 이스라엘을 주축으로 요르단, 터키, (후세인이 제거된) 이라크를 통해서 시리아를 섬멸한다는 내용이 들어있다.

8. 금융권과 IT, 언론과 미디어분야는 대부분 민주당 후보를 지지한다. 그러나 석유재벌인 코크 형제처럼 공화당을 지지하는 유대인 재벌들도 있으며, 트럼프가 항상 틀어놓고 본다는 〈폭스〉도 유대인인 머독이 소유하는 채널이다.

9. 그는 국무부 군축·안보 차관으로 있을 때 트럼프 정부가 추진하는 대북 해상 차단 같은 개념인 대량살상무기확산방지구상(Weapons of Mass Destruction Proliferation Security Initiative; PSI)을 제시했다. 트럼프는 북한의 완전하고 검증 가능하며 불가역적 핵폐기(Complete Verifiable Irreversible Dismantling; CVID)를 강조하고 있는데, 이것도 볼턴이 2003년 제시한 것이다. 그는 두 차례에 걸쳐서 북한과의 핵 협상 타결을 방해했다. 2001년 9·11 테러가 발생한 직후인 11월 9일 국무부차관보로 있던 그가 북한이 이라크에 무기를 제공했을 가능성이 있다고 언급했고, 마침내 2002년 1월 29일 부시는 북한을 악의 축으로 규정했다. 이로써 봉인되어 있던 북한 핵의 판도라가 다시 열

린다. 북핵 실험이 재개되었고, 이 문제를 해결하기 위해 6자 회담을 열어 2005년 9·19 공동선언을 이끌어냈다. 북한의 비핵화와 미국의 안전보장을 맞바꾸는, 오늘날의 협상과 비슷한 결과였다. 그러나 바로 다음날 미국은 방코델타아시아은행(Banco Delta Asia S.A.R.L.)의 북한 자금을 동결해버렸다. 이 역시 볼턴의 작품이라고 알려져 있다. 훈풍은 순식간에 돌풍으로 변했고, 그다음해인 2006년 7월 4일 미국 독립기념일에 북한은 탄도 미사일을 7기나 발사해 미국에 대한 도전을 선언했다.

10. 유엔 대사 시절인 2006년 10월 북한이 1차 핵실험을 실시하자 유엔 안전보장이사회에서 '대북 제재 결의 1718호'가 채택되도록 주도적인 역할을 했다. 당시 이에 반발해 박길연 유엔 주재 북한 대사가 회의장을 나가자 그는 박길연 대사의 빈 의자를 손가락으로 가리키며 "북한을 유엔에서 축출해야 한다"고 소리지르기도 했다.

11. 네오콘은 특히 현 이스라엘 수상인 네타야후 수상의 리쿠트 당과 가깝다. 리쿠트 당은 역대 이스라엘 정부 중에서 가장 강경한 입장을 보이고 있는데, 경쟁자인 이스라엘 노동당 출신 라빈 수상이 팔레스타인의 아라파트와 체결한 오슬로협정(1993)을 폐기하려고 한다. 그들과의 공존을 부정하고, 완전히 이스라엘 근처에서 몰아내겠다는 전략이다.

12. 볼턴은 FDD의 앤서니 루지에로(Anthony Ruggiero) 선임연구원과도 가까운 관계인데, 그는 북한에 대해서 절대로 양보를 해서는 안 된다는 초강경파다. 볼턴이 짜는 새로운 국가안보회의(NSC) 멤버에 그도 이름이 거론되는 것으로 알려졌다.

13. 국가경제위원회는 1993년에 빌 클린턴 대통령이 설치했다. 이 위원회는 국가안전보장회의(National Security Council; NSC)에 상응하는 기관으로서, 대통령에게 미국의 경제정책에 대한 자문을 한다.

14. N M Rothschild & Sons의 뉴욕지사에서 경력을 쌓았다.

15. 미국 의회는 2018년 3월 상원이, 6월 하원이 '도드·프랭크법'의 일부 규제를 완화하는 개정안을 통과시켰다. 개정안에 따르면 엄격한 감독을 받도록 한 은행의 자산기준을 500억 달러에서 2,500억 달러로 크게 늘렸다. 규제에서 제외된 은행들은 연준의 스트레스 테스트(재무 건전성 평가)를 받지 않고 파산에 대비한 정리의향서(living wills)를 제출하지 않아도 된다. 자산이 100억 달러 미만인 은행들을 볼커 룰(자기자본거래 금지)의 적용 대상에서 제외하고, 대출 및 자본금 요건과 관련한 규제도 완화했다. 압도

적 다수의 은행이 모기지(주택 담보 대출) 현황을 보고해야 하는 의무에서 벗어날 것으로 보인다. 이것은 물론 중소형은행에 주로 해당된다. 그러나 이것은 출발점에 불과하며, 계속 금융 규제 완화가 있을 것으로 전망되고 있다. 앞으로 규제 완화는 미국 내 대형은행에 적용되는 것이 많다. 금융위기 이후 소비자를 보호한다는 명목 아래 많은 규제가 도입되었는데, 이것을 하나하나 해체하는 것이다. 바클레이스 은행은 이러한 규제완화에 힘입어 미국의 대형은행이 2018년에 배당과 자사주 매입을 통해 1,700억 달러를 돌려줄 것이라고 전망하고 있다. 이는 전년에 비해 25% 정도 늘어난 것이다.

16. Executive order로 헌법이 대통령에게 부과한 권한이다. 의회의 동의 없이 입법과 비슷한 효과를 낼 수 있어, 우리의 대통령령에 해당한다. 다음 대통령이 취소할 수 있다.

17. 이란·시리아·리비아·예멘·소말리아의 5개국이다.

18. 워싱턴 DC와 뉴욕, 시카고, 로스앤젤레스 등 10대 도시를 포함, 미국 내 106개 피난처 도시들에는 한 해에 연방그랜트와 다이렉트 페이먼트로 270억 달러가 지원되고 있다. 연방지원금은 경찰과 소방서, 학교와 공공 주택, 지역사회 개발 등에 쓰이고 있다.

19. 법인세 감면으로 늘어난 기업의 이윤은 주로 자사주매입과 배당으로 사용될 것으로 예측되고 있다. 자사주로 50%, 배당금증가로 25% 정도 사용될 것으로 전망된다. 미국 주식의 84%를 상류층 10%가 가지고 있으므로, 그 혜택은 온전히 그들에게 돌아갈 것이다.

20. 은행들의 로비로 파생상품과 헤지펀드에 자본금 3%까지는 투자할 수 있게 되었다.

21. '부활한 세계: 메테르니히, 캐슬레이 그리고 평화의 문제(A World Restored: Metternich, Castlereagh and the Problems of Peace)'다.

22. 이것은 당시 정권을 장악하던 이스라엘 노동당의 라빈이 선택한 것이다. 그러나 우파정당이자 현 여당인 리쿠드당(화합당)은 이에 반대한다. 대체로 노동당은 팔레스타인과 타협하려고 하며, 미국 민주당과 호흡이 잘 맞는다. 그에 반해 리쿠드당은 팔레스타인 사람들을 가자에서 쫓아내려고 하며, 공화당과 죽이 맞는다. 현재 이스라엘 총리는 네타야후로 리쿠드당 총재다. 네타야후는 오바마와 뜻이 맞지 않았으나, 트럼프와는 매우 사이가 좋은 것으로 알려지고 있다.

23. 2015년 7월 이란과 미국·영국·프랑스·독일·러시아·중국의 6개국이 체결한 협정으로, 이란의 핵개발을 동결하고, 대신 이란에 대한 경제제재를 풀어주는 거래였다. 핵무기에 사용할 수 있는 우라늄과 플루토늄을 15년간 생산하지 않는다. 우라늄도 저농축으로 만들고, 수량도 300kg 이하로 제한한다. 아울러 농축 우라늄의 제조장소인 포르도는 이란과 서방의 과학자들이 함께 근무하는 연구시설로 바꾸어 감시하게 한다. 농축용 원심분리기는 2년에 걸쳐 2만 개에서 6,104개로 줄인다.

24. 우라늄은 자연에서 얻을 수 있는데, 그 상태로는 폭발력이 낮기 때문에 원심분리기에 돌려서 농축시켜서 만들어야 한다. 알코올로 치면 도수를 높이는 것과 같다. 플루토늄은 자연계에서는 존재하지 않는다. 대신 원자로에서 우라늄을 연료로 이용해 발전하고 나면 찌꺼기가 남는데, 이것을 가공하면(재처리라고 한다) 플루토늄을 얻을 수 있다. 우라늄이 매우 안정적인 데 반해, 플루토늄은 불안정해서 말썽을 부릴 소지가 많다. 북한에서는 우라늄이 매우 풍부한데, 왜 플루토늄에 집착하는가? 그것은 소량으로도 핵폭발을 일으킬 수 있기 때문이다. 그에 반해 우라늄은 2배 이상이 소요된다. 핵탄두를 소형화해 미국까지 날려보내려면 소형화는 필수적이다. 수소까지 섞어 넣으면 폭발력이 더욱 커지는데, 여기에도 플루토늄이 더 잘 맞는다. 이런 이유 때문에 핵을 개발하는 나라는 우라늄과 플루토늄을 동시에 추진한다.

25. 1994년 예멘의 정치인 후티가 창설한 시아파 단체다. 2015년 1월에는 후티군이 대통령궁을 장악하자 수니파이자 사우디의 지원을 받는 하디 대통령이 예멘의 남부 지역으로 피신해 내전이 진행중이다. 현재 이 전쟁은 사우디와 이란의 대리전처럼 진행되고 있다.

26. 당시는 기준금리가 없었고, 재할인율이 그 자리를 대신했다.

27. 기준년도를 100으로 하고 각 연도의 생산량을 비교하는 지수다. 종류가 서로 다른 상품의 종합생산지수이며 가중평균치로 계산된다.

28. 기업이 은행에 어음을 담보로 맡기고 대출을 받을 수 있다. 이때 어음의 액면가를 할인해 대출금액을 정한다. 따라서 할인율은 이자율과 동일하다. 민간은행은 이 어음을 다시 중앙은행에 담보로 맡기고 돈을 빌릴 수 있는데, 이때 적용되는 이자율을 재할인율이라고 한다.

29. 1924년 도스안(Dawes Plan)과 1930년 이를 보완한 영안(Young Plan)이 있다.

30. Glass-Steagall Act라고 불렸다. 공식 명칭은 '1933년 은행법(Banking Act of 1933)' 이다.

31. 의회에서는 유명한 법관인 페코라(Ferdinand Pecora)를 시켜서 대공황의 원인을 조사시켰는데, 그는 그 과정에서 금융 관행의 문제점을 많이 발견했다. 예를 들어 당시 은행은 본연의 은행업뿐만 아니라 증권업도 겸업하고 있었는데, 은행의 부실채권을 털어내는 조건으로 위험한 증권을 인수한다거나, 고객의 예금으로 자사주를 사서 주가를 부양하는 불법이 자행되고 있었다. 그는 이러한 관행을 뿌리뽑기 위해서 은행과 증권을 분리시켜야 한다고 주장했다.

32. 요구불예금에 대해서는 이자를 지급할 수 없으며, 저축성예금에 대해서는 연준이 정하는 이자의 상한을 넘을 수 없도록 한 규정이다

33. 노동생산성은 노동 1시간을 투입했을 때 생산량이 얼마나 되는가를 측정하는 지표다. 그러나 워낙 다양한 제품이 존재하므로 가격을 가중치로 이용해 지수화한다. 그리고 이 지수가 전년도에 비해 얼마나 높아졌는가를 측정해 노동생산성 증가율을 발표한다.

34. 달러대비 원화가치·유가·금리가 모두 낮은 것을 3저라고 한다.

35. 한국·대만·홍콩·싱가폴

36. 태국·말레이시아·인도네시아·필리핀

37. Fannie Mae. 연방 저당권 협회(Federal National Mortgage Association)의 준말이다.

38. 2005~2015년간 연준의 자산은 6배 늘었다. 따라서 그만큼 본원통화가 늘어난 것이다. 그러나 실제로 유통되는 통화량을 의미하는 총통화(M2)는 양적완화가 시작되는 2008년 12월 8조 1,720억 달러에서 2013년 10월 10조 9,856억 달러로 별로 증가하지 않았다. 또한 내용을 들여다보면 증가도 대부분 예금이며, CD와 MMF 등 단기금융상품은 오히려 감소해 자금이 극히 보수적으로 운용되었다는 것을 알 수 있다. 한마디로 연준이 뿌린 돈이 모두 다시 은행으로 흘러들어 갔고, 최종적으로는 연준으로 다시 돌아온 것이다.

39. 석탄, 철광석 같은 원자재와 곡물을 운반하는 벌크선의 시황을 나타내는 지수로, 전 세계 교역량을 평가하는 데 사용된다. 이 지수가 높을수록 경기가 호황기임을 나타낸다. 영국 런던의 발틱해운거래소가 1999년 11월 1일부터 발표하고 있는 종합 운송지수로, 1985년 1월 4일 운임 수준을 기준(1000)으로 삼고, 석탄·광석·곡물·건축 자재 등 포장 없이 벌크선으로 운송하는 원자재에 대한 운임을 평가한다.

40. 총자본형성/총국민생산의 비율이다.

41. 김원기·윤여준·김종혁·권혁주·천소라, 〈대외경제정책연구보고서(2016)〉, '미국 경제구조 변화에 따른 성장 지속가능성 점검 및 시사점'

42. 미국 하원의원 론 폴(Ronald Paul)은 이전과 같은 방식으로 소비자물가지수를 계산할 경우 9%에 이른다고 하며 버냉키를 몰아붙인 바 있다. 개편된 미국의 소비자물가지수 산정방식은 어떤 품목의 가격이 오르면, 소비자는 보다 싼 품목을 더 소비하는 식으로 대응한다고 가정해 가중치를 조절한다.

43. 무디스는 2017년 이탈리아은행에 대한 신용등급을 떨어뜨렸다. 2016년 말 기준 이탈리아 은행들의 부실대출이 3,490억 유로(약 464조 원)에 달하며, 부실대출 비율은 17.3%로 유럽에서 가장 높다. 이는 유럽연합 평균인 5.1%의 3배가 넘는 수준이다.

44. 상장지수펀드. 특정지수를 모방한 포트폴리오를 구성해 산출된 가격을 상장시킴으로써 주식처럼 자유롭게 거래되도록 만든 지수상품이다.

45. 2018년 중국 GDP의 160%에 달하고 있으며, 기업부도율도 2017년의 0.22%에서 2018년 0.26%로 높아지고 있다.

46. 무디스에 따르면 중국의 그림자금융은 2016년 11조 2천억 위안에서 2017년 12조 3천억 위안으로 확대되었다.

47. 1975년 미국과 소련 등이 냉전을 완화시키기 위해 체결한 헬싱키협정에는 '사상, 양심, 종교, 신앙 등 기본적 자유와 인권 존중' 등의 조항이 들어가 있다. 이것이 1980년대 폴란드의 자유노조 등의 탄생을 도움으로써 궁극적으로 사회주의권의 몰락으로 이어졌다는 논의가 있다.

48. 2018년 8월 8일 기준으로 온스당 1,221달러다.

49. 신흥국의 경우에는 금리가 낮은 동안 발행한 회사채가 문제가 될 수 있다. 맥킨지에 따르면 금융위기 이후 은행의 문턱이 높아지자 신흥국 기업들은 회사채 발행을 늘렸는데, 2007년 0.8조 달러에서 2017년 2조 달러로 크게 증가했다. 회사채를 포함한 기업 부채는 대부분 신흥국에서 늘었다. 2007년 이후 세계 기업 부채 증가액의 34%(9조 9천억 달러)는 선진국, 나머지 66%(19조 2천억 달러)는 신흥국이 차지한다.

50. 미국은 11척의 항공모함을 가지고 있으며 중국은 2척에 불과한데, 그마저 성능이 한참 떨어진다고 한다. 미국은 하와이와 괌뿐만 아니라 필리핀에도 공군기지(클라크)와 해군기지(수빅만)를 확보하고 있기 때문에 남중국해 코앞에 공격기반을 마련하고 있다고 봐야 한다.

51. 미국은 NAFTA 등 모든 무역협정을 TPP를 잣대로 개선하고 있다. 트럼프는 TPP탈퇴를 선언했지만 막상 NAFTA 재협상은 TPP를 기초로 진행되고 있다. 2015년 11월 협정문이 처음 공개된 TPP는 한·미 FTA보다 시장 개방 수준이 높다. 협정문에 포함된 규범 챕터는 총 30개로, 한·미 FTA(24개 챕터)에 없던 국영기업, 경쟁력 및 비즈니스 촉진 등 7개 챕터를 신설했다. 서비스 등 기존 챕터도 개방을 강화했는데, 전자상거래 서비스의 개방을 특히 강화하고 있다. 예를 들어 한·미 FTA에 없는 컴퓨팅 시설의 위치, 소스코드 등 8개 조항이 새로 들어갔다. '정보의 국경 간 이전 허용' 등 기존 2개 조항은 '의무규정'으로 강화했다.

52. 외국에 준 빚을 주식으로 받는 것은 이전부터 내려온 세계적인 흐름이다. 1980년대 초반 미국의 고금리 정책 때문에 남미는 외채위기를 겪게 되는데, 미국인들은 어떻게 하면 효과적으로 빚을 돌려받을 것인가를 고민했다. 여러 가지 시도 끝에 결국 해법을 찾아냈는데, 그것이 1989년의 브래디 플랜(Brady Plan)이다. 외채를 증권으로 회수하겠다는 것이다. 즉 신흥공업국의 지분으로 대신 받겠다는 것이다. 외환위기를 거치면서 대기업과 은행의 주식이 헐값에 외국인들에게 넘어갔고, 우리나라 국채에 대한 투자도 이때부터 본격화되었다.

53. ISD란 투자 유치국 정부가 협정상 의무, 투자계약 또는 투자인가를 위배한 조치에 의해 투자자에게 부당하게 손실이 발생한 경우 그 투자자가 투자 유치국 정부를 상대로 국내 법원이 아닌 제3자의 국제중재를 통한 구제를 요청할 수 있는 것이다.

54. 예를 들어 자동차산업의 혁신기술인 전기자동차와 자율자동차는 엔진을 위시해 변속기 등 핵심부품을 모두 없애고, 아울러 휘발유, 주유소 등 관련 산업도 해체할 수 있다. 그 뿐 아니라 자율차는 자동차 자체의 수요를 줄여 자동차 공유산업을 확대할 수 있다. 이미 손정의 소프트뱅크 회장은 각 지역의 1위 공유차 회사를 인수함으로써 그쪽에 배팅하고 있다. 이렇게 되면 자동차와 관련 산업에는 재앙과 같은 상황이 나타날 것이다.

55. 이와 함께 GM도 철수설을 흘리면서 한국을 압박하고 있다. 그동안 GM은 한국지엠을 빨대로 활용해 돈을 흡수했다. 2016년 한국GM 매출액 중 연구개발비가 차지하는 비중은 5%로 현대자동차의 2.3%보다 2배가 높은데, 대부분의 연구개발을 GM본사에서 할 터이므로 이는 본사로 돈을 빼돌린 것과 다름없다. 이렇게 해서 2002~2016년에 빠져나간 돈이 7조 원이다. 매출원가율(제조원가/판매액)은 95%로 현대자동차의 80%에 비해 너무 높다. GM이 높은 가격에 원재료와 부품을 제공하고, 낮은 가격에 완성차를 사간 것이 아닌가 추정된다. GM과의 밀고 밀리던 협상은 2018년 6월 들어서 타결이 되었는데, 1대 주주인 GM이 64억 달러, 2대 주주인 산업은행이 7억 5천만 달러를 지원해 군산 이외의 공장을 살리는 것으로 결론이 났다. 정부는 GM이 자산의 20%를 처분할 경우에 산업은행이 비토할 수 있도록 해 10년간 묶어두는 장치를 마련했다.

56. 사실 2011년을 피크로 설비가동률이 낮아지는 것은 중국도 마찬가지다. 한국과 중국의 경제가 상당부분 연동해서 움직인다는 것을 생각하면 이해할 수 있는 현상이다. 다만 중국은 대대적인 경기부양책으로 2016년부터 가동률이 다시 높아지고 있다.

57. 미국 재무부의 환율조작국 지정 기준은 ▲대미 무역흑자가 200달러 이상 ▲해당 국가의 경상수지 흑자 규모가 GDP의 3% 이상 ▲해당국 통화가치 상승을 막기 위한 일방적·반복적 외환시장 개입이다.

58. 미국 재무부는 환율보고서에서 2016년 상반기부터 2018년 반기까지 5차례 연속 한국을 관찰대상국(monitoring list)으로 분류하는 식으로 압박했다. 이에 따라 정부는 6개월마다 외환 순거래 내역(총매수 — 총매도)을 공개하기로 했다.

59. 중국에 투자한 글로벌 금융기관들은 위안이 떨어지면서 환차손을 입게 되자 선물시장에서 원화를 매도하는 방식으로 이를 헤징하고 있는데, 덕분에 원화약세는 가속화되고 있다.

60. 사실 미국에서는 2년물, 10년물, 30년물을 많이 쓴다. 거래량이 많기 때문이고, 30년물의 경우에는 주택담보대출이 30년 만기 고정금리로 제공되는 경우가 많기 때문이다(이것을 사용하면 각각 2.09%, 2.30%, 3.14%다).

61. 중국이 어떻게 대응하고 있는가를 참고하면 좋다. 중국은 2015년 8월 위안화를 기습적으로 평가절하해 수출경쟁력을 강화했다. 미국의 뜻을 거스른 것이다. 2016년 11월에는 중국의 해외직접투자를 규제하기 시작해, 돈이 해외로 빠져나가는 출구를 단속했다. 2017년 7월에는 외국인 투자자가 홍콩을 통해서 중국채권을 살 수 있도록 허용했으나, 반대로 빠져나가는 것은 차단했다. 2017년 3월에는 기준금리를 0.1% 인상해, 미국과의 금리격차를 유지함으로써 위안화 약세를 막았다.

62. 1999.6~2001.3, 2005.6~2007.8에는 별다른 자본유출이 없었다. 반대로 대규모 자본유출이 일어났던 2002년 2분기~2003년 1분기(230억 달러), 2008년 1분기~2009년 1분기(1,500억 달러), 2013년 1~2분기(514억 달러), 2014년 3분기~2015년 3분기(1,060억 달러)에는 오히려 한국 기준금리가 미국보다 높았다.

63. 은행의 주택담보대출 증가액은 2017년 10월 3조 3천억 원을 고점으로 하락해 2018년 2월에는 1조 8천억 원까지 줄어들었다. 2월 은행의 주담보 잔액은 537조 원이고 총대출잔액은 772조 원이다. 서울의 아파트 거래량은 2017년 9월 8천 호에서 10월 4천 호로 감소했으나 이후 상승해 2018년 2월에는 1만 1천 호로 증가하고 있다. 시세 상승에 따라 손바꿈이 일어나고 있는 것이다. 사는 사람도 많지만 파는 사람도 많아지고 있다. 그 후는 거래량이 크게 줄어들고 있다.

64. 2017년 GDP 대비 국가부채 비율은 한국이 46%로 낮은 편이다. OECD 회원국의 평균은 73%인데, 일본이 235%로 1위다. 미국은 106%, 영국이 84%이다.

65. 2017년 11월 기준 3,872억 달러다. 1위는 3조 1,092억 달러의 중국이며, 일본(1조 2,609억 달러), 스위스(7,914억 달러), 사우디아라비아(4,934억 달러), 대만(4,478억 달러), 러시아(4,249억 달러), 홍콩(4,192억 달러), 인도(3,992억 달러)의 순이며, 우리는 그 다음으로 9위다.

66. 치앙마이 이니셔티브는 1997년 아시아 통화위기를 극복하자는 취지에서 2000년 발효한 아시아 13개국(한중일+아세안 10개국)의 통화 교환 협정이다. 총 2,400억 달러까지

제공되지만 이중에서 각국 합의만으로 사용할 수 있는 통화스와프 규모는 960억 달러에 불과하다. 나머지 70%는 국제통화기금(IMF)의 금융지원 이후에 융통할 수 있도록 되어 있다.

67. 미국은 2018년 2월 9일 무역확장법 제232조에 근거해 철강에 25%, 알루미늄에 10%의 관세를 매기겠다고 선언했다. 이와 함께 한미 FTA의 개정이 추진되었다. 2017년 한국의 수출은 5,737억 달러, 수입은 4,785억 달러다. 미국과는 수출 686억 달러, 수입 507억 달러로 흑자이나, 그 액수는 2015년을 고점으로 매년 줄어들고 있다. 한국은 미국에 자동차와 휴대폰을 수출하는데, 미국으로부터는 쇠고기와 천연가스 등을 주로 수입하고 있다.

68. 현재 한국의 건강보험공단은 G7국가의 약값을 보고 가장 낮은 가격으로 국내 약가를 결정한다. OECD 평균가의 44%로 매우 낮다. 글로벌 제약사는 매출이 어느 수준 이상으로 올라가면 가격을 10% 인하해야 한다. 대신 국내 신약개발을 장려하기 위해 '혁신형 제약기업'이라는 제도를 만들어 요건을 충족시키면 약가를 10% 올려준다. 글로벌 제약사는 그 혜택을 받지 못한다. 현재 웬만한 치료제는 개발된 상태고, 추가 개발하는 치료제는 시장이 너무 작아 글로벌 제약사들은 어려움을 겪고 있다. 때문에 한국시장 개방에 집착하는 경향이 있다.

69. 트럼프 집권 이후 한국의 대미 직접투자가 늘고 있다. 2017년에는 152억 달러에 달해 전년보다 18% 늘었다. 수출뿐만 아니라 생산기지가 미국으로 넘어가면서 일자리가 더욱 줄어들 것이다.

70. 정부는 2008년부터 지금까지 21차례의 청년일자리 정책을 발표했다. 그러나 2008년 7.1%였던 청년실업률은 2017년 9.8%로 오히려 늘었다. 박근혜 정부는 2012년 64%이던 고용률을 70%까지 끌어올리겠다고 선언했으나, 2017년 고용률은 66%에 그쳤다. 2017년 추경으로 만들어진 일자리는 6만 7천 개인데 공무원이 5,600개, 사회서비스가 2만 2천 개, 청년일자리가 4,400개였다. 절반이 노인 일자리였고, 대부분 알바성이었다.

71. 정확히는 국민총소득(GNI)를 인구로 나눈 것이 일인당 국민소득이다. GNI와 GDP는 대체로 규모가 비슷하다.

72. 그러나 이렇게 빚을 내 대학을 졸업한 학생들은 제대로 된 직장을 구하지 못해 빚을 갚지 못하고 있다. 1995~1996학년도 대학 입학생 가운데 20년이 지나 학자금 대출을 다 갚은 사람은 38%뿐이다. 2003~2004년에 대출 상환을 시작한 대졸자 중 12년이 지나 대출을 다 상환한 사람은 20%에 그쳤다. 브루킹스연구소는 2023년까지 이러한 대출을 받은 사람들 중 40%가 채무불이행에 빠질 수 있다고 전망하고 있다.

73. 서울의 재건축 아파트는 12월 송파 헬리오시티(9,510세대)의 입주를 위시해, 2018년에는 10,360세대가 입주하게 된다. 2019년에는 15,139세대, 2020년에는 9,208세대 등 입주물량이 줄을 서고 있다. 그 뒤에도 이번에 초과이익환수제를 피해간 재건축 단지들의 물량이 기다리고 있다.

74. Specialty stores / retailers of Private-label Apparel의 준말로, 한 회사가 의류상품을 생산부터 판매까지 총괄하는 방식이다.

독자 여러분의
소중한 원고를 기다립니다

★ 메이트북스는 독자 여러분의 소중한 원고를 기다리고 있습니다. 집필을 끝냈거나 혹은 집필중인 원고가 있으신 분은 khg0109@ha nmail.net으로 원고의 간단한 기획의도와 개요, 연락처 등과 함께 보내주시면 최대한 빨리 검토한 후에 연락드리겠습니다. 머뭇거리지 마시고 언제라도 메이트북스의 문을 두드리시면 반갑게 맞이하겠습니다.